JN491913

충북대학교 교양문고

중국문화 이해하기

증보판

일러두기

1. 본문에서 언급한 중국 인명과 지명은 우리나라에서 사용하는 한자음으로 표기했다.

2. 중국어 음에 익숙한 독자를 위해 자주 사용하는 고유명사는 처음 나올 때 괄호 안에 한자를 쓰고 국립국어원 외래어표기법에 따라 중국어 음을 병기했다.
   예) 북경(北京: 베이징) 모택동(毛澤東: 마오쩌둥) 습근평(習近平: 시진핑)

3. 중국의 민족명은 현지의 발음을 따르는 것을 원칙으로 하되, 우리나라 사람들에게 익숙한 명칭은 그대로 사용하고 처음 나올 때 괄호 안에 한자를 병기했다.
   예) 藏族 → 티베트족(藏族) 回族 → 회족(回族) 維吾爾族 →위구르족(維吾爾族)

4. 중국어 고유명사 가운데 중국어 음으로 음역한 것은 원래로 음을 그대로 사용하고 한자를 괄호 안에 넣었다.
   예) 후룬벨(呼倫貝爾)

5. 참고 인용한 자료는 각주로 처리하지 않고 본문에 괄호를 넣고 '저자명, 발행년도: 쪽수'로 표기했으며 구체적인 서지 사항은 참고 자료에 기입했다. 사진은 저자들이 찍은 사진 및 구글과 바이두(百度)에서 제공한 것을 참고했다.

충북대학교 교양문고

중국문화 이해하기

증보판

배득렬 · 조현국 지음

충북대학교 출판부

『중국문화, 이해하기』를 출간하면서

굴욕의 근대사, 공산당과 국민당의 대립, 모택동 주도의 공산당 정부 수립, 문화대혁명의 회오리……. 이 모든 과정을 힘겹게 거친 중국이 등소평의 '개혁개방' 정책 실시 후, 30년 만에 세계 G2로 우뚝 섰다. 지금 세계는 잠자던 사자의 포효를 다시 듣고 있다.

거대한 국토, 유난히 많은 인구, 유구한 역사 전통, 풍부한 지하자원, 광활한 내수시장, 굴곡진 역사적 경험에서 얻은 정치력 등을 발판으로 중국은 단기간 내에 역사에 유례없는 발전을 이룩하였고, 앞으로 이러한 추세는 계속될 것으로 예견되고 있다.

거침없는 중국의 기세는 과연 언제까지 이어질 것이고, 어디까지 올라설 것인가? 최근 이러한 궁금증은 결국 중국과 중국인에 대한 이해의 필요성을 큰 폭으로 증폭시켰다. 그러나 중국과 중국인의 삶에 대한 심도 있는 이해와 파악은 간단한 일이 아니며, 복합적 접근을 통해 파고들어야 가능한 일이다.

'언제, 어디서, 어떻게, 누구와 무엇을 먹고 사는가?'라는 단순한 생존 문제에서 한 걸음 더 나가, 그 삶에 보다 풍부한 의미와 가치를 부여하는 성숙된 사고와 행위가 지속되어야 비로소 '문화'로 발전하기에, 한 국가 혹은 민족이 삶을 개척하고 발전시키는 과정에서 축적된 '문화'는 경험의 총화이자, 사유의 결정체이다. 따라서 중국과 중국인을 이해하는 일에 '문화적 접근'은 필수불가결한 일이다.

'중국'을 이해하려는 사람들의 목적은 서로 다를 수밖에 없다. 그러나 '중국문화'에 대한 기초 지식 없이 소기의 목적을 실현할 수 없을 것이다. 『중국문화, 이해하기』는 중국문화 모두를 소개하려는 것이 아니라 중국, 중국인, '중국문화'로 접근하는 모든 사람들에게 미력하나마 작은 오솔길을 제시하려는 목적으로 저술되었다.

『중국문화, 이해하기』는 전체 7장으로 이루어져 있다. 집필진은 독자들의 이해를 돕기 위해 '중국'의 함의에서 출발하여, 중국이라는 삶의 터전에서, 어떤 사람들이, 어떻게 소통하고, 어떤 역사와 정치를 이룩하면서, 삶의 방식을 발전시켰는가를 순차적으로 설명하려고 하였다. 이러한 전체적 틀을 먼저 이해하고 일독한다면 보다 체계적 이해가 가능할 것이다. 또한 '도표'와 '사진 설명'을 넣어 보다 흥미롭게 중국문화에 접근할 수 있도록 하였다.

1, 2, 3, 5, 6장 및 편집은 조현국박사가, 4, 7장 및 교열은 배득렬 교수가 담당하였다.

이 책의 발간에 힘써준 충북대학교 출판부 정태일 교수와 직원들, 열정적인 자세로 편집과 인쇄를 도와준 모든 분들, 그리고 힘든 상황임에도 집필에 집중할 수 있도록 여건을 만들어 준 가족들에게 감사를 전합니다.

이 책을 저자들의 큰 스승이신 충북대학교 중어중문학과 고 황태운 교수님과 김인경 교수님께 바칩니다. 선생님들의 큰 그늘이 있었기에 이 책이 있습니다. 감사합니다!

2013. 8

배득렬 · 조현국

목차

1

중국中國과 문화文化

1 중국과 중화

2 중화인민공화국

3 대만, 홍콩과 마카오

2012년 8월 15일, 중국인中國人과 대만인臺灣人이 각각 '오성홍기五星紅旗'와 '청천백일기青天白日旗'를 들고 조어도(釣魚島: 중국명 댜오위다오, 일본명 센카구 열도)를 공동으로 점거한 일이 있었다. 조어도를 놓고 일본과 영유권 분쟁이 첨예하게 대치되는 정국 때문에 중국과 대만이 '하나의 중국'으로 결속한 것이다. 여기에 '반중反中' 시위가 잦은 홍콩인들까지 합류해 '조어도는 중국땅'이라 외치고 있는 상황을 보면 현대 중국의 모습이 단일하지 않음을 짐작할 수 있다. 이 장에서는 '중국'이라는 명칭의 함의를 파악하고, 이를 통해 '같은 중국이면서도 다른 중국'의 면모를 갖고 있는 중국-대만-홍콩의 관계를 이해하고자 한다.

조어도에 상륙하는 중국-대만인들

1. 중국中國과 중화中華

문화(文化)의 갑골문 형상
'문'은 '무늬, 결, 문양의 짜임새'를 말하며, '화'란 '도립한 사람과 직립한 사람의 모습'을 뜻한다.

문화(文化, Culture)[1]를 한 사회 구성원의 생활방식이나 가치관, 혹은 상징체계라 정의한다면 중국의 문화는 매우 복합적인 다면체라 말할 수 있다. 현재의 중국은 전 세계의 1/4에 달하는 인구를 가지고 있으며, 한족漢族 외에도 다양한 민족이 복잡다단한 역사적인 과정 속에서 형성된 것이기 때문이다. 이 같은 복합성은 '중국'이라는 명칭과 '중화'라는 별칭에서도 엿볼 수 있다.

'중국'이라는 명칭은 고대 중국의 문헌에도 자주 등장한다. 그런데 이 때 중국은 나라이름(國名)이 아니라 지역적·방위적 개념으로 사용했다. 곧 중국은 왕(王)이 거처하는 '중심지역(京師)'으로서, 사방四方과 대칭되는 '중앙'의 도성都城을 지칭했던 것이다. 이러한 지리적 개념은 한때 중원 지역을 통치한 북방 유목민족인 선비족鮮卑族이 북위北魏를 건립한 후 스스로 '중국'이라 칭하거나 후에 한족의 남송南宋과 여진족의 금金 나라가 남북으로 대치한 채로 자기가 '중국'이라 자처한 사례에서 찾아볼 수 있다.

중국中國은 중화中華라는 별칭을 얻어 문화적 개념을 가지게 되었다. '중화'란 '중국中國'과 '화하華夏'가 합쳐진 명칭인데, 여기에서 '화하華

1) 영어의 'culture'는 주로 '농작물이나 동물을 기르는 과정'을 뜻하는 명사로 출발했으며, 이러한 의미는 '농경agriculture'이나 '원시농경horticulture' 같은 단어들에 남아있다. 후에 '문화'는 인간의 발달과정, 곧 인간의 마음과 정신을 기른다는 것을 가리키기 위해 사용되기 시작했다. 18세기 말에는 '문화'는 '문명'이 혼용되면서 복합적인 의미를 지니게 되다가, 19세기 접어들어 '문명'과 '문화'는 동의어가 되었다. '문화'가 영어에서 근대적인 의미를 부여받은 것은 특히 18세기 말과 19세기 초였는데, 당시 프랑스어 culture와 독일어 cultur(후에는 kultur로 표기된다)가 의미하던 바에 크게 영향을 받은 결과였다. 이러한 원인은 당시 유럽 전역에서 발생했던 역사적 사건에 따라 다양한 형태의 민족주의가 나타나 각 '민족의 영토'에 대한 '민족' 고유의 권리를 천명했기 때문이다. 이러한 역사적 소용돌이 속에서 '문화'가 획득한 새로운 의미가 바로 '사람들[특정집단(예컨대 민족) 또는 인류 전체]의 생활방식'이었다. 한편, 1950년대에 앨프리드 크뢰버와 클라이드 C. 클룩혼은 무려 100개가 넘는 문화의 인류학적 정의들을 검토한 후에 "문화는 상징에 의해 획득되고 전달된 행동의 양식, 또는 행동을 위한 양식으로 성립되며, 인간 제집단의 특유한 업적을 구성하는 구성물로서 구체화된 것을 포함하고 있다. 따라서 문화의 본질적인 핵심은 전통적인 모든 관념, 특히 그 모든 가치로부터 이루어진다."라고 정의를 내린 바 있다.(케이트 크리언, 2004)

1949. 10.1일 중화인민공화국 성립을 선포하고 있는 모택동

夏'는 수준 높은 문화를 가진 존재를 지칭하기 때문이다. 곧 '화하'에서 '화華'는 '꽃이 피듯 아름다운 복식과 문장(紋章)'을 가지고 있다는 뜻이며 '하夏'는 '크나큰 예의가 있다'[2]는 의미로서, 고대 중원中原지역에 거주하던 한족漢族을 스스로 일컬은 용어다.[3] 고대 중국인들은 중원 지역에서 높은 수준의 문명을 일구며 산다는 자부심을 '중화'라는 용어에 담음으로써 자신들을 '사방의 오랑캐(四夷: 동이東夷, 남만南蠻, 서융西戎, 북적北狄)'와 구별하려고 했던 것이다.

그러나 현대적 의미의 '중화'에는 고대의 그것에 담겨 있는 문화적 우월의식과는 다른 의미가 있다. 이른바 현대의 '중화민족中華民族'은 중국 대륙에서 생활하는 모든 민족 및 해외에 거주하는 중국인을 통칭하는 개념이기 때문이다. 이런 기준에 따르면, 중국 대륙과 해외에 거주하는 모든 한족 및 중국 정부의 민족 식별 작업을 거쳐 공인된 55개의 소수민족도 모두 중화민족인 것이다.[4]

현재 나라이름(國名)으로서 통용되는 중국은 일반적으로 '중화인민공화국中華人民共和國'(영문명: The People's Republic of China)'을 가리킨다. 물론 중국이 정식 국호로 사용되기 시작한 것은 1912년 1월 중화민국中華民國 정부가 수립된 후부터지만 1949년 10월 1일, 북경(北京, 베이징)의 천안문天安門 성루에 올라 선 모택동(毛澤東: 마오쩌

2) 공영달(孔穎達),『춘추좌전정의 春秋左傳正義』 참고

3) 한 중국의 사료에 따르면, '화하'는 '화하족華夏族'에서 유래한 것이라 한다. 화하족의 시조는 바로 중국 상고시대의 인물인 황제黃帝와 염제炎帝이다. 황제 세력과 염제 세력은 중원中原의 패권을 놓고 싸움을 벌였는데 전투에서 패한 염제족炎帝族이 황제족黃帝族으로 병합되면서 화하족이 형성되었다. 이 화하족은 하상주夏商周라는 삼대 부족 왕조의 융합을 거치면서 자신들의 정체성을 확립했는데 이들이 한족漢族의 선조였다. 현재 한족 중국인들이 자신들을 '황제와 염제의 자손(炎黃之孫)'라 말하는 것은 이와 같은 역사관에서 비롯된 것이다. 중국의 별칭인 '신주神州'도 황제와 염제와 연관 있는 별칭이다. '신주'라는 별칭은『사기 · 맹자순경열전史記 · 孟子荀卿列傳』에 나오는 "적현신주赤縣神州"에서 비롯된 것인데, '적현赤縣'은 적제赤帝인 염제炎帝가 다스리던 지역을 말하며, '신주'는 황제黃帝가 다스리던 지역을 말한다. 이상은 百度 백과사전을 참고함.

4) 이런 점에서 보자면, 중화민족은 혈통이나 종족에 기반하는 민족(ethnic)이나 국민(公民) 개념이 아니라 정치(nation)적 개념에서 형성된 중국식 민족주의(國族) 용어임을 염두에 둬야 할 필요가 있다. 이에 대한 자세한 사항은 3장을 참고하십시오.

둥, 1893~1976)이 중화인민공화국 정부가 중국 유일의 합법적인 정부이며 영토 주권의 수호자임을 천명한 후로, '중화인민공화국'이 국제적으로 공인받는 '중국(China)'이 되었다.[5)]

2. 중화인민공화국

(1) 중화인민공화국의 국가 상징물

중화인민공화국

국호	중화인민공화국中華人民共和國
영문명칭	The People's Republic of China (PRC)
약칭	중국(中国 / China)
수도	북경(北京: 베이징)
국경일	10월 1일
국기	오성홍기五星紅旗
국가(國歌)	의용군행진곡(義勇軍進行曲)
화폐	인민폐(人民幣: 런민비)
국제 전화번호	+86
국제 도메인 약어	.cn
별칭	중화中華, 화하華夏, 신주神州, 우역禹域, 중토中土

5) 1949년 대만臺灣으로 옮겨 간 국민당이 중화민국 정부를 계승한다고 선포함으로써 현재 중국은 두 개가 있는 셈이다. 대륙에는 중화인민공화국의 중국이 있고, 대만에는 중화민국의 중국이 있기 때문이다. 그러나 중화인민공화국의 강력한 '하나의 중국' 원칙에 따라 중화인민공화국과 외교적 관계를 맺는 나라들은 대만과 단교해야만 했다. 일례로 우리나라는 중화인민공화국과 수교를 체결(1992년 8월 24일)하면서 대만의 중화민국과 단교했다.

중국의 국기國旗 – 오성홍기五星紅旗

오성홍기

중국 국기는 '오성홍기'다. 1949년 9월 27일에 열린 '중국인민정치협상회의(中國人民政治協商會議, 이하 '정협政協')[6] 제1차 전체회의에서 확정되었고, 10월 1일 천안문 광장에 거행된 중화인민공화국 선포식에 게양되면서 중국의 공식적인 국기로 사용되기 시작했다. 붉은색 바탕의 깃발에 다섯 개의 별이 수놓아져 있어 '오성홍기'라는 명칭이 생겼다.

오성홍기는 가로 세로 비율이 3:2, 붉은색 깃발 좌측 상단에 네 개의 작은 별이 큰 별 하나를 둘러싸고 있는 모습이다. 중국 정부의 설명에 따르면, 깃발의 붉은색은 '혁명'을, 황색은 '광명'을 상징하며 다섯 개의 별 중 가장 큰 별은 '중국공산당', 네 개의 작은 별은 위로부터 노동자, 농민, 소자산계급, 민족 부르주아를 상징한다. 말하자면 오성홍기는 중국공산당 영도 하에 중국 각 계급 인민들이 대단결했음을 표현한 것이다.

'오성홍기'는 1949년 7월 「상해현대통신사」의 증련송(曾聯松: 쩡롄숭, 1917~1999)이 설계한 것으로 당시 명칭은 '홍지오성기紅地五星旗'였다. 사료에 따르면, '정협'에서는 전국 각지에서 응모된 2,992점을 놓고 두 차례 심사를 거쳐 38점을 골랐고, 마지막으로 증련송이 디자인한 '홍지오성기紅地五星旗'를 선정했다. 당시 증련송이 디자인한 '홍지오성기'에는 큰 별의 위치에 낫과 망치가 도안되어 있었다. 이 디자인에 대해 일부 심사위원들이 구소련의 국기와 유사하다는 문제점을 지적하자 낫과 망치를 도안에서 삭제하고 이름도 '오성홍기'로 바꿨다.

6) '정협政協'은 1949년 9월에 중국공산당이 각 민주당파民主黨派와 무당파無黨派 민주 인사, 각계 애국인사들과 공동으로 창립한 기구이다. 중국공산당은 '정협'을 창설하여 비공산당 민주 인사들을 국정에 참여시켰다. 지금도 '정협'은 중국의 민주적인 국정 운영을 상징하는 기구로 간주되고 있다.

중국의 국가휘장(國徽)

중국의 국가 휘장 도안은 1950년 6월 28일에 열린 '중앙인민정부위원회' 제8차 회의에서 통과되고, 1950년 9월 회의에서 정식으로 공포되었다.

중국 국가휘장의 도안은 홍색 대지에 황금색 천안문 성루가 세워져 있고, 천안문 성루 위로 작은 별 네 개가 큰 별 하나를 반쯤 감싸고 있으며, 휘장 주위로 황금색 '벼이삭'과 원형 '톱니바퀴'를 교차시켰고, 톱니바퀴 중심으로 붉은 띠를 교차시켜 늘어뜨린 모양이다. 천안문은 '5·4운동'의 발원지이자 중화인민공화국 출범식을 거행한 개국대전開國大典의 성대한 장소로서 신중국[7]의 민족정신을, 톱니바퀴는 노동자를, 벼이삭은 농민을 상징한다.

國徽

중국 국가國歌 -「의용군행진곡義勇軍進行曲」

「의용군행진곡」은 원래 일본 제국주의 침략에 저항하는 '항일抗日'을 주제로 1935년에 제작된 영화「풍운아녀風雲兒女」(상해전통공사上海電通公司 제작)의 주제곡으로, 중국의 소설가이자 극작가인 전한(田漢: 텐한, 1883~1963)이 작사하고, 섭이(聶耳: 니에얼, 1912~1935)가 작곡했다.「의용군행진곡」은 1949년 9월 27일에 열린 '정협'에서 임시 국가로 채택되어 사용되다가, 2004년 3월 14일에 열린 제10회 전국인민대표대회 제2차 회의에서「의용군행진곡」을 중화인민공화국 헌법에서 인정하는 정식 국가로 결의하였다. 가사 내용은 다음과 같다.

작사가 田漢

작곡가 聶耳

「의용군행진곡」

일어나라! 노예 되기 원치 않는 사람들이여!
우리의 피와 살로 새 장성을 쌓아가자

7) 신중국은 '구중국'과 대비되는 용어로서 중국공산당이 통치하는 중국은 이전 시대와는 완전히 새로운 시대라는 것을 강조하여 이르는 말이다.

「풍운아녀」 포스터 이 영화는 전한과 하연(夏衍:샤옌, 1900~1995)이 극본을 쓰고 허행지(許幸之:쉬싱즈, 1904~1991)가 감독을 맡았다.

지금 중화민족은 가장 위급한 상태
모든 사람은 최후의 외침으로
일어나라! 일어나라! 일어나라!
우리 모두 한마음으로
적의 포화를 무릅쓰고 전진!
적의 포화를 무릅쓰고 전진!
전진! 전진! 나가자!

起来！不愿做奴隷的人們！
把我們的血肉築城我們新的長城！
中華民族到了最危險的時候,
每個人被迫着發出最後的吼聲
起来！起来！起来！
我們萬衆一心,
冒着敵人的炮火, 前進！
冒着敵人的炮火, 前進！
前進！前進、進！

TIP 인민폐(人民幣 / 人民币 : 런민비)

중국은 '인민의 나라'라는 정체성을 강조하려고 했는지 법정 화폐 이름도 '인민폐(人民幣: 런민비)'로 명명하고 있다. 중국인민은행中國人民銀行이 인민폐의 도안과 인쇄 및 발행을 책임지는 관리 기관이다.
인민폐는 CNY (China Yuan) 로 약칭하는데, 흔히 'RMB (Ren Min Bi) '로 별칭한다. 인민폐 화폐 부호는 '¥'('Y'+'=')인데 "YUAN"의 독음이다. 이를테면 인민폐 100원(元)은 'RMB ¥100', 혹은 '100¥'으로 표기한다. 인민폐는 재료에 따라 금속화폐(동전: 硬币)과 지폐(紙幣/钞票)로 구분된다.
인민폐의 기본 단위는 위안(元)이며, 보조 단위는 쟈오(角)와 펀(分)이다. 1 위안은 10 쟈오(角)이고, 1 쟈오는 10 펀(分)이다.[8)]
중국인민은행은 1948년 12월 1일부터 지금까지 인민폐 도안을 다섯 차례 바꾸어 발행해 왔다.

8) 구어에서는 콰이(块)-마오(毛)-펀(分)으로 구분된다.

현재 통용되는 인민폐는 1999년 10월 1일에 발행된 것인데,[9] 이 신판 인민폐 도안의 가장 큰 특징은 이전과는 달리 지폐에 등장하는 인물이 모택동(毛澤東: 마오쩌둥) 한 명으로 단일하게 통일했다는 점이다. 또한 인민폐에는 중국의 문화적 명소가 새겨져 있다는 점도 흥미롭다. 100위안은 북경 천안문광장에 있는 인민대회당(人民大會堂), 50위안은 티베트 라싸의 포탈라궁(布達拉宮), 20위안은 계림산수(桂林山水), 10위안은 장강삼협(長江三峡), 5위안은 산동성 태산(泰山), 1위안은 항주 서호(西湖)의 삼담인월(三潭印月)이 그려져 있다.

3. 대만, 홍콩과 마카오

(1) 대만(臺灣 / Taiwan)

별명(別名)	유구流求, 포모사(Formosa: 포르투갈어로 '아름다운 섬')
주요 도시	대북臺北, 대중臺中, 대남臺南, 고웅高雄
면적	36,191.4667km^2
인구	23,193,638명 (2011년 기준)
인구 구성	원주민(약 2%), 한족계 본성인(약84%), 한족계 외성인(약14%)
기후	열대, 아열대 기후

대만(臺灣: 타이완)은 중국 대륙 동남쪽 복건성福建省과 대만 해협 사이에 있는 '고구마'처럼 길쭉하게 생긴 섬이다. 면적은 약 36,191km^{2}로 제주도 면적(약 1,848km^2)의 약 20배쯤 된다. 대만의 기후는 전반적으로 따뜻하지만 봄과 겨울의 날씨 변화가 크고 여름과 가을은 변화가 비교적 작다. 연평균 기온은 대략 22도이며, 평균 최저 온도는 12~17도 사이이다. 이 때문에 겨울철에도 눈 구경하기 힘들며 몇몇 고산 지역에서만 설화를 볼 수 있다. 대만에서 가

9) 제1판 인민폐는 1948년 12월 1일 ~ 1953년 12월 발행, 제2판 인민폐는 1955년 3월 1일 ~ 1962년 4월 20일 발행, 제3판 인민폐는 1962년 4월 20일 ~ 1974년 1월 5일 발행, 제4판 인민폐는 1987년 4월 2일~1998년 9월 22일까지 발행된 것을 말한다.

대만의 국기인 '청천백일만지홍기靑天白日滿地紅旗

장 높은 산은 옥산玉山으로 해발 3,997m에 달하며, 아리산阿里山과 설산雪山 등도 3,000m가 넘는 고산이다.

중국은 대만을 중국의 23개의 성省의 하나로 간주하고 있으나 대만에서는 자신의 정식 국호를 '중화민국中華民國'으로 부르고 있으며, 국기도 중화인민공화국 이전에 사용했던 중화민국 시절의 국기인 '청천백일기'를 그대로 사용하고 있다. 실제로 대만은 현재 중국 정부의 행정권이 미치지 않는 독자적인 정부를 구성하고 있다.

2011년 통계에 따르면, 대만 인구는 약 2,300만 명이며, 한족(漢族: '한인漢人'이라고도 함)과 대만 원주민 및 소수민족으로 구성되어 있다. 한족이 대만 전체 인구의 약 98%를 차지하고 있으며, 원주민과 소수민족 등이 대략 2%를 차지한다. 대만에 거주하는 한족은 다시 '본성인本省人'과 '외성인外省人'으로 구분된다. '본성인'은 17세기 명말明末청초淸初 시기에 중국 대륙에서 대만으로 이주한 한족의 후손들을 말한다. 이들 대부분은 대만과 지리적으로 가까운 중국 대륙 복건성福建省 남부와 광동성廣東省 동부 출신들의 후손들로 대만 인구의 약 84%가 '본성인'이다. 이 때문에 현재 대만에서 복건성 방언인 민남어閩南語가 일상생활에서 많이 사용된다. '외성인'은 1945년 일본제국(日本帝國: 이하 '일제') 패망 이후에 중국 대륙 각지에서 대만으로 이주하기 시작한 한족을 말한다. 이 '외성인'은 대만 인구에서 차지하는 비중이 14%에 불과하지만, '외성인' 출신들로 구성된 국민당 정부가 대만을 통치함에 따라 사회 지배층을 형성했다.

이 같은 대만 인구 구성의 복잡성은 대만 역사의 특이함에서 기인한다. 16세기까지 대만에는 오스트로네시아어족 원주민(일명 고산족高山族)들이 섬 전역에 널리 분포하여 거주하였으며, 한족 이주민은 거의 없었다. 중국과 거의 무관했던 대만이 중국 역사에 등장하기 시작한 것은 아이러니하게도 유럽인들 때문이다. 17세기 무렵 대만은 포르투갈 상인들에 의해 발견되었고, 이후 네덜란드 사람들이 들어와 1624년부터 현재의 대남(臺南: 타이난)에 '안평고보(安平古堡: 안핑구바오)'(사진 참조)와 적감루(赤嵌楼: 츠칸러

대남시(臺南市: 타이난시)에 있는 안평고보(安平古堡) 17세기에 네덜란드인들이 대만을 점령하고 지은 '군사 요새'이다. 한때 이곳은 네덜란드인들의 정부청사로 이용되었는데 현재는 박물관으로 활용되고 있다. 이곳 전망대에 올라서면 바다와 근처 안평마을을 조망할 수 있다.

우) 같은 통치 기구를 세워 38년 동안 통치했다. 이 당시 네덜란드 통치자들은 쌀과 설탕 등의 경작을 위해 중국 복건성 해안 일대의 주민들을 대상으로 대만의 토지개간을 위한 인력의 모집을 실시했고, 이때부터 한족들이 대만으로 이주하기 시작했다. 한족들이 대만 역사의 주류로 부상한 것은 '반청복명反淸復明'[10]의 기치를 내건 정성공鄭成功 군대가 1662년 네덜란드 군대를 축출하고 한족 정권

10) '반청복명反淸復明'이란 만주족의 청淸나라에 의해 멸망한 한족의 명明 왕조를 부흥시키겠다며 명나라 유신遺臣들이 청나라에 저항한 것을 말한다. 정성공은 그 지도자 중 하나였다.

인 '정씨왕국鄭氏王國'을 수립한 이후였다. 그러나 정성공의 '왕국'은 내분과 친청親淸 한족 지식인의 지지를 받은 청淸나라 강희제康熙帝에 의해 21년 만에 붕괴되고 만다. 청나라는 대만을 복속시킨 후 복건성의 대만부臺灣府로 편입시켰다가, 1885년에 대만성臺灣省으로 승격시켰다. 하지만 대만은 1894년 청일전쟁의 결과로 체결된 시모노세키 조약(1895년)으로 일제에 할양되어 식민지가 되었다. 일제는 대만에 대만총독부臺灣總督府를 설치하고 제2차 세계대전에서 패전할 때까지 50년간 대만을 식민지로 삼았다. 1945년 8월, 일제가 패망하고 그 해 10월 17일 국민당 군대가 대만에 상륙하자 10월 25일 대만 주둔 일본군은 국민당 군대에 정식으로 항복했고, 이 날부터 대만은 중화민국 국민당 정부의 지배하에 들어갔다. 그러나 당시 국민당 정부는 일반 행정기관인 성省을 설치하는 대신 진의(陳儀: 천이, 1883~1950)를 대만성의 행정장관 겸 경비총사령으로 임명해 대만을 국민당 군의 군사 점령지처럼 관리했다. 특히 일제 식민통치자들이 빠져나간 관공서의 고위직을 고스란히 국민당 군대를 따라 중국 각지에서 건너온 외성인이 독차지하고 '반공反共'을 빌미삼아 무고한 사람을 학살하는 등, 일제 식민통치보다 더한 폭력과 차별이 횡행했다. 이는 대만 본성인의 분노를 일으켜 1947년 '2·28 사태'가 발발한 요인이 되었다.[11] 1949년 12월에 '국공내전'에서 중국 공산당에 패한 중화민국 국민당 정부가 중국 대륙에서 대만으로 이전하게 되면서 대만은 1995년까지 국민당 일당 독재 시대를 맞게 된다.[12] 그러나 대만은 1996년 직선제로 총통(總統: 우리나라의 '대통령')을 선출해 국민당 독재 시대를 마감하

11) 공식적인 기록으로 국민당 정부의 유혈 진압으로 약 3만 명이 넘는 본성인本省人들이 사망 또는 실종되었다고 한다. '2·28 사태'는 국민당 군대의 대대적인 유혈 진압으로 막을 내렸지만 여전히 대만 사회의 갈등의 불씨로 남아 있다. 지금까지도 이 사건으로 대만 본성인本省人과 외성인外省人 사이에 깊은 앙금이 남아 있다.

12) 이때부터 중국은 중화인민공화국과 대만(중화민국)으로 분단되어 양안兩岸으로 대립하고 있다. 그러나 중국 대륙과 대만의 양안 관계는 냉전과 탈냉전 시대를 거치면서 다양한 신조어를 낳았다. 그 가운데 하나가 '삼통三通'이다. 이는 중국 본토와 대만 간의 통상通商·통신通信·통항通航을 일컫는 말이다.

고 민주화 시대를 열었다. 2000년 총통 선거에서는 '본성인'이 주축이 된 민주진보당民主進步黨의 진수편(陳水扁: 천수이볜, 1950~)이 총통에 선출됨으로써 평화적 정권교체를 이루어냈고, 2008년에는 국민당 후보인 마영구(馬英九: 마잉주, 1950~)가 선거에서 당선되어 총통으로 취임했다.

1949년 이래 대만은 중국 대륙의 '중화인민공화국'과 대만해협을 사이에 두고 대치하고 있지만 국민당의 마영구 총통의 등장 이래 양안 관계가 호전되고 있다. 2009년부터 중국 대륙과 대만은 대도시 지역 간 항공기 운항을 허용하고 있으며, 2010년에는 '양안경제협력기본협정(ECFA)'을 체결해 경제 협력을 강화하였다. 대만 기업 4만 여개가 중국 대륙에 진출했고, 대만 9개 공항과 중국 41개 도시 간에 한 주에 558편의 항공기가 오간다. 현재 대만 총교역량의 약 28%는 중국과의 교역이 차지한다.

'이민문화移民文化'는 대만 사회문화의 가장 큰 특징 중 하나이다.

중국에 있는 폭스콘(Foxconn/富士康科技集團) 폭스콘은 대만 기업이다.

외국과의 관문인 대북(臺北: 타이베이) 공항에는 대만의 명물인 야시장(夜市)을 홍보한 그림이 걸려 있다.

17세기 무렵 중국 대륙의 복건성·광동성 객가客家 출신 이민자(본성인), 네덜란드인, 스페인, 일본인, 20세기 중반 중국 대륙 이민자(외성인)들이 대만 사회의 문화를 형성하였다. 이로 인해 대만에는 토착 원주민 문화·중국 대륙 이민자들이 창출한 문화 외에도 유럽식, 일본식 문화가 함께 녹아 있다. 다양한 구성원들이 창조한 대만 문화의 정수는 바로 '음식(美食) 문화'이다. 대만은 풍부한 해산물과 열대-아열대 기후에서 수확되는 다양한 식재료를 기반으로 대만요리(臺菜), 객가요리(客菜), 호남요리(湘菜), 사천요리(川菜), 일본요리(日食)와 함께 중국 전통의 간식거리와 지역별 특산 요리도 잘 발달해 있기 때문에 '맛있는 음식의 왕국(美食王國)'이라는 찬사를 받고 있다.

(2) 홍콩과 마카오

	홍콩	마카오
정식명칭	홍콩 특별행정구 香港 特別行政區	마카오 특별행정구 澳門 特別行政區
영문 명칭	Hong Kong	Macau
별명別名	동양의 진주(東方之珠) 쇼핑의 천국(購物天堂)	동양의 라스베이거스(東方賭城) 해상의 화원(海上花園)
위치	주강珠江 어귀 동쪽	주강珠江 어귀 서남부
면적	1104.32km2	32.8km2
인구	711만명 (2011년 현재)	55.8만명 (2011년 현재)
기후	아열대 계절풍 기후	아열대 계절풍 기후

홍콩과 마카오는 '특별행정구特別行政區'라는 독특한 행정 구역으로 중국에 편입되어 있다. '특별행정구'란 중국 중앙정부에 직속되어 있긴 하지만 외교와 국방 업무를 제외한 나머지 분야는 현지인들이 직접 자치하는 지역을 말한다. 홍콩의 경우를 예로 들면, 중국 외교부가 홍콩에 사무소를 설치하고 중국 군대도 홍콩에 주재하고

있으나 행정·입법·사법권은 홍콩 현지인들이 가지고 있다. 또한 재정도 독립되어있어 중앙정부가 징세하지 못한다. 그러나 홍콩의 최고 지도자인 '행정장관'이 간접 선거로 선출되고 최종적인 임명권을 중국 중앙정부가 가지고 있기 때문에 민주적 제도를 요구하는 홍콩인과 중국 중앙정부 사이에는 심각한 갈등이 빚어지고 있다.[13]

홍콩·마카오 '특별행정구'는 '일국양제(一國兩制: 1국가 2체제)'라는 원칙에 의해 탄생했다. '일국양제'는 말 그대로 '하나의 국가에 두 개의 상이한 체제, 즉 하나의 중국에 사회주의와 자본주의가 공존할 수 있다'는 뜻이다. 원래 '일국양제'는 대만과의 통일 정책으로 구상된 것인데, 홍콩과 마카오의 주권 회수를 위한 방안으로 먼저 제시되었다. 등소평(鄧小平: 덩샤오핑, 1904~1997)은 '일국양제' 원칙을 영국의 대처 수상과 홍콩 반환을 둘러싼 협상의 큰 틀로 삼아 홍콩인과 영국 정부 설득에 성공했다. 그는 홍콩인에게 고도의 자치를 보장하는 12개 조항이 담긴 '중화인민공화국 홍콩 특별행정구 기본법'을 1990년 4월 전국인민대표대회全國人民代表大會에서 통과시켜 홍콩인의 불안 심리를 잠재웠다. 이 '기본법'의 주요 내용은 "홍콩 특별행정구는 현지인 스스로가 통치하며"(제3조), "홍콩의 사회·경제 제도, 생활 방식은 바뀌지 않으며, 거주민의 권리와 자유·개인재산·기업 소유권 등은 법률의 보호를 받으며"(제5조), "홍콩 특별행정구는 '중국 홍콩'의 이름으로 다른 나라 및 다른 지역 그리고 유관 국제 조직과 경제·문화적 관계를 유지 발전시킬 수 있으며, 협정을 체결할 수 있다."(제10조)는 것을 골자로 하고 있다. 이 같은 '기본법'에 근거해 중국은 1997년 7월 1일에 영국으로부터 홍콩을 환수받았고, 홍콩과 유사한 '마카오 특별행정

홍콩 특별행정구 깃발 홍콩 깃발에는 흰색, 오성五星 형태의 서양 박태기 꽃(洋紫荊)이 빨간 천에 도안되어 있다. '빨간색'과 '오성'은 중국을 상징하고 '흰색'과 '박태기 꽃'은 홍콩의 번영을 상징한다.

마카오 특별행정구 깃발 마카오 깃발은 별 다섯 개와 연화, 그리고 초록빛 바닷물로 이미지화 되어 있어 '오성연화녹기五星蓮花綠旗'라 부른다. '오성'은 중국을 '연화'와 '초록빛 바닷물'은 마카오를 상징한다.

13) 홍콩의 최고 수장인 행정장관은 선거인단 600명의 투표에 의한 간접선거로 선출된다. 그러나 선거인단 대부분도 친중국파 현지인으로 구성되어 있고 입법국 의원 60명 가운데 30명만이 홍콩 시민의 직접 선거로 선출된다. 홍콩은 정치적으로 완전한 민주주의를 실행하지 못하고 있으며 이 때문에 홍콩인의 민주화 시위가 일어나고 있다.

구 기본법'을 제정해 1999년 12월 20일에 포르투갈로부터 마카오를 반환받았다.

홍콩과 마카오는 중국 남방지역 광동성을 흐르는 주강珠江 어귀에 위치하고 있다. 홍콩은 주강 어귀 동쪽에 있고, 마카오는 주강 서남쪽에 위치한다. 영국의 식민지로 성장한 홍콩은 '동방의 진주', '쇼핑의 천국'이라는 별명을 지니고 있고, 포르투갈이 통치한 마카오는 '동양의 라스베이거스', '해상의 화원'으로 불리고 있다. 홍콩의 면적은 약 1104.32km^{2}로 한국의 대전(539.73km^2)보다 2배 정도 크며, 마카오는 면적이 약 32km^{2}의 자그마한 도시다. 홍콩의 인구는 2011년 기준으로 711만 명이며, 마카오는 약 55여만 명이다. 홍콩은 1842년에 체결된 '남경조약南京條約'으로 영국에 할양되었으며, 마카오는 1553년 포르투갈 사람들이 점령했다. 특히 홍콩은 중국의 근대화 역정과 맞물려 있어 별도로 살펴볼 필요가 있다.

중국과 서양이 공존하는 홍콩

'향료香料를 수출하던 항구港口', 혹은 '선원들이 음용하던 강물이 흐르는 곳(香江)'이라는 명칭 유래에서 알 수 있듯이, 홍콩(香港: Hong Kong)은 원래 자그마한 항구였다. 이 자그마한 항구 홍콩이 국제 금융의 중심지, 쇼핑 등 소비 천국으로 변화한 것은 중국 중심의 중화 질서의 붕괴와 밀접한 관련이 있다. 홍콩은 홍콩섬(香港島), 구룡지역九龍地域, 신계新界로 구성되어 있는데, 이는 홍콩의 식민지 역사를 반영하고 있다.

홍콩이 본격적으로 역사에서 거론되기 시작한 것은 19세기 중엽 아편전쟁阿片戰爭 무렵이다. 1839년 무렵, 아편밀매로 대량의 은이 유출되자 중국은 국가적 재정 위기를 맞았고, 이 문제를 해결하기 위해 청淸 도광제道光帝는 임칙서(林則徐: 1785~1850)를 흠차대신欽差大臣으로 임명하고 아편 근절에 필요한 모든 권한을 주었다. 임칙서는 영국 상인들로부터 아편 2만 상자를 몰수해 소각해버렸다. 이에 영국은 군함 40여 척에 1만 여명의 군인을 파견했다. 1841년 1월 26일, 영국이 제1차 아편전쟁을 일으켜 홍콩 섬을 점령했다.

청 왕조가 무력으로 수복을 시도했으나 오히려 영국의 역공에 무기력하게 패하고 말았다. 1842년 8월 29일 아편전쟁에서 패한 청 왕조는 영국과 남경조약南京條約을 체결하고 홍콩섬을 영국에게 할양한다. 1856년, 영국은 공동의 이해관계에 있던 프랑스와 연합해 천진(天津: 톈진)을 점령하고 '천진조약天津條約'을 맺는다. 그런데 이 조약의 비준이 여의치 않자 1860년에 영국-프랑스 연합 군대는 북경을 공격하고 이화원頤和園 등을 불태우며 조약의 비준을 압박하였다. 이 같은 제2차 아편진쟁의 패배로 청나라는 '천진조약'을 비준하고 영국에 구룡반도 이남지역을 할양한다는 것을 골자로 한 북경조약北京條約을 맺게 된다. 1898년 영국은 프랑스가 광주만廣州灣을 조차租借하자 그것을 구실 삼아 홍콩의 영역을 구룡반도와 신계지까지 확대하는 토지 임대 요구를 관철시켰다. 이때 체결된 '홍콩 경계 확대 조약'에 따라 영국은 청 정부로부터 심천하深圳河 이남 계한가界限街 이북의 구룡반도 지역 및 부근 235개 도서를 1898년 7월 1일부터 99년 간 임대받았으며, 이 같은 계약 조건 때문에 영국은 1997년 7월 1일에 홍콩을 중국에 반환했다.

중국의 입장에서 보면 홍콩의 역사는 한마디로 '굴욕의 역사'였다. 천하의 중심으로 자처하던 청 제국이 변방 오랑캐에 불과하다고 여긴 영국 등의 서양 외세에 의해 무참하게 유린되었으니 말이

중국과 서양이 공존하는 홍콩의 야경

다. 하지만 세계적인 도시로서 홍콩의 명성은 영국 자본주의에 의해서 형성되었으니 아이러니컬하지 않을 수 없다.

홍콩은 사회적 혼란에 휩싸인 중국인들에게 피난처이기도 했다. 태평천국운동(太平天國運動: 1851~1864), 1920년대의 군벌전쟁, 1937년에 발발한 중일전쟁, 1945년 국공내전 기간에 중국 피난민들로 홍콩 인구가 꾸준하게 증가했고, 홍콩의 인구 증가는 식민지 홍콩 발전의 밑거름이 되었다. 초기 피난민 대다수는 홍콩과 가까운 광동성 사람들이다. 출신별로 살펴보면, 광주廣州, 중산中山 등 주강 삼각주 출신들이 많으며, 조주潮州 출신은 홍콩 전체 인구 중 100만 명이 넘는다. 홍콩 최고 갑부인 이가성(李嘉誠: 리자청, 1928~)도 광동성 조주 출신이다.

영국의 통치하에서 중국 본토의 피난민들의 노동력으로 성장한 홍콩에 '중국'과 '서양'의 다양한 문화가 혼재하는 것은 자연스러운 일이다. 홍콩의 이 같은 문화적 특징을 잘 보여주는 예가 홍콩의 '양문삼어兩文三語' 정책이다. '양문삼어'란 '글'(文)은 중문中文과 영문英文을, '말'(語)은 광동어·영어·보통화(普通話: 표준중국어)를 사용한다는 것이다. 이 '양문삼어' 정책에 따라 1994년부터 홍콩의 전철이나 공항 전철, 심천(深圳: 선전)을 오가는 기차에서는 광동어·영어·보통화 3개 언어로 안내방송을 한다. 1998년부터 홍콩의 전 초등학교와 중학교에서 보통화 교육을 실시하고 있고, 2000년에는 보통화 과목을 대입 예비시험인 연합고사 과목에 포함시켰다. 이 같은 '양문삼어' 정책으로 2006년 인구센서스에서 청소년(15~24세)의 53%가 보통화 구사 능력이 있는 것으로 나타났다.(유영하, 2008: 13~16) 홍콩의 '얌차(飮茶)' 문화도 홍콩 문화의 다원성을 보여준다. 홍콩의 '얌차'는 차와 함께 매우 다양하게 준비된 간단한 요리, 즉 딤섬(點心)을 느긋하게 즐기는 과정의 총칭이다. 홍콩 딤섬은 광동식 딤섬을 기초로 하고, 중국 각 지역 및 서양 음식문화의 진수를 받아들여 만들어졌다.

참고 자료

· 이성규,「중화 사상과 민족주의」,『동아시아, 문제와 시각』, 문학과 지성사, 1995

· 니시카와 나가오 지음/ 윤대석 옮김,『국민이라는 괴물』, 소명출판, 2002

· 케이트 크리언 지음, 김우영 옮김,『그람시·문화·인류학』, 도서출판 길, 2004

· 章太炎,『중화민국해中華民國解』, 1907

· 한국 중국현대문학학회 지음,『영화로 읽는 중국』, 동녘, 2006년

· 유영하 지음,『홍콩 : 천 가지 표정의 도시』, 살림, 2008

· 후지이 쇼조 지음, 김양수 옮김,「홍콩, 1백년만의 귀환」(『현대중국, 영화로 가다』, 지호, 2001)

·『사해辭海』

· 바이두 백과사전(百度 百科) http://baike.baidu.com

2

중국의 자연지리自然地理와 행정제도行政制度

중국을 흔히 '지대물박(地大物博: 땅이 아주 넓고 산물이 풍부하다)의 나라'라고 말한다. 그렇다면 우리는 '지대물박 중국'을 어떻게 이해할 수 있을까? 같은 중국인이지만 한 쪽에 사는 사람들이 새벽을 맞이할 때, 또 다른 쪽에 사는 사람들은 아직도 한밤중이라는 사실을 떠올리거나, 중국의 한 지역에 얼음이 꽁꽁 얼 때, 다른 쪽에서는 해수욕장에서 피서를 즐기는 사람들이 있다는 점을 들면 중국의 지리적 특징을 이해할 수 있을까? 그 뿐만이 아니다. 중국은 토양과 기후 조건에 따라, 벼농사 중심 지역과 밭농사 중심 지역이 있고, 유목 지역이 있으면서도 사막 지역과 삼림 지역도 있다. 이 같은 토양과 기후 조건의 차이는 지역적으로 생활양식의 차이를 불러와 매우 다양한 중국문화를 형성해왔다. 여기서는 '자연 지리'와 '행정 제도'로 크게 나누어 '지대물박 중국'의 지리·행정 문화에 대해 살펴보고자 한다.

1. 중국의 자연지리 自然地理

지리 개황

위치	아시아 동부, 태평양 서안
동서/남북 거리	동서 간 거리 약 5,200km, 남북간 거리 약 5,500km
표준 시간대	협정세계시(UTC)+8
국토 면적	약 960만km^2
수역 면적	약 470만km^2
주요 산맥	천산, 곤륜, 기련, 진령, 남령, 대흥안령, 태항산맥
주요 산	오악五岳(태산泰山, 화산華山, 숭산崇山, 항산恒山, 형산衡山), 황산黃山
주요 하천	황하黃河, 장강長江, 회하淮河, 주강珠江
주요 고원	청장고원青藏高原, 황토고원黃土高原, 내몽고고원內蒙古高原, 운귀고원雲貴高原
주요 분지	투루판분지, 준가얼분지, 타림분지, 사천분지
주요 평원	동북평원, 화북 평원, 장강중하류평원, 주장삼각주평원

(1) 광대한 국토

한반도 북서부에 위치한 중국은 한국과 마찬가지로 아시아 동부, 태평양 서안에 위치하고 있다. 중국 육지 국토 면적은 약 960만km^2[1], 수역 면적은 약 470만km^2에 달한다. 이 같은 광대한 영토는 대략 2만2천8백km에 달하는 기나긴 육지 국경선과 1만 8천여km에 이르는 해안선으로 이루어져 있다. 중국은 북한, 러시아, 몽고, 카자흐스탄, 키르기스스탄, 타지키스탄, 아프가니스탄,

1) 국토 면적은 러시아(약 1700만km^2), 캐나다(약 995만km^2)에 이어 세계에서 세 번째이다.

파키스탄, 인도, 네팔, 부탄, 미얀마, 라오스, 베트남 등과 육지 국경선을 맞대고 있다. 중국이 바다를 사이에 두고 있는 인접 국가로는 한국, 일본, 필리핀, 말레이시아, 인도네시아, 브루나이 등이 있다.

수많은 국가와 국경을 접하고 있는 중국으로서는 영토 분쟁에 신경 쓰지 않을 수 없다. 실제로 중국은 1960년대에 베트남과의 국경 분쟁을 겪은 바 있고, 남사군도南沙群島를 놓고 베트남, 브루나이 등과 영유권 갈등을 겪고 있으며, 최근에는 조어도를 놓고 일본과 영유권 분쟁을 겪고 있다. 참고로, 중국은 자국의 영해를 발해(渤海: 보하이), 황해(黃海: 황하이), 동해(東海: 동하이, 일명 '동중국해'), 남해(南海: 난하이, 일명 '남중국해')로 구분하고 있다. 발해는 요동반도와 산동반도가 포함되어있는 중국의 내해內海 지역, 황해는 산동반도에서 장강長江의 끝 지점까지, 동해는 장강 끝 지점인 상해上海 앞바다에서 대만해협까지, 남해는 대만해협 이남의 해수면을 가리킨다.

중국 국토의 동서 간 거리는 약 5,200km에 달한다. 중국 최동단은 흑룡강(黑龍江: 헤이룽장), 우수리강(烏蘇里江)이 합류하는 지점(동경 135도 30분)이며, 최서단은 신강위구르자치구의 파미르고원(동경 73도 45분) 일대다. 아시아 대륙의 동서 거리가 대략 9,700km이니 5,200km여에 달하는 중국의 동서 거리는 아시아 대륙의 반이 넘게 걸쳐 있는 것이다. 알래스카를 뺀 미국 본토의 동서 길이가 4,500km라는 것과 비교하면 중국 국토의 광대함을 쉽게 짐작할 수 있을 것이다. 중국 본토의 경도차는 60도 이상(15도에 1시간)이나 되므로 4시간의 시차가 있어야 하나 중국 당국은 북경-상해-대북(타이베이)을 지나가는 동경 120도 선을 기준으로 한 '협정세계시(UTC) +8시'라는 1가지 표준시차를 사용하고 있다. 따라서 오전 8시 출근을 기계적으로 적용하면, 북경이

우수리강은 흑룡강의 지류이며, 중국과 러시아의 경계선이 되는 하천이다.

나 상해, 그리고 대북에서는 시계의 시간과 생활리듬이 맞지만, 서쪽 신강위구르 지역의 주민들은 새벽별을 보며 출근해야 하는 일이 벌어진다.[2)]

해남성 삼아(三亞: 싼야) 해변가 이 해변은 하와이와 위도가 같은 아열대 해안으로 유명하다.

중국 국토의 남북 간 거리는 약 5,500km로 동서 간 거리보다 길다. 중국 측 자료에 따르면, 중국 영토의 최남단은 남사군도의 증모암사(曾母暗沙: 쩡무안사, 북위 4도)이며, 최북단은 흑룡강성(黑龍江省: 헤이룽장성) 막하(漠河: 모허) 부근(북위 53도)이다. 5,500여km에 달하는 중국의 남북 간 위도차緯度差에 따라 중국 기후도 큰 폭으로 달라질 수밖에 없다. 이를테면 중국은 위도에 따라 남쪽에서 북쪽으로 올라갈수록 열대, 아열대(남아열대, 중아열대, 북아열대), 온대, 한온대의 기후가 나타난다. 이로 인해 중국은 북쪽은 아직 눈 쌓인 한겨울이지만 남쪽 지방은 꽃이 만개한 봄이 되기도 한다. 중국의 1월 평균 기온 통계에 따르면 남쪽 지역 해남도(海南島: 하이난다오)의 해구(海口: 하이커우)의 평균 기온이 대략 17도일 때도 북쪽 흑룡강성 하얼빈은 영하 20여도에 머무른다.

(2) 중국 지형의 특징: 서고동저西高東低

한반도가 동쪽이 높고 서쪽이 낮은 지형적 특징을 보여준다면 중국 지형은 반대로 서쪽이 높고 동쪽이 낮다는 특징을 띤다. 그것도 서쪽에서 동쪽으로 큰 폭으로 낮아지는 계단형태라 중국인들은 이를 '서고동저삼급계'(西高東低三級階: 줄여서 '서고동저')라는 말로 요약한다.

중국의 '서고동저'의 지형적 특징은 생활과 문화에도 깊은 영향을 미쳐왔다. 이를테면 2008년 북경 올림픽 경기장을 설계함에 있어

2) 1912년 중화민국 성립 당시에 중국은 5개의 시간대가 있었다. 그러나 중화인민공화국은 북경시를 표준으로 전국의 시간을 통일했다.

국립수영센터(水立方)는 '새 둥지(鳥巢)'라는 이름을 가진 주경기장 맞은편 서쪽에 지은 것도 '서고동저西高東低'라는 중국 지형의 특징을 반영했기 때문이다. '서고동저'라는 중국 지형에서 올림픽 국립수영센터의 '청정한 물(水立方)'이 뭇 생명이 깃드는 생명의 둥지인 주경기장(鳥巢)으로 흐르려면 물의 근원지가 서쪽에 있어야 하기 때문이다.[3)]

지대(계단)별 특징

중국 지형도

'서고동저'에서 가장 높은 서쪽에 해당하는 제1지대는 중국 서남부의 청장고원(青藏高原: 칭짱고원) 일대를 말한다. 청장고원은 평균 해발이 4,000m가 넘는 지구에서 가장 높은 고원이기에 '세계의 지붕(世界屋脊)'이라 불리고 있다.

이 일대가 지구상에서 가장 높은 고원이 된 것은 건 수백만 년 전 인도 지판이 유라시아 대륙 지판과 부딪쳐 지각이 강렬하게 융기되었기 때문이다. 이 지대의 히말라야 산맥은 인도아시아 대륙이 유라시아 대륙에 부딪히면서 유라시아 대륙이 솟아올라 만들어졌다. 현재도 인도아시아 대륙이 유라시아 대륙 밑으로 들어가는 지반활동이 계속되고 있어 히말라야 산맥은 지금도 솟아오르고 있다. 이런 이유로 청장고원에는 곤륜산(昆侖山: 쿤룬산), 알진산(阿爾金山), 기련산(祁連山: 치롄산), 커커시리산(可可西里山), 탕구라산(唐古拉山), 녠칭탕구라산(念青唐古拉山), 히말라야산(喜马拉雅山) 등의 빙하로 뒤덮인 산들이 즐비하다.

3) 이런 배치는 음양오행에 입각한 '水生木'이라는 풍수사상과도 연관 있다. '水生木'이라는 풍수사상 관점에서 올림픽 국립수영센터은 '水'이고, 생명의 둥지(鳥巢)는 '木'이 된다.

청장고원의 수많은 고산과 빙하는 아시아 수많은 강들의 원류일 뿐만 아니라 중국 내륙 건조 지역의 중요한 수자원 저장고이다. 또한 청장고원에는 햇볕이 충분해 활발한 광합성 작용으로 길지는 않으나 영양이 풍부한 풀이 자라는 중국의 중요한 천연목장지대이기도 하다. 매년 여름과 가을이 되면 초원 위로 '고원의 배'로 불리는 야크와 양들이 떼를 지어 다닌다. 청장고원의 초원은 세계적으로 희귀한 동물인 티베트영양의 서식지이기도 한다. 청장고원 면적은 약 250만km^2로 중국의 1/4을 차지할 정도로 넓다.

세계에서 가장 높은 산 '에베레스트'는 중국 제1지대인 청장고원에 걸쳐 있다. 최근 '에베레스트'라는 영문 명칭대신에 티베트 이름 '초모룽마'로 불리는 일이 많다. '초모룽마'는 Chomo(여신)와 lungma(세계)의 합성어로 '세계의 여신'이라는 뜻이다. 중국에서는 티베트어 '초모룽마'를 그대로 차용해 주무랑마珠穆朗瑪라 부르고 있다.

제2지대는 곤륜산崑崙山~기련산祁連山~횡단산맥橫斷山脈에서 동쪽으로 대흥안령大興安嶺~태항산맥太行山脈~설봉산雪峰山이 하나의 선으로 연결된 곳까지를 말한다. 이 지대는 평균 해발 1,000~2,000m로 4,000m 이상인 청장고원에 비해 해발고도가 급격히 낮아진다. 사천분지처럼 일부 지역은 1,000m에도 미치지 못하는 곳도 있다. 제2지대 면적은 대략 400만km^2이며, 주로 높고 큰 산지와 광활한 고원, 대형 분지가 분포되어 있다. 알타이산(阿爾泰山), 천산天山, 음산陰山, 진령秦嶺 등의 산지, 내몽고고원內蒙古高原, 황토고원黃土高原, 운귀고원雲貴高原 등의 3대 고원, 타림분지, 준가얼분지, 투르판분지, 사천분지 등 주요 분지가 이 지대에 있다. 신강新疆 남부의 타림분지에는 중국 최대의 사막인 타클라마칸 사막이 있고, 준가얼분지에는 중국 영화 촬영지로 유명한 '바람의 도시' 커라마이(克拉瑪依) '마귀성魔鬼城'이 있다.

제3지대는 대흥안령大興安嶺~태항산太行山~설봉산雪峰山에서 동쪽 해안에 이르는 지대를 일컫는다. 이곳은 평균해발이 500~1,000m이고, 면적은 대략 400만km^2이며, 평원과 구릉이 주로 분포되어 있다. 곧 중국 곡창지대인 동북東北평원, 화북華北평원, 장강중하류평원 등의 3대 평원과 주강珠江 삼각주평원이 이 지대에 위치하고 있다. 제3지대 동북부에 있는 해발 1,000m 이상 산지인 소흥안링小興安嶺, 장백산長白山 일대는 삼림자원의 보고이기도 하다. 전 국토 면적의 1/3에 해당하지만 중국 전체 인구의 90% 정도가 이 지대에 살고 있으며, 중국 내에서 경제가 가장 발달한 곳이다.

(3) 다양한 자연 환경

영화 「쿵후팬더」로 더욱 널리 알려진 중국의 판다.

'지대물박' 중국의 면모는 다양한 자연 환경에서도 찾아볼 수 있다. 광산 자원의 경우, 중국은 거의 모든 광산자원을 가지고 있는 몇 안 되는 나라 가운데 하나이다. 2002년 기준으로 157종의 광산 자원이 탐측되었는데, 희토류를 위시한 일부 광물은 중국에만 집중되어 있다. 중국에는 수많은 종류의 동물들이 서식하고 있는데, 조류가 175종, 포유류 414종, 양서류 196종, 파충류 315종, 어류 2천여 종에 이른다. 이 가운데는 중국에서만 서식하거나 주서식지가 중국인 동물들도 있다. 사천四川 북부와 섬서陝西와 감숙甘肅 남부 지역에 살고 있는 판다(大熊猫: panda)가 대표적이다. 판다는 중국 국가 1급 보호 동물로 대나무잎과 죽순을 좋아하며 성격은 온순하며 행동은 둔한 편으로 알려져 있다. 중국 정부에서 평화와 우호의 표시로 다른 나라에 선물하는 판다는 중국을 상징하는 동물로 유명하다.

중국의 다양한 자연 환경 가운데 '남방은 물, 북방은 불'로 요약할 수 있는 천연 자원의 차이에 주목해 볼 필요가 있다. 이는 곧 진령산맥秦嶺山脈과 회하(淮河: 화이허)를 경계로 그 이남 지역인 '남방'은 수자원이 풍부하고 그 이북 지역인 '북방'은 화석연료 자원이 풍부하다는 것을 말한다. 일례로 남방 지역은 담수 자원이 많아 전국 하류 운수 총량의 83%를 차지하는 반면, 북방 지역에는 물 부족 현상을 겪고 있다. 중국 북방 지역을 흐르는 황하의 유수량은 남방의 복건성 민강閩江의 유수량에도 미치지 못하고 있다.[4] 북방에 위치한 수도 북경도 수자원 부족으로 인해 1980년대부터 천도에 관한 논의가 일고 있는 실정이다. 그러나 북방 지역은 수자원은 부족하지만 '불'과 관련된 석탄, 석유, 천연가스 등 화석연료 자원은 매

4) 황하의 연간 유량은 50년대 450억m^2, 80년대 350억m^2, 90년대 240억m^2로 급감해 남방의 복건성 민장閩江에도 미치지 못한다. 설상가상으로 1972년부터 황하에는 자주 단류斷流 현상이 나타난다.

우 풍부하다. 중국의 석탄 생산량은 세계 1위로 세계 석탄 총생산량의 30%를 차지하고 있는데, 그 생산지는 주로 북방지역에 있다. 석유와 천연가스도 북방 지역에 주로 매장되어 있는데, 동북지방에 있는 중국 최대 유전油田인 대경(大慶: 다칭) 유전이 대표적이다.

강과 호수

중국에는 수많은 강과 호수가 있다. 주요 강으로는 황하黃河, 장강長江[5], 주강珠江, 회하淮河 등을 들 수 있다. 황하의 총길이는 약 5,464km이며, 청장고원의 청해성(青海省: 칭하이성) 바얀하르산맥(巴颜喀拉山脉: The Bayan Har mountains)에서 발원하여 하남(河南: 허난)-산동(山東: 산둥) 지역을 지나 발해만渤海灣으로 흘러 들어간다. 황하는 중국 문명의 발상지이다. 그래서 중국인들은 황하를 '어머니의 강(母親河)'이라 부른다. 중국 역사를 연 하夏 · 상商 · 주周 초기 국가들은 모두 황하 중하류 유역에 자리 잡았다. 이후 한동안 황하는 중국 역대 왕조의 정치적 · 경제적 중심지였다. 황하는 황토고원黃土高原 일대를 지나면서 대량의 진흙이 유입되어 누런 진흙 강으로 변한 뒤 경사가 완만한 화북(華北: 화베이) 평원으로 흘러간다. 그런데 하류 지역은 물길이 넓고 유속이 느려 강물에 섞여 있는 진흙이 대량으로 침적되어 강바닥(河床)이 지면地面보다 더 높은 '지상하(地上河: 일명 현하懸河)'를 이룬다. 그래서 중국인들은 황하의 범람을 막기 위해 수없이 강둑을 쌓고 또 쌓았다. 황하에서 가장 긴 둑은 전장 4,000km인 황하대제黃

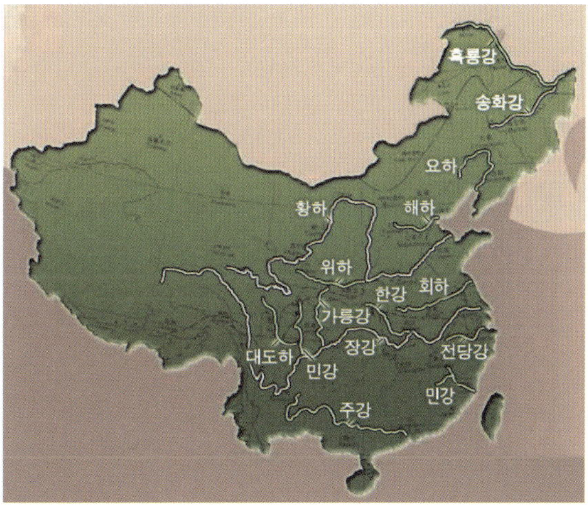

중국의 주요 강

5) 장강과 혼동해 쓰는 양자강(揚子江: 양쯔강)은 원래 강소성 양주揚州에서 바다에 이르는 하류의 이름이다. 명나라(1368~1644) 때 마테오 리치 등 선교사들이 장강을 양자강으로 서방에 소개하면서 비롯된 명칭이다.

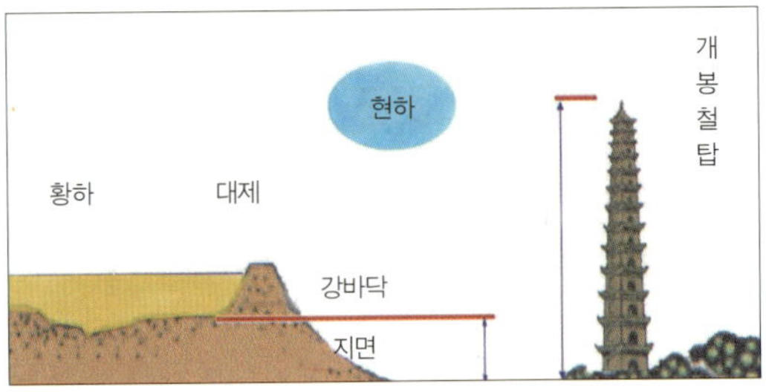

지상하 단면도

河大堤이며, 옛날에 쌓은 둑까지 합하면 무려 7,000km에 달한다고 한다.

장강은 청장고원의 탕구라산(唐古拉山)의 주봉인 거라단둥봉各拉丹冬峰에서 발원해 청해-서장-사천-운남-중경-호북-호남-강서-안휘-강소-상해 등 11개 성급省級 지역을 거쳐 동해東海로 흘러간다. 총 길이는 6,397km로서 중국과 아시아에서 가장 긴 강이며, 세계적으로는 나일강과 아마존강 다음으로 긴 강이다. 예로부터 장강은 물류 운송을 위한 하천으로 이용되어 중국 경제의 대동맥 구실을 해 왔다. 현재도 1500~2만t급의 선박이 하구로부터 사천성四川省 신시新市까지 2900여km 구간을 운항할 수 있다. 중국 정부는 2009년 수력 에너지 확보와 홍수 방지를 위해 장강 상류와 중류의 접경 지역에 삼협三峽댐을 준공했는데, 댐 건설로 인한 문화재와 환경 파괴 논란은 아직도 진행 중에 있다.[6)]

중국 호수는 염분 함유량에 의해 담수호淡水湖와 함수호鹹水湖로 구분된다. 청해성 동북부에 위치한 청해호青海湖는 중국 최대의 함수호이자 아시아 최대 호수다. 중국 담수호 가운데 동정호洞庭湖는 예로부터 유명하다. '동정호'는 면적 2,820여km^2에 최고 수심 30미터에 달하는 거대한 담수호로서 호남성과 호북성의 경계가 되기도 한다.

6) 삼협댐(三峽大壩)은 장강 상류와 중류 접경 지역에 있는 호북성 의창宜昌의 구당협(瞿塘峽: 취탕샤), 무협(巫峽: 우샤), 서릉협(西陵峽: 시링샤)의 세 협곡에 건설된 댐이다. 1994년 12월 14일에 착공되어 2006년 5월 20일에 준공되었다. 총길이는 2,309m이고 높이는 185m이다. 최대 저수량은 약 390억 톤이며 1일 발전량은 1,820만KW(연간 847억KW)에 달해 세계 최대 수력 발전 시설로 꼽힌다. 삼협댐 건설에 약 24조원의 공사비가 드는 등 중국 역사상 만리장성 이후 최대의 공사로 평가받고 있다. 그러나 댐 건설로 200여만 명의 이주민이 생겼고 수많은 문화 유적지가 물에 잠겼다. 또한 댐 공사로 조성된 거대한 인공 호수는 장강의 생태계를 교란해 생물 다양성을 파괴했다는 지적을 받고 있다. 싼샤댐 건설은 지구상에서 오직 장강에만 서식하던 민물 돌고래 백기돈(白暨豚: 바이지툰)의 멸종을 초래했고, 지진 발생 원인으로 지목되기도 한다.

중국의 산: 오악(五岳)과 삼산(三山)

중국인들은 중국의 수많은 산들 가운데 인문 자연의 숨결을 간직한 명산을 이른바 '오악(五岳)'과 '삼산(三山)'으로 개괄하여 부른다.

오악(五岳)은 다섯 방위에 위치한 명산을 총칭한 것이다. 곧 동악東岳 태산(泰山: 타이산, 해발1545미터, 산동성), 남악南岳 형산(衡山: 헝산, 해발1300.2미터, 호남성), 서악西岳 화산(華山: 해발2154.9미터, 섬서성), 북악北岳 항산(恒山: 항산, 2016.1미터, 산서성), 중악中岳 숭산(嵩山, 쏭산, 해발1491.7미터, 하남성)을 말한다. 이러한 '오악' 개념은 먼 옛날 산신(山神)을 모시는 산악신앙과 춘추전국시대의 오행(五行) 관념, 그리고 제왕들의 봉선(封禪)[7] 의식이 서로 결합되어 생겨난 것인데, 후에 도교(道教)에서 이를 계승하였기에 '오악'을 도교의 명산으로 보기도 한다. '오악' 가운데 태

태항산(太行山) 전경 중국의 산은 때론 지역과 지역의 경계선이 되기도 한다. 중국 산동성과 산서성의 경계가 바로 태항산이다.

7) '봉선(封禪 fēng shàn)'의 '봉封'은 '하늘에 제사를 지내는 것(祭天)', '선禪'은 '땅에 제사를 지내는 것(祭地)'이다. 곧 중국 고대에 제왕들이 태평성세 혹은 하늘에서 길조가 내려왔을 때 천지에 제사를 지내는 대형 의식을 말한다.

산과 숭산은 일찍이 중국 고대 제왕들이 봉선 제사를 거행했던 곳이며, 태산은 '오악'의 으뜸으로 1987년 세계자연유산 목록에 등재되었다.

'삼산(三山)'은 여행명승지로 이름 높은 안탕산(雁蕩山: 옌당산, 절강성 소재), 여산(廬山: 루산, 해발 1474미터, 강서성 소재), 황산(黃山: 황산, 해발 1864.8미터, 안휘성 소재)을 말한다. 오악이 중국 북방을 흐르는 황하 유역에 있는 것에 비해 '삼산'은 남방에 위치하고 있어 상대적으로 중원 지역과 다소 멀리 떨어져 있다. 황산은 중국의 산 가운데 유일하게 중국 10대 명승고적지(中國十大名勝古跡)의 하나로 선정되었다.

자연환경과 대기오염

스모그에 뿌옇게 가려진 판다의 모습과 마스크를 낀 중국인의 모습이 대조적이다. 중국어로 하늘이 뿌옇게 되는 대기오염 현상을 '우마이(霧霾)'라 부른다.

중국은 다양한 자연환경과 풍부한 자원을 갖고 있지만 그에 못지않게 심각한 환경 문제도 안고 있다. 중국의 많은 호수들은 대부분 부영양화 상태이며[8], 석탄과 석유 중심의 에너지 소비로 인해 도시 지역에 심각한 대기오염이 야기되었다. 특히 경제가 발전하고 인구가 집중된 중국 대도시의 대기오염 수준은 이미 심각한 지경에 이르렀다. 중국 환경보호부 조사에 의하면, 현재 북경北京·천진天津·하북河北, 장강長江 삼각주, 주강珠江 삼각주 지역의 대기오염이 가장 심각하고, 도시에 따라 매년 스모그 발생 일수가 100~200일에 달한다고 한다. 그런데 이들 3개 지역의 면적은 전 국토의 8%에 불과하지만, 국내 석탄 소비의 42%, 석유 소비의 52%를 차지하고 있으며, 이에 따라 이산화황, 질소산화물, 매연 배출량이 전체의 30%에 이르고, km^2당 오염물질 배출량도 다른 지역의 5배에 달한다. 급기야 중국의 수도인 북경에서 2013년 1월 최악의 스모그로 인하여 공항과 고속도로까지 폐쇄되는 일까지 벌어졌다. 대기 오염으로 공기청정기나 마스크 등이 특수를 누리는 현상은 중국 북방 도시에서 일상적

8) 2010년도 조사에 따르면, 국가통제 중점호수 26곳 중 심각한 부영양화 1곳, 중부영양화 14곳, 경부영양화로 판정받은 곳이 11곳이다. (2010년도 외교통상부 조사 자료 기준)

인 현상이 되었다. 이 같은 심각한 환경오염은 급속한 산업화와 그에 따른 삼림자원과 광물자원의 무분별한 훼손과 채굴로 더욱 심각해지고 있다. '생물다양성의 감소 추세'[9]도 중국이 당면한 심각한 환경 문제라 할 수 있다.

TIP 영화 「커커시리」와 중국의 자연환경보호 운동

영화 「커커시리」(2003) 포스터

'커커시리'는 청장고원 청해성 서남부에 있는 옥수장족자치주玉樹藏族自治州 경내에 위치하고 있는 지역 이름이다. 몽고어로 '푸른 산마루'(일설에는 '아름다운 소녀'로 알려져 있다)라는 뜻을 가진 '커커시리'는 청장고원에서도 오지에 속하는데, 평균 해발 높이가 4,600m 이상이라 사람이 살기 힘든 기후 환경을 가지고 있다. '커커시리'는 중국에서 가장 긴 강인 장강의 주요 발원지이기도 하며, 현재 세계에서 원시 생태환경 보존이 가장 완미하게 보존된 구역이자 야생동물 자원이 아주 풍부하여 자연 보호 구역으로 지정된 곳이다. 이 '커커시리'는 이 지역을 대표하는 고원 야생동물인 '티베트영양(藏羚羊)'과 이를 보호하려고 지역 주민들이 자발적으로 결성한 '야크부대(野牦牛隊)'라는 보호대의 이야기 때문에 더욱 유명해졌다.

1985년 이전 청장고원의 커커시리에는 수백만 마리에 달하는 고원동물인 티베트영양이 살고 있었다. 그러나 유럽과 미국 시장에 샤투스(shahtoosh) 망토의 수요가 증가하자 그 원료인 티베트영양의 모피 가격도 폭등하게 되었고, 돈벌이를 하려는 사람들이 커커시리 무인無人 구역에 모여들면서 티베트영양에 대한 무자비한 도살이 벌어진다. 수백만 마리에 달하던 티베트영양이 몇 년 사이에 이만여 마리만 남게 되었다는 기록은 당시 상황의 심각성을 간접적으로 알려준다. 그런데 티베트영양들이 무참하게 살육되는 걸 보다 못한 인근 주민들이 1993년에 쉬난다제(索南达杰)라는 사람을 중심으로 일명 '야크부대'라 불리는 티베트영양 순찰보호대를 조직하게 된다. 이들 티베트영양 보호대는 순수 자원봉사자들로 구성되었는데, 여기에는 티베트족도 있고 한족漢族도 들어 있었다. 말하자면 다민족 연합체를 구성해 티베트영양 밀렵꾼들과 대결한 것이다. '야크부대'는 5년여 동안 커커시리 오지에서 밀렵꾼들과 목숨을 건 혈전을 벌였는데, 보호대 대장인 쉬난다제도 그 싸움에서 목숨을 잃은 것을 보면 이들의 싸움이 얼마나 격렬했는지 짐작해 볼 수 있다.

그러나 '야크부대'의 희생은 헛되지 않았다. 돈벌이에 급급한 밀렵꾼들로부터 티베트영양을 구하기 위한 이들의 노력은 중국 정부로부터 티베트영양 모피 무역을 금지시키게 했을 뿐만 아니라 커커시리 일대를 '자연보호구역'으로 지정하게 만들었기 때문이다. 티베트영양은 2008년 북경올림픽 마스코트에서 '환경보호의 상징물이 되기도 했으니 '야크 부대'의 희생은 매우 큰 사회적 결실을 거둔 것이라 할 수 있다. 이 같은 실화를 바탕으로 만든 영화가 바로 「커커시리」라는 영화이다. 이 영화는 실제 커커시리 현지에서 장장 4개월 동안 촬영했다고 하는데, 상영되자마자 반향이 커서 장기 상영되었다고 한다. 이 영화는 청장고원의 다양한 풍경과 그 속에서 살아가는 티베트인들의 생활문화를 담고 있어 청장고원 문화를 엿볼 수 있는

9) 중국 정부는 2010년 현재 233종의 척추동물, 1,000여 종의 식물이 멸종위기에 처해 있는 것으로 추정하고 있다.

창이 될 뿐만 아니라 중국인들에게 자연생태계 보호의 필요성과 민간 주도의 자연 환경보호 운동의 중요성을 일깨워주었다는 평가를 받고 있다.

2. 중국의 행정제도

(1) 중국의 행정 체계

중국의 광활한 영토는 '성급省級-지급地級-현급縣級-향급鄕級'과 같은 여러 등급의 행정 체계로 구획된다. 중국의 최고 행정기관인 국무원(國務院)[10], 즉 중앙인민정부(中央人民政府) 밑으로 4개 혹은 5개 수준의 정부가 다층적이면서도 통일적으로 조직되어 광대한 영토를 통치하고 있다. 각 등급별 행정 체계 현황은 다음과 같다.

성급(省級: 성, 자치구, 직할시, 특별행정구)[11]

중국의 성급 구역으로는 성省·자치구自治區·직할시直轄市·특별행정구特別行政區가 있다. 이들 성급 정부는 중앙인민정부인 국무원(國務院)이 직접 관할하고 있다.

'성省'이라는 명칭은 원元나라(1271~1370) 때부터 시행해 온 유서 깊은 행정 제도이다. 현재 중국 국무원에서는 성省을 23개로 구획하고 있다.[12] '자치구自治區'는 중국의 소수민족이 모여 사는 지역

10) '중화인민공화국 국무원'은 중앙 인민정부로서 중국 최고 국가 권력을 집행하는 행정 기관이다. 총리總理, 부총리副總理, 국무위원國務委員, 각 부처의 부장(部長, 한국의 장관에 해당함) 등의 직책이 있다.

11) 성 인민정부 소재지가 있는 곳을 중국어로 '성회省會', 자치구 소재지를 '수부首府'라 부르는데, 본서에서는 '성도省都'로 번역한다.

12) 중국 국무원이 구획한 23개의 성 가운데에는 대만도 포함되어 있다. 이에 대한 자세한 설명은 1장을 참고할 것.

에서 민족지역 자치를 시행하기 위해 구획한 행정구역이다. 모두 5개의 자치구가 있다. 중국 국무원은 인구가 비교적 집중되고 정치·경제·문화 등에 있어서 특별히 중요한 지위를 갖는 대도시를 직할시로 설치하고 직접 관할하고 있다. 현재 4개의 직할시가 있다. '특별행정구特別行政區'는 홍콩과 마카오 등 19세기에 서구 열강에게 빼앗긴 영토를 반환받는 과정에서 나온 것이다. '특별행정구'는 외교와 국방권은 중앙 정부에 귀속되어 있다는 점에서 '자치구'와 같지만 비교적 독립적인 행정권과 사법권을 운용할 수 있다는 점에서 '자치구'와 다르다. [13]

지급(地级: 지구地區·자치주自治州·맹盟)

지급 행정단위는 중국 헌법에는 명시되어 있지만 현실적인 필요에 의해 성급과 현급 사이에서 운용되고 있는 행정구역이다. 지급 행정구역은 지구地區·자치주自治州·맹盟을 포괄하고 있다.

'지구'는 성이나 자치구에서 설치한 출장소로서, 해당 성이나 자치구에 있는 몇 개의 현·자치현과 시를 관리한다. '자치주'는 '자치구'와 마찬가지로 소수민족이 모여 사는 지역에 민족 지역자치를 시행하기 위해 설치한 행정구역이다. 자치주에는 인민대표대회人民代表大會와 인민정부人民政府가 설치되어 있다. '맹'은 중국 내몽고자치구內蒙古自治區의 지급 행정구역이며, 여기에도 인민대표대회와 인민정부가 설치되어 있다.

현급(縣級: 현縣·자치현自治縣·기旗·자치기自治旗·특구特區·임구林區)

현급 행정구역은 2급 지방 행정구역이며, 지방 행정기관의 기초가 된다. 현급 행정단위는 현縣·자치현自治縣·기旗·자치기自治旗·특구特區·공농구工農區·임구林區 등을 포괄한다.

'현'은 중국의 기초 행정구역으로서 춘추전국시대부터 시행되었

13) 이상의 중국 성급 행정구역의 명칭·약칭·면적·인구 등은「부록1」에 있는 '중국 성급행정구역 일람표'를 참고하시오.

다. 진(秦 : 기원전 221~기원전207)이 전국(戰國) 시대를 통일하고 군현제郡縣制를 확립된 이래로 지금까지 내려오는 행정제도이다. '현'은 '향鄉'과 '진鎭'을 관할하고 있다. '자치현'은 자치구, 자치주와 마찬가지로 중국의 소수민족들이 모여 사는 지역에서 민족 지역자치를 실시하려고 만든 행정구역이다. 기·자치기는 주로 몽고족이 집거하는 지역에 설치된 행정구역이다. '특구'는 공업과 광업 기업이 특히 집중된 현縣 행정구역이며, '임구'는 임업 삼림이 집중된 현급 행정구역을 말한다.

향급(鄕級 : 향鄉, 진鎭, 민족향民族鄉)

'향급'은 중국 3급 지방 행정단위로서 현급 밑에 있는 기층 행정구역이다. 향급 행정구역으로는 향鄉, 진鎭, 민족향民族鄉이 있다.

'진鎭'은 현·자치현이 관할하는 기층 행정구역이며, 상주 인구가 2,000명 이상이고 그 중에 농업에 종사하지 않는 인구가 50% 이상을 차지해야만 한다. '향鄉'은 중국 농촌의 기층 행정구역이며 이 단위에도 인민대표대회와 인민정부가 설치되어 있다. '민족향民族鄉'은 소수민족이 집거하는 향급 행정구역을 말한다.

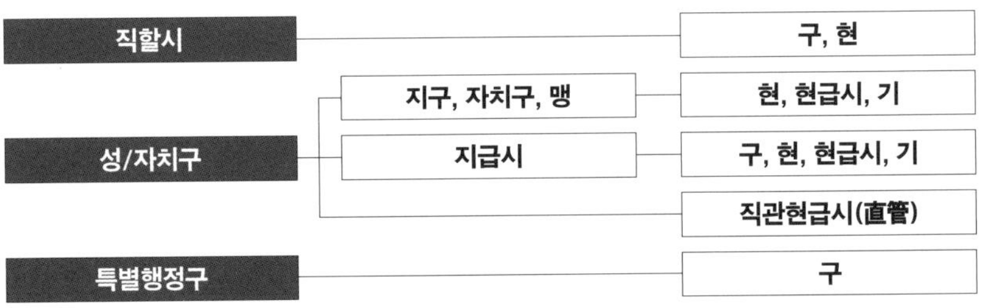

중국 행정구획 구조

TIP 중국 행정 구획의 역사와 현황

왕조명	지방 행정구획	비고
진秦, 한漢	군郡 – 현縣	군현제郡縣制에서 군국제郡國制로, 다시 군현제로 재편됨

위진남북조魏晉南北朝	주州 – 군郡 – 현縣	한漢대의 주州가 일급 행정구역으로 승격됨
송宋, 요遼, 금金	도道·로路–주州 – 현縣	수당 전기에는 주州(郡) – 縣
원元, 명明, 청淸	성省 – 부府 – 현縣	
중화인민공화국	성급–현급–향진급	현실적인 필요에 의해 성급과 현급 사이에 '지급(地級)'을 설치하여 운영함

중국의 행정구획은 '성급省級–현급縣級–향급鄕級' 3급 체계로 이루어져 있다. 이 같은 '3급 체계'는 역사적으로 원元·명明·청淸 시대에 구획된 '성省–부府–현縣' 체계를 계승한 것인데, 그 뿌리는 진秦·한漢 시기로 거슬러 올라간다. 기원전 221년 전국을 통일한 진시황秦始皇은 3년 후인 기원전 214년 전국을 36개 군郡으로 구획하여 군현제郡縣制를 전국적으로 실시했다. 제후(왕)들의 정치적 영향력에 있던 '현縣'을 황제의 직할지로 바꾸어 강력한 중앙집권적 행정 체제를 구축하려는 것이 그 목적이었다. 진나라를 이은 한나라는 초기에 황제 직할의 군현제와 제후가 다스리는 봉건제가 혼합된 군국제郡國制를 실행했지만 제후국의 위상이 유명무실해지면서 군국제가 다시 군현제로 재편되었다. 이로써 황제를 중심으로 한 본격적인 중앙 집권 제국이 형성되었고, 이는 원元·명明·청淸의 행정 제도로 이어졌다. 말하자면, 군현제에 뿌리를 둔 중국의 지방 행정 구획은 황제 중심의 중앙집권적 행정 체제의 산물인 것이다.

(2) 성급 행정구역의 약칭과 유래

중국의 각 성급 행정 구역에는 '약칭'이 있다. 이러한 약칭은 자동차번호판이나 철도노선, 지역 요리 등 중국인의 일상생활에서 자주 사용될 뿐만 아니라 해당 지역의 역사나 산이나 강 등 지리적 특성을 담은 경우가 있어 알아둘 필요가 있다.

중국 성급 행정구역의 약칭은 크게 세 가지 방식으로 만들어진다. 첫째, 성급 행정구역 명칭에서 한 글자를 딴 경우이다. 예를 들면 북경北京에서 '경京'자를 취한 경우이다. 둘째, 그 지역의 역사적인 국명이나 거주 민족 이름에서 비롯된 것이다. 예컨대 사천성 지역은 '촉蜀'나라가 있었다 해서 '촉蜀'으로 약칭한다. 셋째, 해당 지역의 산이나 강 등 지리적 특성을 이용한 경우다. 남창南昌을 가로 흐르는 강이 '감강贛江'이라 강서성의 약칭은 '감贛'이다. 이 가운데 두 번째와 세 번째 사례를 표로 정리하면 다음과 같다.

행정 명칭	약칭	약칭 유래
상해上海	호滬/신申	옛날 상해 지역 주민들이 사용한 통발 일종인 '호滬'에서 유래
중경重慶	투渝	중경重慶을 흐르는 가릉강嘉陵江의 옛 명칭 투수渝水에서 유래
하북河北	기冀	한漢나라 때 이 지역 명칭인 기주冀州에서 유래
산서山西	진晋	이 지역이 춘추시대 진晋나라의 근거지였다는 데서 유래
안휘安徽	환皖	안휘 서남부 쪽에 있는 환산皖山에서 유래
복건福建	민閩	옛날 민월閩越 민족이 거주한 데서 유래
강서江西	감贛	남창 시내를 흐르는 감강贛江에서 유래
산동山東	노魯	이 지역이 춘추전국시대에 노魯나라의 근거지였던 데서 유래
하남河南	예豫	옛날 지명 예주豫州에서 유래
호북湖北	악鄂	성도인 무한의 옛 지명 악주鄂州에서 유래
호남湖南	상湘	호남 지역에 흐르는 상수湘水의 명칭에서 유래
광동廣東	월粵	이곳이 선진先秦시대 남월(南越, 粵) 민족이 거주했던 데서 유래
해남海南	경瓊	본토 사이 해협 이름인 경주瓊州해협에서 유래
사천四川	촉蜀/천川	삼국시대에 이 지역에 근거를 두었던 촉蜀 나라에서 유래함
귀주貴州	검黔/귀貴	옛 지명 검중군黔中郡의 첫 글자에서 유래
운남雲南	전滇/운雲	옛날 전국滇國이라는 명칭에서 유래
섬서陝西	진秦/섬陝	이 지역에 근거를 두었던 진秦 나라의 명칭에서 유래
감숙甘肅	농隴/감甘	감숙甘肅 지역에 있는 농산隴山에서 유래
광서廣西	계桂	진秦 나라 때부터 있었던 지명인 계림군桂林郡에서 유래

(3) 중국의 대행정구와 남북 문화

중국의 대행정구 – 방위에 의한 지역 구분

구분	해당 행정 구역
화북華北 지역	北京, 天津, 河北, 山西, 內蒙古
동북東北 지역	遼寧, 吉林, 黑龍江
화동華東 지역	上海, 江蘇, 浙江, 安徽, 福建, 江西, 山東

중남中南 지역	河南, 湖北, 湖南, 廣東, 廣西, 海南
서남西南 지역	重慶, 四川, 貴州, 雲南, 西藏(티베트)
서북西北 지역	陝西, 甘肅, 青海, 寧夏, 新疆

중국 정부는 행정구역을 '방위에 의한 구분'이라는 대행정구로 구획한다.〔표 참조〕 그러나 이 같은 구분법은 기후 조건이나 자연 지리를 고려하지 않은 것이다. 이를테면 화북 지역의 경우, 동부 계절풍 구역에 속하는 북경, 하북 등과 서북 건한乾旱 구역에 속하는 내몽고 지역이 한데 묶여 있으며, 역시 동부 계절풍 구역에 속하는 중경, 사천 등과 청장 고한高寒 구역에 속하는 티베트자치구가 대행정구로 묶여 있기 때문이다.

예로부터 중국인들은 동부 계절풍 구역을 '남방'과 '북방' 지역으로 나누었다. 섬서성을 가로지르는 진령산맥秦嶺山脈과 장강長江과 황하黃河 사이에 흐르고 있는 회하淮河[14]를 경계로 그 이남을 '남방'으로, 그 이북을 '북방' 지역으로 불려왔다. 그러한 구분은 기후와 농작물의 차이에 근거했다. 곧 회하 등을 기준으로 이남 지역은 벼농사가 잘 되고, 이북 지역은 밭농사 중심 지역이기 때문이다. 중국 고서에도 회하 등이 농작물 차이의 경계선이 된다는 기록이 나오고 있다. 이는 "귤이 회하淮河를 건너 북으로 오면 탱자가 되고, 앵무새는 제수濟水를 넘지 못하며, 오소리는 문하汶河를 건너면 죽고 마는데, 이 모든 것을 땅의 기운 때문이다"라든가, 또는 "회하 이북은 밭이 높고 평평하여 기장(黍稷)을 심기에 좋고, 회하 이남은 땅이 질고 습기가 많아 벼를 심기에 좋다."[15]라는 대목에서 확인할 수 있다.

중국 남북방의 기후와 농작물의 차이는 문화에도 심대한 영향

14) 회하는 호북성과 하남성 경계에 있는 동백산桐柏山에서 발원해 동쪽으로 하남성 · 안휘성 · 강소성 일대를 흘러 일부는 홍택호洪澤湖를 거쳐 장강으로 흐르고 일부는 바다로 흐르는 강이다.

15) 출처는 순서대로『주례 · 고공기 考工記』,『왕정농서 王楨農書』

'영춘권詠春拳의 대가'인 엽문(葉問, 1893~1972) 영춘권은 손을 많이 사용하는 중국 남방의 대표적인 무술(南拳)이다.

을 끼쳐 '남방 문화'와 '북방 문화'라는 상이한 문화를 형성시켰다. 언어의 경우, 북방은 관화방언으로 비교적 정제되어 있는 반면에, 남방은 오방언, 월방언, 민방언 등 방언의 분포가 매우 번다하다. 문학에 있어서도 남방은 굴원(屈原: 약 기원전 340~기원전278)이 지은 『이소離騷』의 전통을 계승해 낭만주의적 경향을 보여주는 반면, 북방은 『시경詩經』[16]의 전통을 계승해 현실주의적 경향이 강하다. 사상 면에 있어서도 남방은 노장老壯학설의 발원지이며, 북방은 공맹孔孟 학설의 발원지이다. 또한 중국인들 스스로도 남북방의 상이한 문화적 양상이 사람 기질에도 영향을 주었다고 보고 있다. 예컨대 중국의 문호 임어당(林語堂: 린위탕, 1895~1976)은 그의 저서에서 "북방의 중국인은 단순하고 소박한 생각을 하며, 고생스런 생활에 익숙해 있다. 키가 크고 건장하며, 성격은 열정적이다. 유머 감각이 있으며, 대파를 먹고 우스갯소리를 잘한다. (…중략…) 동남 변방과 장강 이남에서는 전혀 다른 사람들을 보게 된다. 이들은 편안하고 한가한 데 익숙해 있다. 수양에 힘쓰고 처세에 능하다. 두뇌가 발달했으나 신체는 퇴화했다. 시와 노래를 즐기고 쾌적하게 지내고자 한다. 음악을 사랑하며 편안한 것을 좋아한다. 남자들은 성격이 원만하지만 몸이 부실하고, 여자들은 날씬하지만 신경쇠약증이 있다. 이들은 영리한 장사꾼이며 뛰어난 문학가들이다."[17]라고 묘사하고 있다. 이 같은 중국 남북방의 상이한 문화적 양상은 다음과 같이 요약할 수 있다.

16) 중국 최초의 시가집인 『시경』은 서주西周초기부터 춘추 중엽(기원전11세기~기원전6세기)까지 대략 500여년의 시가가 수록되어 있다. 『시경』은 일반적으로 풍風, 아雅, 송頌으로 구분되며, 이 가운데 '풍'이 대표성을 띤다. 그래서 『시경』을 '풍'이라 부르기도 한다.

17) 임어당(林語堂: 린위탕, 1895~1976), 『내 나라 내 국민(吾國與吾民)』. 이 저서는 그가 일찍이 중국 상해에서 저널리스트로서 활동하고 있을 무렵 미국 여류작가이자 노벨 문학상을 받은 펄벅 여사의 권유에 따라 중국인에 관한 에세이를 모아 미국에서 출간出刊한 책이다. 한국에서는 『중국인』이라는 제목으로 번역되어 있다.

남방과 북방 문화 비교

유형	남방	북방
언어	남번南繁: 남방 언어는 번잡	북제北齊: 북방 언어는 비교적 획일적
기질	남세南細: 말투가 비교적 완곡	북상北爽: 말투가 솔직하고 직설적
사상	남노南老: 노장 도가 학설의 발원지	북공北孔: 공맹 유가 학설의 발원지
문학	남소南騷: 「이소離騷」 전통 계승	북풍北風: 『시경詩經』 전통 계승
희곡	남유南柔: 희곡은 가늘고 섬세	북강北剛: 희곡은 우렁차고 격함
무술	남권南拳: 무술은 손을 많이 사용	북퇴北腿: 무술은 다리를 많이 사용
범죄형	남편南騙: '지능형' 범죄	북창北搶 '폭력형' 범죄
인재형	남문南文: 문인을 많이 배출	북무北武: 무인을 많이 배출
주식	남미南米: 쌀을 주식으로 함	북면北麵: 밀을 주식으로 함
식습관	남첨南甛: 단 음식을 좋아함	북함北鹹: 짠 음식을 좋아함
건축양식	남창南敞: 건물이 개방적	북봉北封: 건물이 폐쇄적
운송수단	남선南船: 운송에 배를 이용	북마北馬: 운송에 말을 이용

3. 중국의 지역별 문화

중국의 지역 문화는 여러 가지 기준으로 구분된다. 넓게는 동남부의 농경문화 지역과 서북부의 유목문화 지역으로 구분하는 것에서부터, 동북東北·화북華北·화중華中·화동華東·화남華南·서남西南·서북西北 등 기후 조건이나 자연지리에 의한 구분법이 있다. 또한 유구한 역사문화를 기준으로 한 지역 구분법도 있다. 예컨대 제로(齊魯-산동 지역 일대)·삼진(三晋 - 산서山西, 하남성 중북부 지역)·형초(荊楚 - 호남, 호북, 안휘, 강서 서북부 지역, 하남성 남부)·파촉(巴蜀 - 사천, 중경, 섬서陝西 남부, 호북 서쪽, 운남, 귀주 일부)·오월(吳越 - 강소, 절강, 상해, 안휘성 동부, 강서성 동북부 일대) 등으로 지역을 구분하는 사례가 그런 경우라 할 수 있다. 여기서는 중국

정부가 공식적으로 구분하는 대행정구인 '방위에 의한 지역 구분법'으로 나누어 성급 단위로 지역 문화에 대해 간략하게나마 알아본다.

(1) 화북華北·동북東北 지역

화북지역	명칭 유래	명소
北京	'북평北平'을 북방의 서울'이라는 뜻의 '북경'으로 개명한 데서 유래함.	천안문天安門광장, 고궁(故宮; 자금성), 이화원頤和園, 천단天壇, 만리장성(長城)
天津	'천자가 나루터를 건넌 곳(天子渡津之地)'에서 유래함	오대도五大道, 반산盤山, 고문화거리(古文化街), 수상공원水上公園
河北	'황하이북黃河以北' 지역이라는 뜻에서 유래함	피서산장避暑山莊, 산해관山海關, 북대하北戴河
山西	'태항산맥太行山脈 서쪽' 지역에 위치하고 있다고 해서 유래함	운강석굴雲岡石窟, 평요고성平遙古城, 교가대원喬家大院
內蒙古	몽고공화국인 외몽고外蒙古와 대비하기 위해 '내몽고'라 함	칭기스칸릉(成吉思汗陵), 후룬벨(呼倫貝爾)초원

중국의 수도 북경은 3,000여년의 도시 역사 속에서 778년간이나 국가 수도가 되었던 고도古都[18]이다. 북경의 역사는 서주西周 시기 주나라 제후국 가운데 하나인 '연나라(燕國)'의 도성으로 출발했다. 주무왕周武王이 북경 지역에 동생 소공召公을 봉해 연燕이라 칭하면서 역사에 등장하기 시작했던 것이다. 진秦·한漢 시기 이래 북경 지역은 중국 북방의 중요한 군사기지와 상업도시로 주목받아왔다. 여진족이 세운 금金나라는 북경을 '중도中都'라 부르며 도읍지로 정했고, 칭기스칸의 손자인 쿠빌라이 칸은 자신의 제국명을 원元

18) '고도'란 중국 역대왕조의 도읍지가 되었던 곳을 말한다. 사대고도四大古都란 서안西安, 낙양洛陽, 남경南京, 북경北京을 말하며, 여기에 개봉開封과 항주杭州을 포함시키면 6대고도, 안양安陽과 정주鄭州가 포함되면 8대 고도가 된다.

으로 바꾸고 그 수도를 북경에 건설하면서 전중국의 수도로 발돋움하기 시작했다. 원나라 때 북경 이름은 '대도大都'였는데, '대도'는 몽고어로는 '칸발릭(汗八里: Khanbaliq)'으로 '대칸이 거주하는 곳'이란 뜻이었다. 명나라에 이르러 3대 황제인 주체朱棣는 당시 북평北平으로 불리던 이곳을 '북방의 서울'이라는 뜻의 '북경'으로 개명하고 수도로 삼았는데, 이때에 이르러 북경은 최초로 한족 왕조의 수도가 되었다. 만주족의 청나라도 명나라가 건설한 북경에 기초해 도시를 더욱 발전시켰다. 북경의 약칭은 '京'이다. 그래서 북경 요리를 '경채(京菜: 징차이)'라 부르며 북경에서 발달한 전통 연극을 '경극(京劇: 징쥐)이라 한다. 북경의 명소인 고궁(故宮: 자금성)·이화원頤和園·천단天壇 등은 세계문화유산으로 지정됐다.

화북평원華北平原에 위치한 천진(天津: 텐진)은 본래 바다였다. 4,000여 년 전부터 차츰 해저海底가 드러나 충적평원을 형성해 만들어진 것이 오늘날 천진이다. 천진은 조운漕運으로 흥기했다. 수나라(隋朝)가 건설한 경항운하(京杭運河: 북경과 항주를 잇는 운하)의 남운하南運河와 북운하北運河 교차점이 산차하구三岔河口였는데, 이곳이 천진 최초 발상지였다. 1400년 연왕燕王 주체朱棣가 이곳에서 대운하로 남하해 황제皇帝 자리를 차지하고 명나라 3대 황제로 즉

경극 배우들

위하면서 천진은 새로운 전기를 마련한다. 주체는 황제가 된 후에 거사를 기념하기 위해 이 곳 이름을 '천자가 나루터를 건넌 곳(天子渡津)'이라는 의미의 천진으로 개명한 후 군사적 요충지로 지목하여 '천진위天津衛'를 설치했다. 1860년 천진은 영국과 프랑스 연합군에 의해 통상通商 항구가 되면서 근대적 도시로 탈바꿈한다. 서양 열강들은 천진에다 앞 다투어 조계지租界地를 설치했고, 근대 중국의 '양무운동'의 기지가 되었다. 또한 천진은 군사 근대화뿐만 아니라 철도·전보·전화·우편·근대교육·사법제도 등의 근대화가 처음 진행된 곳이기도 하다. 이 때문에 '근대 중국을 보려면 천진을 보라'라는 말이 생겼다. 중국과 서양이 공존하는 근대적 도시로서 천진의 면모는 '오대도(五大道: 우다다오) 역사문화의 거리'에 잘 보존되어 있다. 오늘날 천진은 환발해권環渤海圈 중심지로 거듭나고 있다. 천진의 약칭은 '진津'이다.

북경과 천진을 둘러싸고 있는 하북성(河北省: 허베이성)은 화북평원과 발해 연안을 포함하고 있다.『삼국지』에 등장하는 유비, 장비, 조자룡 등의 고향이자 당나라를 건국한 이연과 송나라를 건국한 조광윤의 원

피서산장 북경 북동쪽에 위치한 '승덕'의 원래 이름은 '열하熱河'인데, 이는 '겨울에도 얼지 않는 따뜻한 강'이라는 뜻이다. 조선시대 연암 박지원의『열하일기熱河日記』는 조선을 출발하여 이곳 승덕 피서산장에 도착하여 건륭제를 만나는 과정을 적은 기행문이다.

적지이기도 하여 역사적 영웅호걸들과 인연이 깊다. 하북은 '황하 이북'에 위치하고 있다'고 해서 생겨난 명칭이다. 약칭은 '기冀'인데, 이는 한漢나라 때 이 지역에 기주冀州와 유주幽州가 설치되었던 데서 유래한다. 하북성 승덕시承德市에 있는 피서산장避暑山莊은 중국에서 가장 큰 황실 정원으로 1994년 유네스코 세계문화유산으로 지정되었다. 하북성의 성 정부소재지(이하 '성도')는 석가장(石家莊: 스자좡)이다.

산서성(山西省: 산시성) 명칭은 '태항산太行山 서쪽에 위치하고 있다'고 해서 생겨난 명칭이다. 성도는 태원(太原: 타이위안)이다. 주周나라 때 이 지역에 '진晉'이라는 제후국이 있어 약칭을 '晉'이라 한다. 서주 시대 진晉나라는 전국戰國 시대에 한·조·위로 삼분되었다가, 위진남북조 시대에 북방 이민족인 선비족이 북위北魏를 통일하고 이곳을 근거지로 삼았다. 명明·청淸 시대에 산서 지역에서 중국 4대 상방(商幇: 오늘날 '기업') 가운데 '진상晉商'이 형성되어 그 명성을 떨쳤다. 청말에는 상업과 교육의 중심지로 부각되었고 중국 최초의 근대적 은행인 '표호(票號: 퍄오하오)'가 시작된 곳이기도 하다. 그러나 오늘날 산서 지역은 석탄 광산촌이 즐비한 낙후된 곳이 되었다. 하지만 산서는 세계문화유산으로 지정된 평요고성平遙古城과 중국의 중요한 불교 유산인 대동大同의 운강석굴雲岡石窟, 교가대원喬家大院 등 소중한 역사와 문화유산을 간직한 곳이다.

'내몽고'라는 명칭은 '몽고공화국'의 별칭인 '외몽고外蒙古'와 대비하기 위해 사용했다. 내몽고자치구의 자치구 정부소재지는 몽고어인 '훅호츠'(푸른 성)을 음역한 후허하오터(呼和浩特)이다. 내몽고자치구의 행정구역은 다시 맹盟, 기旗 등으로 구분되는데, 이는 1688년 청조淸朝가 몽고족을 복속시키고 몽고족 통치를 위해 설정한 행정제도에서 유래한다. 1911년 중국에서 신해혁명이 일어나자 외몽고 민족 지도자들은 청의 지배로부터 벗어나고자 하는 분리운동을 전개하였고, 1946년 울란바토르를 수도로 몽고족의 국가를 수립했다. '내몽고' 지역은 분리 독립하지 않았고, 1947년 중국 최초의 자치구로 지정됐다.

동북지역	명칭 유래	명소
遼寧	이 지역을 흐르는 '요하遼河 일대가 안정되라(安寧)'는 뜻에서 유래함	심양고궁沈陽故宮, 압록강鴨綠江, 대련大連 여순旅順 감옥
吉林	청나라가 세운 도시 '지린우라(吉林烏拉)'에서 유래함	장백산長白山, 길림무송吉林霧凇, 위만황궁僞满皇宮
黑龍江	이 지역을 흐르는 흑룡강黑龍江에서 유래함	'동정교당東正教堂' 막하북극촌漠河北極村, 찰용습지扎龍濕地

요녕성(遼寧省: 랴오닝성)은 동북 3성 중 가장 남부에 위치하고 있으며, 발해渤海와 요동만遼東灣을 끼고 있고, 하북성·내몽고 자치구·길림성 및 북한과 경계하고 있다. 요녕성은 청말淸末에는 봉천성奉天省으로 불렸는데, 1927년 중화민국 정부는 '요하 지역이 영원히 안정되기를 바란다'(遼河流域永久安寧之意)는 의미로 '요녕성'으로 성 명칭을 개명한 것이다. 성도인 심양(沈陽: 선양)은 과거에는 만주족의 거점 도시였으나 현재는 동북 지방 최대의 중공업 도시가 되었다. 요동반도 남단에는 '동북의 홍콩'이라고 불리는 항구도시 대련大連이 위치하고 있고, 압록강변의 도시 단동丹東도 공업이 급속히 발전하고 있는 지역이다. 요녕성에는 중국 천지개벽의 신화 주인공인 반고盤古의 전설이 서려 있는 금주錦州, 고구려산성이 있는 환인(桓仁: 환런) 등이 가볼만하다.

길림성(吉林省: 지린성)은 요녕성과 흑룡강성의 중앙에 위치하고, 동남부는 백두산을 사이에 두고 북한과 국경을 마주하고 있다. 길림성의 명칭은 청나라가 1673년에 건설한 도시(城) 이름인 '지린우라(吉林烏拉)'에서 비롯되었다. '지린우라(吉林烏拉)'란 만주어인데, 지린(吉林)은 '~따라 있다', '우라烏拉'는 '큰강(大川: 송화강을 이름)'이라는 뜻이다. 곧 만주어 '지린우라'는 '송화강 연안에 있는(沿着松花江)' 도시라는 뜻이다. 송화강은 백두산 천지에서 발원하여 장장 2천km를 흘러가는 강이다. 길림성의 성도인 장춘(長春: 창춘)은 일본제국의 만주국이 세워졌던 곳이다. 길림성 남부에 있는 집안集安에는 광개토대왕비가 있는 등 옛 고구려의 흔적이 많은 곳이다. 길림성 동부에는 연변 조선족 자치주가 있으며 인근에는 백두산이 자리 잡고 있다. 중국에서는 백두산을 장백산(長白山: 창바이산)이라 부른다.

찰용습지

흑룡강성(黑龍江省: 헤이룽장성)은 중국 최북단에 위치한 성으로 러시아와 국경을 접하고 있다. 흑룡강성 명칭은 이 지역을 흐르는 흑룡강黑龍江에서 유래했다. 흑룡강은 러시아어로 '아무르강'이라 부르는데 무려 4천5백여 km에 이르는 긴 강이다. 성도인 하얼빈(哈爾濱)에는 만주어로 '어망을 말리는 곳'이라는 뜻에서 알 수 있듯이 원래는 어촌이었다. 하얼빈은 1898년에 건설되기 시작하여 대규모 철도부설과 함께 조성된 도시이다. 하얼빈은 러시아 분위기가 넘치는 건물들이 즐비하며, 1907년에 건립된 극동에서 가장 큰 그리스정교 성당인 '동정교당東正教堂'이 있다. 하얼빈에 있는 '안중근 의사 기념관'은 중국정부가 조선족을 위해 건물을 내주고 기념관을 만들어 활용하도록 해서 건립된 곳이라고 한다. 흑룡강성의 만주벌판은 새로운 식량 창고로 각광받고 있으며, '북대황(北大荒: 일명 북대창北大倉, 흑룡강성의 비옥한 평야지대)의 거친 자연 속에서 거친 땅을 개척하여 옥토로 만든 사람들의 모습을 그린 '북대황'판화 그룹을 탄생시킨 곳으로도 유명하다.[19] 흑룡강성 치치하얼시(齊齊哈爾市)에 있는 찰용습지는 흰두루미들의 서식지 생태계가 잘 보존되어 있어 1992년에 '세계 중요 습지 목록'에 기재되었다.

19) 북대황 판화에 대해서는 http://www.kbs.co.kr/1tv/sisa/sunspecial/vod/1249098_33661

(2) 화동華東 지역

동지역	명칭 유래	명소(문화유적)
上海	오송강(吳淞江: 지금의 소주하)의 지류인 '상해포上海浦'에서 유래함	외탄外灘, 예원豫園, 육가취陸家嘴, 남경로南京路, 동방명주탑東方明珠塔
江蘇	이 지역 도시였던 '강녕부江寧府'와 '소주부蘇州府'에서 유래함	중산릉中山陵, 소주원림 蘇州園林, 서주초한왕릉묘군徐州漢楚王陵墓群, 양주수서호揚州瘦西湖
浙江	이 지역을 흐르는 '절강(浙江: 현재명 전당강錢塘江'에서 유래함	서호西湖, 안탕산雁蕩山, 노신고거魯迅故居
安徽	이 지역 도시였던 '안경부安慶府'와 '휘주부徽州府'에서 유래함	황산黃山, 환남고촌락皖南古村落, 굉촌宏村, 서제西递
福建	이 지역 도시 '복주福州'와 '건주建州'에서 유래함	무이산武夷山, 하문고랑서厦門鼓浪嶼, 복주삼방福州三坊
江西	'강남(장강長江 이남)의 서쪽' 지역이라는 뜻에서 유래함	여산廬山, 정강산井崗山, 등왕각騰王閣
山東	'태항산맥의 동쪽 지역'이란 뜻에서 유래함	태산泰山, 삼공三孔, 박돌천趵突泉 등

상해(上海: 상하이)는 현재 자타가 공인하는 중국 제일의 도시이지만 예전에는 '작은 어촌'에 불과했다. 작은 어촌이었던 상해가 국제도시로 탈바꿈한 것은 서구 열강에 의해 대외 무역항이 되면서부터이다. 1842년에 중국과 영국 사이에 체결된 남경조약南京條約에 따라 상해는 중국의 5개 통상通商 무역항 중 하나로써 개항되었고, 그 후 미국·프랑스 등 서구 열강이 상해에 조계지를 설치하고 치외법권 지역을 형성하면서 각국의 문물이 모여드는 국제도시로서의 틀을 갖추게 된 것이다. 경제중심지로서의 상해는 육가취陸家嘴 금융무역구金融貿易區에 잘 드러난다.

강소성(江蘇省: 장쑤성)의 명칭은 청나라 행정구역인 '강녕부江寧府'와 '소주부蘇州府'의 첫 글자들을 따서 만든 것이다. '강녕부'는 지금의 남경南京에 속해 있던 행정구역이었고, '소주부'는 소주蘇州를 말한다. 강소성은 춘추시대 오吳나라, 전국시대 초楚나라의 근거지였으며, 진말秦末 항우項羽의 근거지이기도 했다. 성도인 남경(南京: 난징)은 위진남북조시대 동진東晋과 송宋 나라의 도읍지였고, 중화민국의 수도였다. 강소성은 동쪽으로는 바다에 접해 있고, 장강과 회하 하류에 위치하고 있어 '강남 물의 도시(水鄕)'이라는 별명을 얻었다.

절강성(浙江省: 저장성) 명칭은 항주를 흐르는 전당강錢塘江의 옛날 이름인 '절강浙江'에서 유래하였다. 춘추전국시대에 절강성은 오吳나라와 월越나라가 영토 분쟁을 하며 '와신상담臥薪嘗膽'의 고사를 낳은 무대였다. 절강성의 성도는 마르코 폴로가 "세계에서 가장 아름다운 도시"라 감탄한 항주(杭州: 항저우)이다. 항주는 남송南宋시대의 수도로 그 명성을 떨쳤으며, 아름다우면서도 애절한 사랑이야기를 낳은 도시이기도 하다. 중국 4대 민간 전설 가운데 '양산백과 축영대(줄여서 '양축')'와 아름다운 호수 서호西湖를 배경으로 한 '백사전白蛇傳'의 전설을 낳았기 때문이다. 남쪽에 있는 도시 소

항주의 명물인 '서호'와 호숫가에 있는 뇌봉탑

흥紹興은 모택동이 존경한 문학가 노신(魯迅: 루쉰, 1881~1936)이 태어난 고향이며, 중국 전통술인 황주黃酒 특산지로도 유명하다.

안휘성(安徽省: 안후이성)의 명칭은 옛날 성내 도시였던 '안경부安慶府'와 '휘주부徽州府'의 첫 글자에서 유래했다. 성내 서남부 쪽에 환산皖山이 있어서 '환皖'으로 약칭한다. 성도는 장강 북쪽에 있는 합비(合肥: 허페이)이며, 성 동쪽에 있는 황산黃山은 중국의 대표적인 명산이다. 이 지역 출신의 상인을 '휘상徽商'이라 부르고, 이 지역에서 형성된 연극 단체를 '휘반徽班'이라 한다. '휘상'은 명청 시대 3대 상방商幇 중 하나로 꼽히고 '휘반'은 중국 연극의 대명사 '경극京劇'의 형성과 발전에 큰 영향을 끼쳤다. 천년 역사를 간직한 안휘 옛 촌락(皖南古村落)인 굉촌宏村과 서제西遞는 2000년에 세계문화유산으로 등재되었다. 이 가운데 굉촌은 이안(李安: 리안) 감독의 「와호장룡臥虎藏龍」의 촬영지로 더욱 유명해졌다.

복건성(福建省: 푸젠성)의 명칭은 '복주福州'와 '건주建州' 지명을 결합한 것이다. 복건성의 약칭은 '민閩'이다. 이 약칭은 복건 지역이 아득한 옛날 '바다'였고,[20] 고대에 이 지역에 거주하던 부락의 총칭을 '팔민八閩'이라 부른 데서 유래하였다. 지금도 이 지역 방언을 '민방언閩方言'이라 하고, 이 지역 상인들을 '민상閩商'이라 부른 것은 '민'이 복건의 별명이 되었기 때문이기도 하다. 복건성은 역사적으로 '해상 실크로드'의 기점이자 '대항해 시대(1405-1433)'의 서막을 연 곳이기도 하다. 복건성의 성도는 복주(福州: 푸저우)인데, 5대 통상 항구로 꼽힌다. 천주泉州는 중국 고대 해상 실크로드의 기점이자 복주와 함께 '대항해시대'를 연 고대의 최대 항구였다. 또한 복건성에는 '무이암차武夷岩茶' 재배지로 유명한 무이산武夷山이 있는데, 이 산은 1999년에 유네스코 세계문화 자연유산으로 지정되었다.

강서성(江西省: 장시성)은 '강남서도江南西道'에서 유래했다. 당나라 현종玄宗은 장강 이남을 동과 서로 나누어 강남동도江南東道와 강

20) "閩在海中", 『山海經·海內南經』

남서도江南西道라 불렀는데, 그 '강남서도'가 지금의 강서성 일대였다. '감贛'이라는 약칭은 성내를 흐르는 감강贛江에서 유래했다. 강서성은 중국 사회주의 혁명 요람지로 유명하다. 1927년 8월 1일 강서성 성도인 남창(南昌: 난창)에서 일어난 '팔일기의八一起義'는 중국공산당이 최초로 무장武裝 봉기한 날이며[21], 서남부에 있는 정강산井岡山 일대는 중국공산당의 최초 농촌혁명 근거지였다. 북동부에 위치한 경덕진景德鎭은 장강 이남에 있는 중국 제일의 '도자기 도시'이다. 공강을 바라보고 있는 등왕각騰王閣은 중국 3대 누각으로 꼽히며, 북부에 있는 여산廬山은 세계유산으로 인정받고 있다.

산동성(山東省: 산둥성) 명칭은 '태항산太行山 동쪽에 있다'라는 뜻이다. 주周 나라 때 강태공姜太公의 봉토를 '제齊'라 했고, 주무왕의 동생 주공周公의 봉토를 '노魯'라 지칭한 데서 이 지역 문화를 '제로齊魯문화'라고 부른다. 약칭은 주공의 봉토 명인 '魯'에서 유래했다. 산동성은 중국의 중요한 사상가를 많이 배출했다. 공자孔子와 맹자孟子의 고향이며, 『손자병법孫子兵法』을 남긴 손무孫武도 이곳 출신이다. 108명의 호걸들의 이야기를 담은 『수호전水滸傳』의 무대인 양산박梁山泊도 산동성에 있다. 산동성의 성도는 제남(濟南: 지난)이며, 청도靑島는 서구 열강의 개항지로 독일의 조계지가 있었던 곳이기도 하다. 연대(煙臺: 옌타이)와 위해威海는 우리나라 서해와 마주보고 있는 매우 가까운 도시이며, 연대 복산福山은 산동요리의 산실이다. 연대 지역은 화교 요리사들을 많이 배출했는데, 우리나라에 짜장면을 처음 선 보인 이들도 바로 이 지역 출신 요리사들로 알려져 있다. 곡부曲阜에는 공자 관련 유적지인 삼공(三孔: 공묘孔廟·공부孔府·공림孔林)이 있다. 태안泰安에 있는 태산泰山은 역대 황제들이 하늘에 제사를 지내던 곳으로 '오악五岳'의 으뜸으로 꼽힌다.

21) 현재 8월 1일은 인민해방군 건군절建軍節이다.

4. 중남中南 · 서남西南 · 서북西北 지역

중남지역	명칭 유래	명소
河南	'황하黃河의 남쪽' 지역이라는 뜻에서 유래	은허殷墟, 소림사少林寺, 용문석굴龍門石窟
湖北	'동정호洞庭湖의 북쪽' 지역이라는 뜻에서 유래	황학루黃鶴樓, 무당산武當山, 장강삼협 長江三陜
湖南	'동정호의 남쪽' 지역이라는 뜻에서 유래	형산衡山, 악양루岳陽樓, 악록서원嶽麓書院
廣東	'광남동로廣南東路'라는 송대의 행정 구획 명칭에서 유래	중산기념관中山紀念堂, 단하산丹霞山, 개평돌집(開平碉樓)
廣西	'광남서로廣南西路'라는 송대의 행정 구획 명칭에서 유래	계평서산桂平西山, 계림산수桂林山水, 덕천폭포德天瀑布, 북해은탄北海銀灘, 용척제전龍脊梯田
海南	'남쪽 바다에 있는 섬'이라는 뜻에서 유래	동채홍수린東寨紅樹林, 첨봉령尖峰嶺, 옥대탄玉帶灘 아룡만亞龍灣

'하남성(河南省: 허난성)'이라는 명칭은 '황하黃河 이남以南'이라는 의미에서 유래했다. 한나라 때 이곳을 '예주豫州'로 구획했기에 '예豫'로 약칭한다. 하남성 일대는 황하 중류에 위치한 충적평야로서 이른바 '황하문명'의 발상지였다. 하남성의 성도인 정주(鄭州: 정저우)와 안양安陽 일대는 고대 왕국 은상殷商의 근거지였고, 낙양洛陽은 동한의 수도, 개봉開封은 북송의 수도로써 중국 고대 역사를 이끌어 왔다.

'호북성(湖北省: 후베이성)'이라는 명칭은 '천하제일의 호수'로 불려온 '동정호洞庭湖의 북쪽'이라는 의미에서 유래했다. 당나라 때 이르러 동정호를 경계로 북쪽을 호북湖北, 남쪽을 호남湖南으로 명명한 데 따른 것이다. 춘추전국시대에 이 지역은 초楚나라 영토였고, 한漢나라 때 '형주荊州'라 칭해지다가 수隋나라 때 '악주鄂州'라고 불렸다. '악鄂'라는 호북성의 약칭은 바로 '악주'에서 유래한 것이다. 호북의 성도는 무한(武漢: 우한)이며, 의창宜昌에는 세계 최대의 댐인 삼협댐이 있다.

호남성(湖南省: 후난성)이라는 명칭은 '동정호의 남쪽'이라는 뜻에서 유래했다. 성안을 흐르는 상수湘水의 명칭을 따서 '湘'으로 약칭된다. 호남성은 춘추전국시대 초楚나라의 중심지로서 호북성과 함께 '형초荊楚 문화'를 꽃피웠다. 호남 지역은 '초사楚辭'라는 새로운 시풍을 연 시인이자 초나라의 애국 충신으로 추앙받는 굴원屈原의 활동무대이기도 했다. 호남성의 성도인 장사(長沙: 창사)에는 중국 4대 서원이자 성리학을 꽃피운 '악록서원嶽麓書院'이 있다. 호남성은 모택동, 유소기(劉少奇: 류사오치) 등 중화인민공화국을 건국한 영웅들의 고향으로도 유명하다.

'광동(廣東: 광둥)'이라는 명칭은 '광남동로廣南東路'라는 송대의 행정 구역상의 명칭에서 유래한 것이다. 약칭은 '월粵'인데, 고대에 이 지역에 백월百越 민족이 거주했기 때문이다. 고문헌에서는 '월粵'과 '월越'을 통용했기 때문에 중화민국 시기에 '월粵'로 약칭하게 된 것이다. 진시황은 월족越族이 거주하던 광동성 일대를 통일하고 '남해군南海郡'을 설치했다. 광동성의 성도는 아편전쟁의 아픔을 간지하고 있는 광주(廣州: 광저우)이다. 그러나 1978년 이래 광동성 일대는 중국의 개혁·개방 정책의 최대 수혜자가 되었다. 광주·심천深圳·주해珠海·혜주惠州·불산佛山·중산中山·동완東莞 등 광동성 주장 삼각주 일대 도시들은 중국 최대의 산업 및 무역 기지이다. 2013년 현재 광동성의 경제 총량은 24년 연속 중국에서 일등을 차지했다. 광동의 향산(香山: 지금의 중산시)은 중화민국을 건국해 중국의 국부로 불리는 손문(孫文: 쑨원)이 태어난 곳이기도 하다.

'광서(廣西: 광시)'의 명칭은 송나라 행정구획명인 '광남서로廣南西路'에서 유래했다. 약칭은 이 지역에 있는 유명한 지명인 '계림桂林'의 '桂'을 땄다. 정부소재지는 '녹색도시(綠城)'라 불리는 남녕(南寧: 난닝)이다. '광서' 지역은 1958년에 이 지역에 가장 인구가 많은 장족의 이름을 따서 '광서장족자치구'가 되었다. 장족 외에도 야오족·먀오족·둥족 등 많은 소수민족들도 거주하고 있다. 아열대 기후에 속하는 광서 지역은 진귀한 동식물 자원이 많다. 특히 과일이 풍부해 '과일의 고향'으로 불린다.

해남(海南: 하이난)이라는 명칭은 '남쪽 바다에 있는 섬'이라는 뜻이다. 송나라 때 이곳을 경주瓊州라 부른데서 '경瓊'이라는 약칭이 생겼다. 해남성은 경주 해협을 끼고 중국 본토의 뇌주雷州반도와 마주하고 있으며, 타이완을 제외하면 중국에서 가장 큰 섬이다. 해남성은 원래 광동성의 일부였으나 1988년 행정 구획 개편 과정에서 분리되었다. 해남성의 성도는 섬 북쪽에 있는 해구(海口: 하이커우)이며, 남쪽 삼아(三亞: 싼야)는 하와이와 위도가 같은 아름다운 아열대 해안으로 세계인들의 휴양지로서 각광받고 있다.

서남지역	명칭 유래	명소
重慶	'경사慶事가 겹쳤던 곳'이라는 뜻에서 유래	대족석각大足石刻, 백제성白帝城
四川	송나라 행정구획명인 '천협사로川峽四路'에서 유래	구채구九寨溝, 황룡黃龍, 도강언都江堰, 청성산青城山, 아미산峨眉山
貴州	송나라 칙서의 "유이귀주惟爾贵州"라는 구절에서 유래	황과수黄果樹 폭포, 적수赤水 ,준이 회의장소(遵義會址) 등
雲南	'운령雲嶺 이남'에 있는 지역이라는 뜻에서 유래	석림石林, 여강(麗江: 리장), 대리(大理: 다리), 옥룡설산玉龍雪山
西藏	청대의 행정구획명인 '서장西藏'에서 유래	포탈라궁(布達拉宫), 대소사大昭寺, 감단사甘丹寺

'중경(重慶: 충칭)'이라는 명칭은 '겹경사가 생긴 곳'이라는 뜻에서 유래했다. 북송 때 이 지역을 다스렸던 황제의 아들 조접趙接이 공왕恭王으로 봉해진 다음 달에 황제의 자리에 오르는 '겹경사가 생겨난 곳'이다. 중경 경내를 흐르는 가릉강嘉陵江의 옛 명칭인 투수渝水에서 '투渝'라는 약칭이 나왔고, 고대 이 지역에 '파국巴國'이 있었

다고 해서 '파巴'로도 약칭한다. 중경은 1997년 네 번째로 중국의 직할시가 되었다. 중경은 중국 장강 상류 구역의 경제·금융 중심지이자 정치·문화·교육·과학기술의 중심지이며, 2007년 중국음식협회에서 '중국 화과(火锅: 훠궈)의 도시'로 선정할 만큼 중국의 화과 음식 문화의 발원지이기도 하다.

구채구 사천성 서북부 민산산맥岷山山脈 남쪽에 위치한 구채구九寨溝. 1992년에 유네스코에 의해 '세계자연유산'으로 지정됐다.

'사천(四川: 쓰촨)'이라는 명칭은 송대의 행정구획명인 '천협사로川峽四路'에서 유래했다. 고대에는 '강江'을 '천川'이라 표현했는데, 곧 '사천四川'의 '천川'은 사천 경내를 흐르는 민장岷江·타강沱江·가릉강嘉陵江·오강烏江 네 강을 지칭한다. 사천성의 약칭은 '천川' 혹은 '촉蜀'이다. 춘추전국시대 사천 지역은 파국巴国과 촉국蜀国 두 제후국에 속해 있었다. 그래서 사천은 중경과 함께 '파촉'으로 분류되었다. 사천성은 역사가 유구하고 풍광이 수려하고 물산이 풍부해 예로부터 '하늘이 내린 땅'이란 뜻을 가진 '천부지국天府之國'으로 불렸다.[22] '천부지국'이라는 명성답게 사천은 '천채(川菜: 촨차이)'라는 중국 전통 요리 계통을 창출해내었고, 중국을 대표하는 주류酒類인 백주(白酒: 바이지우)의 주요 생산지이기도 하다.[23] 사천의 희곡을 '천극川劇'이라 말하는데, 당대唐代에 이미 "촉희 천하 으뜸(蜀戲冠天下)"이라는 칭호를 들었다. 순식간에 얼굴분장을 바꾸는 '변검變臉'이 '천극'을 대표한다. 사천에 있는 구채구九寨溝·황룡黃龍·사천 판다서식지는 세계자연

22) '천부지국'으로 불리는 사천 지역이 최근에는 잇따른 지진으로 피해를 입고 있다.

23) 사천성의 의빈宜賓·노주瀘州·면주綿竹 등지는 주조산업으로 유명하다. 중국 10대 명주 가운데 오량액五粮液·노주노교특곡주瀘州老窖特曲酒·낭주郎酒·검남춘주劍南春酒 등이 이곳에서 생산된다.

유산으로 지정되었으며, 도강언都江堰과 청성산青城山은 세계문화유산으로 지정되었으며, 아미산峨眉山과 낙산대불樂山大佛은 세계자연문화유산으로 지정되었다. 사천의 성도는 성도(成都: 청두)이다.

'귀주(貴州: 구이저우)'라는 명칭은 송나라 칙서(974년)의 "유이귀주惟爾贵州"라는 구절에서 처음 사용되었다. 약칭은 '검黔'인데, 당나라 때 이곳 지명이 '검중군黔中郡'이라 명명한 데서 유래했다. 성도는 최근 들어 '중국 피서避暑의 도시'로 각광받고 있는 귀양(貴陽: 구이양)이다. 귀주는 운귀고원雲貴高原 경사지대에 위치하고 있어 산지가 전체 성 면적의 87% 이상을 차지하고 있다. 하지만 귀주의 산악 지대 가운데에는 뛰어난 경치를 자랑하는 곳도 많다. 적수赤水의 수려한 풍경은 세계유산으로 지정되었고, 아시아 최대의 폭포인 황과수폭포黃果树瀑布도 귀주에 있다.

운남성(雲南省: 윈난성)은 중국 서남 변경에 위치하고 있고, 성도는 곤명(昆明: 쿤밍)이다. '운남'이라는 명칭은 '구름의 남쪽(彩雲之南)'이라는 뜻이다. 일설에는 '운령의 남쪽(雲嶺之南)'에서 유래한 것이라 한다. 약칭은 '전滇' 혹은 '雲'이라 하는데, 전국시대 이곳이 전족滇族 부락이 있었기 때문이다. 운남성 지역은 인류의 중요한 발상지 중 한 곳이다. 이곳에서 발견된 원모원인元謨猿人은 아직까지 중국과 아시아 최초 인류이기 때문이다. 운남성은 소수민족이 가장 많이 거주하는 지역으로서 다양한 중국소수민족 문화를 볼 수 있는 곳이다. 곤명시 이족彝族 자치현에는 북경 고궁北京故宮·서안병마용西安馬馬俑·계림산수桂林山水와 더불어 중국 4대 여행명승지로 꼽히는 석림石林이 있다.

'서장(西藏: 시짱, 티베트)'이라는 명칭은 청대의 행정구획명인 '서장西藏'을 계승한 것이다. 성도는 라싸(拉薩)이다. 이 지역은 원대에 '선정원宣政院', 명대에 '오사장烏思藏', 청대 초기에는 위장衛藏이었다가 청대 말에 청해성과 분리되면서 '서장西藏'으로 불리게 되었다. 중화민국 시기에도 중국 관리를 파견해 서장에 대한 종주권을 유지하였다. 1965년 '서장 자치구'로 지정되었다. 서장 지역은 평균해발이 4천m 이상인 세계에서 가장 높은 청장고원 일대에 위치하고 있다.

서북지역	명칭 유래	명소(여행지)
陝西	'섬원陝原의 서쪽 지역'에서 유래	병마용兵馬俑, 화산華山, 화청지華清池, 황제릉黄帝陵
甘肅	감주(甘州: 지금의 장액張掖)와 숙주(肅州: 지금의 주천酒泉)의 앞 글자에서 유래	돈황막고굴敦煌莫高窟, 명사산월아천鳴沙山月牙泉, 가욕관嘉峪關
青海	중국 최대의 호수인 청해호青海湖에서 유래	청해호青海湖, 곤륜산崑崙山, 문성공주文成公主 기념관
寧夏	'서하 지역이여 안정되라(西夏安寧)'에서 유래함	서하왕릉西夏王陵, 사호沙湖, 육반산六盤山
新疆	'새로운 강역(新開闢的疆域)'이라는 뜻에서 유래	천산天山, 고창고성高昌古城, 투루판(吐魯番) 분지

'섬서(陝西: 산시)'라는 송대의 행정구획명인 '섬서로陝西路'에서 유래했는데, 그 의미는 '섬현陝縣의 서쪽에 있다'는 뜻이다. 섬서성의 약칭으로는 '섬陝'과 '진秦'이 있다. 전국시대 이곳이 '진秦'나라의 근거지라 '秦'이라는 약칭이 생겼다. 섬서성은 지정학적으로 사통팔달의 요지이자 중국 지리地理 판도版圖의 중심지역이다.[24] 장강과 황하가 모두 지나가는 지역이자 8개 성급행정구역과 맞닿아 있는 중국 서북·서남·화북·화중을 이어주는 '관문'이 바로 섬서성이다. 그 뿐만 아니라 섬서성은 중국문명의 발상지이자 '중국'의 기틀을 세운 곳이기도 하다. 80만년전 인류인 남전원인藍田猿人의 흔적이 발견되었으며, 앙소문화仰韶文化 유적이 가장 많이 발견된 곳도 섬서성이다. 주周나라 문왕文王이 예악禮樂 제도를 제정하고 주무왕이 천하를 분봉하고, 진시황이 중국을 통일한 근거지가 섬서성에 자리 잡고 있다. 섬서성의 성도는 서안(西安: 시안)인데, 이곳은 고

24) 중국의 대지 원점(原點, 혹은 기준점)은 섬서성 경양현涇陽縣 영락진永樂鎮에 있다.

화산 섬서성에 있는 화산과 더불어 산동성에 있는 태산泰山, 호남성에 있는 형산衡山, 산서성에 있는 항산恒山, 하남성에 있는 숭산嵩山을 가리켜 '오악五嶽'이라 부른다.

대에 '장안長安'으로 불리던 도시였다. 서안은 세계 4대 문명 도시[25] 중 하나이며 중국 4대 고도古都 가운데 으뜸이다. 중국 역사에서 주周·진秦·한漢·당唐 등 13개 왕조라는 가장 많은 왕조가 서안을 수도로 삼았다. 서안 병마용은 '세계 8대 기적'으로 꼽히며, 서안 동쪽 120여km 지점에 있는 화음시華陰市에는 오악五嶽 중 '서악'인 화산華山이 있다.

'감숙(甘肅: 간쑤)'라는 명칭은 옛날 지명인 '감주甘州'와 '숙주肅州'의 첫 글자에서 유래했다. 약칭은 '감甘' 또는 '농隴'이라 한다. '농隴'이라는 약칭은 감숙성 대부분 지역이 농산隴山의 서쪽에 위치한 데 따른 것이다. 감숙성은 황하 상류 유역에 위치하고 있으며, 성도는 중국 서북 지역의 교통 요지인 난주(蘭州: 란저우)이다. 감숙성은 고대 '실크로드의 황금길'이 있던 곳이었다. 실크로드란 장안(長安: 지금의 서안西安)에서 시작해 중앙아시아·서아시아·아프리카·유럽까지 이어지는 고대 무역 경로를 말한다. 최초로 교역하던 물품이 중국의 '비단'이었기 때문에 '실크로드(비단길)'라는 명칭을 얻었다. 실크로드는 비단 등 상업 무역로만은 아니었다. 중국 등 동아시아 문명이 육로 실크로드를 통해 서양으로 전파되었고, 유럽과 인도의 문화가 이 실크로드를 통해 동아시아로 흘러들어왔다. 감숙성 서북부에 있는 하서주랑河西走廊[26]과 돈황(敦煌: 둔황) 지역은 동서문화가 회통하던 실크로드의 중요한 요지였다. '하서주랑'은 동쪽 오초령烏鞘嶺에서 시작해 서쪽 옥문관玉門關에 이르는 길로 장장 900km에 달하며, 남쪽으로 기련산祁連山과 북쪽으로 합

25) 세계4대 문명도시는 일반적으로 이탈리아 로마, 그리스 아테네, 이집트 카이로, 중국 서안을 말한다.

26) '하서河西'라는 명칭은 '황하 서쪽에 있다'는 뜻이며, 길 모양이 마치 '복도'와 같아 주랑走廊'이라는 명칭이 생겼다.

돈황막고굴 돈황의 막고굴은 하남성 낙양의 용문산과 향산의 암벽을 따라 만들어진 용문석굴龍門石窟, 산서성에 위치한 대동의 운강석굴雲岡石窟과 함께 '중국 3대 석굴'로 꼽힌다.

려산合黎山·용수산龍首山을 양쪽 장벽으로 둔 좁고 긴 평야지대이다. 하서주랑 서쪽 끝에 있는 옥문관은 한漢나라 때 서역(西域: 지금의 '신강新疆' 일대)과의 경계지점에 건설한 만리장성의 중요 관문으로서 돈황의 명소이다. 사막 위 도시 돈황은 중국 등 동아시아가 서역·중앙아시아·유럽으로 열리는 실크로드 요지 중 요지에 속한다. 돈황에는 옥문관 뿐만 아니라 실크로드 남로南路로 가려면 반드시 거쳐야 할 관문인 양관陽關이 있고, 세계문화유산인 막고굴莫高窟이 있다.

청해성(青海省: 칭하이성)은 세계의 지붕이라 불리는 청장고원에 위치하고 있으며, 장강과 황하의 발원지이다. 경내에 있는 청해호青海湖에서 성 명칭이 유래했으며, 성도는 서녕(西寧: 시닝)이고, 약칭은 '青'이다. 청해호는 해발 3260여m에, 면적 4,456km^2, 호수 둘레가 무려 360여km에 달하는 중국 최고·최대 호수이자 함수호

鹹水湖이다. 청해성은 고대에 서융西戎의 땅이었고, 한나라 때는 서강西羌의 영토였다. 당唐·송宋 시대에는 토번吐蕃 왕국에 속해 있다가 원元·명明 왕조로 이어지면서 중국의 영토가 되었다. 청해성에 병풍처럼 펼쳐져 있는 곤륜산崑崙山은 수많은 중국 신화가 서려 있는 신성한 산이자 '뭇산의 조상(萬山之祖)'으로 불려지고 있다.

'영하(寧夏: 닝샤)'라는 명칭은 '서하西夏 지역이여 안정되라'는 의미에서 유래했다. '서하'는 북송 시기에 이 지역에 있던 나라였다. 정부소재지는 은천(銀川: 인촨)이다. 중화민국 시기에는 감숙성과 병합되었다가 1958년 영하회족자치구로 분할되었다. 영하 지역은 중국에서 회족 인구가 가장 많은 성으로서 주민 대부분이 이슬람교를 신봉하며, 중국 최대의 이슬람 성지이기도 하다.

'신강(新疆: 신장)'이라는 명칭은 '새로운 땅(新開闢的疆域)'이라는 뜻에서 유래하였다. 신강의 별칭으로는 서역西域·안서安西가 있다. 성도는 '아름다운 목장'이라는 뜻을 지닌 우루무치(烏魯木齊)이다. 신강 지역은 중국 서북부 변경에 위치하고 있으며 총면적은 약 166만km^{2}로 면적상 중국 최대 성급행정구이다. 신강에는 사막이 광범위하게 분포되어 있으며, 석유·천연가스 등이 풍부해 '서기동수(西氣東輸: 서쪽의 가스를 동쪽으로 보낸다)'의 기점이며, 중국 서부대개발의 핵심 지역이기도 하다. 성도인 우루무치시 동남쪽으로 약 184km 지점에는 유명한 투루판분지(吐魯番盆地)가 있다.

참고 자료

- 후자오량 지음, 김태성 옮김,『중국의 문화지리를 읽는다』, 휴머니스트,2005
- 中國國務院 僑務辦公室/중국해외교류협회 저, 김민호 역,『중국상식-지리』, 다락원, 2008
- 재미있는 지리학회 지음, 박영난 옮김,『세상에서 가장 재미있는 세계지도』, 북스토리, 2006
- 중앙일보 중국연구소,『2010-2011 차이나트렌드』, 중앙북스(주), 2010
- 百度 百科 http://baike.baidu.com
- 최종명의 '차이나 리포트', 인터넷 Hani TV

3

다민족 국가 중국

중국은 한족漢族 외에도 55개 소수민족이 살아가고 있는 다민족 국가다. 이 많은 민족이 적어도 천년千年이 넘는 세월동안 '중국'이라는 울타리에서 공존해 온 것이다. 특히 몽고족과 만주족은 각각 원元·청淸 왕조를 건국해 중국 역사의 주류가 되기도 했다.

오랜 역사적 과정 속에서 형성된 중국의 다민족 정체성으로 인해 중국문화는 다양성과 개방성을 갖게 되었다. 그러나 한편으로 다민족의 이질성 및 특정 민족의 패권주의는 갈등과 분열의 씨앗이 되기도 했다. 중국 헌법에 "온 나라의 여러 민족民族 인민人民들이 공동으로 창건한 통일된 다민족多民族 국가"라고 명시되어 있다. 그러나 현재의 중국은 '다민족 사회'에서 일어날 수 있는 문제로부터 자유로울 수 없다. 따라서 본 장에서는 중국의 소수민족 현황 및 소수민족과 관련된 문화적 현상을 살펴보면서, 현재 중국이 처해있는 '다민족적 정체성'의 현주소에 대해 알아보기로 한다.

1. 중국 소수민족 인구와 현황

중국 인구 구성 통계(제6차 인구 센서스 2010년)[1]

지표	연말 인구수(단위: 만명)		비중(%)
전국 총 인구수	134091		100.0
민족별	한족	122593	91.50
	소수민족	11379	08.49
성별	남 인구수	68748	51.27
	여 인구수	65343	48.73
지역별	도시 인구	66978	49.95
	농촌 인구	67113	50.05

중국은 한족漢族 외에도 55개 소수민족少數民族이 더불어 살고 있는 나라이다.[2] 이 같은 독특한 인구 구성은 중국 정부의 인구 센서스를 통해서도 확인된다.[3] 〔표 참조〕 2010년 중국 제6차 인구조사에 따르면, 한족은 1,225,932,641명으로 전체 인구의 91.5 퍼센트를 점하고, 소수민족 인구는 113,792,211명으로 전체 인구의 8. 49 퍼센트를 차지한다. 소수민족 인구 현황을 세부적으로 보면, 55개 소수민족 가운데 18개 소수민족이 인구 100만 명 이상이며, 17개 소수민족이 인구 10만 이상 100만 이하이고, 13개 소수민족이 1만

1) 「중국통계연감2011 中國統計年鑒 2011」(http://www.bojianbook.com/news.asp?id=777) 참고. 이 수치에는 홍콩, 마카오, 대만 인구수가 포함되어 있지 않다.

2) '55개'라는 소수민족 숫자는 중국 정부가 공동의 언어·주거지역·경제생활·문화 및 개개의 민족들이 독자적인 민족단위로 존재할 의사가 있는가 하는 것을 기준으로 삼은 것이다. 이 같은 민족 구분 기준을 가지고 중국 정부는 1950~1954년에 38개의 소수민족을 선별했고, 1954~1964년에 15개 소수민족을 추가하였고, 1965~1982년에 뤄바족珞巴族과 지눠족基諾族을 추가해 모두 55개의 소수민족을 확정했다. 그러나 운남성에 거주하는 극목인克木人들처럼 민족 성분이 확정되지 않은 사람도 약 75만 명이나 존재한다.

3) 중화인민공화국 수립 후 중국은 2010년까지 전국적으로 총 6차례 인구 조사를 실시했다. 1953년(1차), 1964년(2차), 1982년(3차), 1990년(4차), 2000년(5차), 2010년(6차). 제6차 인구 조사 기준으로 총 인구수가 약 13억 4천만 명에 달하는 것으로 집계했다.

이상 10만 이하의 인구를 가지고 있다. 인구 1만 이하의 소수민족도 7개나 된다. 인구가 가장 많은 소수민족은 장족壯族이며, 인구가 가장 적은 소수민족은 뤄바족(珞巴族)이다. 이를 표로 다시 보면 다음과 같다.

민족별 인구통계표(2010 제6차 인구 센서스)

번호	민족	인구(만명)	번호	민족	인구(만명)
※	한족(漢族)	122,593.3	28	투족(土族)	24.1
1	장족(壯族)	1,617.9	29	무라오족(仫佬族),	20.7
2	만주족(滿族)	1,068.2	30	시보족(錫伯族)	18.9
3	회족(回族)	981.7	31	키르기즈족(柯爾克孜族)	16.1
4	먀오족(苗族)	894	32	다우르족(達斡爾族)	13.2
5	위구르족(維吾爾族)	839.9	33	징포족(景頗族)	13.2
6	투자족(土家族)	802.8	34	마오난족(毛南族)	10.7
7	이족(彝族)	776.2	35	싸라족(撒拉族)	10.5
8	몽고족(蒙古族)	581.4	36	부랑족(布朗族)	9.2
9	티베트족(藏族: 짱족)	541.6	37	타지크족(塔吉克族)	4.1
10	부이족(布依族)	297.1	38	아창족(阿昌族)	3.4
11	둥족(侗族)	296	39	푸미족(普米族)	3.4
12	요족(瑤族)	263.7	40	에벤키족(鄂温克族)	3.1
13	조선족(朝鮮族)	192.4	41	누족(怒族)	2.9
14	바이족(白族)	185.8	42	징족(京族)	2.3
15	하니족(哈尼族)	144	43	지눠족(基諾族)	2.1
16	카자흐족(哈薩克族)	125	44	더앙족(德昂族)	1.8
17	리족(黎族)	124.8	45	바오안족(保安族)	1.7
18	다이족(傣族)	115.9	46	러시아족(俄羅斯族)	1.6
19	서족(畲族)	71	47	위구족(裕固族)	1.4
20	리수족(傈僳族)	63.5	48	우즈베크족(烏孜別克族)	1.2
21	거라오족(仡佬族)	57.9	49	먼바족(門巴族)	0.9
22	둥상족(東鄉族)	51.4	50	오로첸족(鄂倫春族)	0.8

23	라후족(拉祜族)	45	51	두롱족(獨龍族)	0.7
24	수이족(水族)	40.7	52	타타르족(塔塔爾族)	0.5
25	와족(佤族)	39.7	53	허저족(赫哲族)	0.5
26	나시족(納西族)	30.9	54	고산족(高山族)	0.5
27	창족(羌族)	30.6	55	뤄바족(珞巴族)	0.3

중국은 다종교 사회이다. 한족들 가운데는 불교를 숭상하는 사람들이 있고, 티베트족, 몽고족, 나시족 등 7개 민족은 티베트불교(일명 '라마교')를 신봉하며, 다이족 등 4개 민족은 미얀마에서 전래된 남방 소승불교를 믿는다. 이족, 먀오족 등은 기독교를 신앙하며, 회족, 위구르족, 카자흐족, 키르기즈족, 우즈베크족, 타타르족 등 10개 민족은 이슬람교를 믿는다. 또한 55개 소수민족 가운데 회족과 만주족을 제외한 53개 민족은 고유의 언어가 있고, 21개 민족은 자신들의 문자도 있다. 요약하자면, 중국은 한족과 1억명이 넘는 소수민족이 다양한 종교와 관습을 따르며 다양한 언어를 사용하고 있는 복합사회이다.

2. 중국의 민족주의 형태

한족과 55개 소수민족으로 구성된 중국은 '동일 종족=하나의 민족=하나의 국가'라는 근대 유럽의 민족=국가의 기준으로는 설명하기 어렵다.[4] 또한 중국의 민족주의를 한족 중심의 중화민족주의로 간단하게 이해하고 보아 넘기기에는 석연치 않은 대목이 많다. 이

4) 20세기 초반 중국사회가 분열되는 국면에서 유럽의 민족주의 개념이 나타난다. "같은 종족을 단합시키고 다른 종족을 배제하여 국가를 건설하는 것이 바로 민족주의다."(왕후이汪暉, 2011: 207)

章太炎

梁啓超

를테면 습근평(習近平: 시진핑, 1953~)이 중국 최고지도자로 취임하면서 "우리의 책임은 중화민족의 위대한 부흥을 실현하도록 당과 국가, 각 민족을 단결시키고 이끄는 것"이라 일성一聲했는데, 여기서 말한 민족은 한족 중심의 중화민족인가? 이에 대한 해답을 얻기 위해서도 중국 민족주의 형태에 대해 알아보지 않을 수 없다.

중국 민족주의 형태는 크게 네 가지로 나누어 볼 수 있다. 첫째는 한족민족주의漢族民族主義이다. 이런 형태의 민족주의는 신해혁명 이전 청나라를 무너뜨리기 위해 손문(孫文: 쑨원, 1866~1925)·장태염 등 혁명당원이 만주족 타도를 골자로 한 한족 민족국가론을 주장하면서 제기된 것이다. '만주족을 몰아내고 중화를 회복하자'라는 구호와 황제黃帝를 중화민족의 시조로 숭배하는 것은 바로 이 한족 민족주의 산물이다.

둘째는 '대민족주의大民族主義' 혹은 '합군구국론合群救國論'이다. 이 이론은 한족·만주족·티베트족·이슬람족·몽고족이 일찍부터 서로 동화되었으니 입헌군주의 틀에서 민족국가 혹은 국민국가를 수립해야 한다는 것을 골자로 한다. 이는 강유위(康有爲: 캉유웨이, 1858~1927)와 양계초(梁啓超: 량치차오, 1873~1929)가 국가간 경쟁과 다민족이라는 역사적 상태를 근거로 주장한 이론이다.

셋째는 '국족주의國族主義' 혹은 '다원적 단일민족론'이다. 이런 구상은 중화민국 건국 이후 손문과 장개석(蔣介石: 장제스, 1887~1975)에게서 본격적으로 시작되었고, 그 골자는 한족·만주족·몽고족·이슬람족·티베트족의 땅을 하나의 국가로 만들고, 이 다섯 민족을 융화하여 통일을 이루자는 것인데, 그 융화의 동력은 무력이 아닌 문화이며, 융화의 방법은 정복이 아닌 동화라는 것이다.

넷째는 중화인민공화국 수립 과정에서 형성된 '중화민족中華民族 다원일체론多元一體論'이다. 여기에서 '다원多元'은 중국의 50여개 민족 단위를 말하며, '일체一體'는 '중화민족'을 의미한다. '중화민족中華民族'은 한족漢族이 소수민족少數民族을 동화시켜서 이루어지는 것이 아니라, 민족의 차이를 상호 인정하고, 상호 협력하여 함께 발전을 도모하여 '일체一體'를 이룬 결과물이다. 또한 중화민족은 역사적 · 정치적 개념이기도 하다. 그것은 오랜 역사적 과정에서 서서히 형성된 민족적 실체이며 근대 시기 서양 열강에 대항하면서 자각적 민족으로 탈바꿈한 정치적 실체이다.(왕휘汪暉, 2011: 206~228)

현재 중국은 '중화민족 다원일체' 구도를 전제로 중국공산당의 4대 민족 이론[5]에 근거하여 각종 소수민족 정책을 펼치고 있다. 이 정책은 소수민족에 대한 평등 정책을 원칙으로 소수민족 지역의 자치를 인정하며, 소수민족 간부 양성, 소수민족 언어 · 문자 보호, 소수민족의 풍속 · 종교 · 신앙의 자유를 보장한다.[6] 그러나 중국 정부가 다양한 소수민족 정책과 우대 정책을 펼치고 있음에도 불구하고 소수민족 분규가 지속적으로 발생하고 있는 것도 사실이다.[7]

전국인민대표대회(전인대)에 참석한 소수민족 대표

5) 민족 평등, 민족 단결, 민족 지역자치, 민족 번영발전를 말한다.

6) 중국정부는 소수민족에게 '산아제한' 완화, 명문대학 진학, 취직상의 혜택 등의 우대 조치를 취하고 있다.

7) 최근 중국 소수민족 지역에서 분규, 충돌이 지속적으로 발생하고 있다. 2008년 티베트(西藏: 시짱)자치구에서 3월 14일에 이른바 '3·14 사건'이라는 유혈사태, 2009년 7월 5일 신강(新疆: 신장) 자치구 유혈충돌 사건, 2010년 아크수(阿克蘇) 지역 폭탄 테러 사건, 2011년 내몽고(內蒙古: 네이멍구) 자치구에서도 충돌 사건이 발생했다.

3. 민족지역자치 제도와 소수민족지역 자치구

5개 소수민족 자치구 현황

명칭	약칭	행정중심지	면적(만km^2)	인구(명)	비고
內蒙古	蒙	呼和浩特	118.3	24,706,321	1947년 지정
寧夏回族	寧	銀川	6.64	6,301,350	1955년 지정
新疆維吾爾	新	烏魯木齊	166	21,813,334	1958년 지정
廣西壯族	桂	南寧	23.63	6,301,350	1958년 지정
西藏	藏	拉薩	122.84	3,002,166	1965년 지정

(1) 민족지역자치의 구상 배경과 기본 원칙

중국의 '민족지역자치'는 자치구自治區·자치주自治州·자치현自治縣·자치기自治旗[8] 형태로 구체화되었다. '민족지역자치'는 중국공산당의 민족 정책을 기초로 만들어진 행정 제도이다. 이는 중국의 '종속종의(從俗從宜: 습속을 따르고 마땅함을 따름)'이라는 전통적 국경 운영의 경험을 토대로 다양한 습속·문화·제도·역사를 근거로 중앙과 지방의 관계를 재설정한 것이기도 하다. '민족지역자치' 제도는 인민대표대회人民代表大會 제도, 중국공산당이 영도하는 다당파多黨派 정치협상 제도와 함께 현대 중국을 지탱하는 3대 기둥으로 중요시되어 왔다.(문정인, 2010: 461) 이는 '민족지역자치' 제도가 단순한 행정상의 구획 차원에서 구상된 것이 아니라 다민족 국가 중국의 정치공동체 형성 과제와 긴밀하게 연관되어 있음을 의미한다.

중국의 '민족지역자치'는 세 가지 기본원칙을 근간으로 삼는다. 첫째, '민족 협력'을 강화하고 민족 분립에 반대한다. 이 '민족 협

8) 2000년 기준으로 중국은 5개의 자치구, 30개의 자치주, 116개의 자치현, 3개의 자치기가 있다. 자치기란 네이멍구에만 있는 행정구역 단위이다.

력'은 다민족의 화해와 협력을 중시하기에 '분립'을 지향하는 대민족주의와 소민족주의 모두를 비판한다. 이는 한족과 기타 각 소수민족의 평등만이 아닌 각 소수민족 사이의 평등을 포괄한다. 주은래(周恩來:저우언라이, 1898~1976)는 신강위구르자치구 사례를 들어 "위구르족은 신강에서 주체 민족으로서 70퍼센트 이상을 점하기 때문에 다른 민족도 함께 이 모자를 쓰게 된다. '신강新疆'이라는 두 글자는 새로운 땅이라는 뜻이다. 여기에는 침략의 의미가 없다."라고 설명했다.(汪暉, 2011: 213)

둘째, 민족의 다양성을 인정하는 조건에서 단순히 '민족'을 자치의 단위로 삼는 것이 아니라 '민족지역'을 자치의 단위로 삼는 것을 원칙으로 한다. 이 원칙은 소수민족이 인구는 적지만 차지하고 있는 땅이 넓을 뿐만 아니라 거주 형태도 '대혼거, 소집거'라는 역사적·현실적 조건에 근거한 것이다.[9] 예를 들어, 몽고·광서·운남 등 소수민족 집단 거주지에도 많은 한족이 살고 있는데, 만일 엄격한 단일민족 연방제를 실시한다면 많은 사람들이 이주해야 한다. 이러한 방식은 각 민족의 단결과 발전에 모두 불리하므로 민족지역자치 정책을 실시하는 것이 당연하다는 것이다.[10] 말하자면 역사적·현실적으로 다양한 민족이 혼거하는 중국적 상황은 민족자결에 기초하여 만들어진 연방제의 '민족 자치' 방식보다는 민족의 혼거를 인정하는 '민족지역자치'가 단결과 공동 발전에 이롭다는 것이다.

셋째, 민족지역자치를 통한 공동 발전의 원칙이다. 이 원칙은 단순히 '민족 동질화'를 강조하는 것이 아니라 오히려 대한족주의를 비판하는 입장을 견지한다. 즉 소수민족의 고립이 아니라 여러 민족의 공동 발전이 민족지역자치의 목적이라는 것이다. 예컨대 광서장족자치구의 경우, 단일민족자치구가 불가능한 상황에서 장족 집거지역과 광서 한족 집거지역을 분리하면 서로 고립되어 공동발전에 불리하다는 것이다.

9) 티베트족의 경우, 티베트자치구의 100만여 명 이외에 티베트족 100만 명이 청해, 사천, 감숙, 운남 등지에서 다른 민족과 함께 살고 있다.

10) 주은래周恩來, (왕후이汪暉, 2011: 214)

(2) 중국의 5개 소수민족자치구

현재 중국 소수민족은 운남성에 가장 많이 거주하고 있고, 그밖에 내몽고, 신강, 영하, 광서, 티베트(서장), 운남, 귀주, 청해, 사천, 감숙, 요녕, 길림, 호남, 호북, 해남, 대만 등지에도 거주하고 있다. 55개 소수민족 가운데 직할시直轄市·성省과 동등한 행정적인 지위를 지니는 '자치구'를 운영하는 소수민족은 장족壯族, 회족回族, 몽고족蒙古族, 위구르족維吾爾族, 티베트족藏族 등이다. 이들은 각각 광서장족자치구, 영하회족자치구, 내몽고자치구, 신강위구르자치구, 티베트자치구 등을 이루고 있다.

광서장족자치구

광서장족자치구는 중국 남쪽 지역에 위치하고 있다. 자치구 정부 소재지는 예로부터 '녹색도시'로 불려왔던 남녕(南寧: 난닝)이다. 광서장족자치구는 청나라 때 광서성廣西省이었다가 신중국 수립 후인 1958년에 광서장족자치구가 되었다. 이 지역에는 장족 외에도 먀오족·둥족·회족·이족·수이족 등 많은 소수민족들이 거주하고 있다. 이 가운데 가장 인구가 많은 장족의 이름을 따서 광서장족자치구가 되었다.

축제를 즐기는 장족

장족은 중국 소수민족 가운데 인구가 가장 많다. 장족은 원시종교를 숭배하기도 하고, 조상에게 제사를 지내기도 하며, 일부는 천주교와 기독교를 믿기도 한다. 음력 3월 3일에 벌이는 노래 축제인 '삼월가우三月歌圩'는 장족의 전통적인 축제일이다. 매년 이 명절이 되면 청춘남녀가 언덕으로 올라가 산가山歌를 부르면서 자신의 애정을 표현하고 친구를 사귀며 오곡이 풍성하기를 기원한다.

내몽고자치구

내몽고자치구의 자치구 정부소재지는 후허하오터(呼和浩特)[11]이다. 면적은 118km^2이다. 몽고족과 한족이 주로 거주하고 있으며, 이밖에도 조선족, 회족, 만주족, 다우르족, 예벤키족, 오로첸족 등의 소수민족이 거주한다.

내몽고자치구의 행정구역은 다시 맹盟, 기旗 등으로 구분되는데, 이는 1688년 청조淸朝가 몽고족을 복속시키고 몽고족 통치를 위해 설정한 행정제도에서 유래했다. 1911년 중국에서 신해혁명이 일어나자 외몽고 민족 지도자들은 청의 지배로부터 벗어나려는 분리운동을 전개하였고, 1946년 울란바토르를 수도로 몽고족의 국가를 수립했다. '내몽고' 지역은 분리 독립하지 않았고, 1947년 중국 최초의 자치구로 지정됐다.

몽고족은 역사적으로 중국 대륙을 지배해 본 경험이 있는 소수민족이다. 쿠빌라이 칸이 지금의 북경에 수도를 세워 건국한 원元나라가 몽고족이 세운 나라였다. 몽고족의 전통가옥 양식인 '파오'(包: Ger)와 매년 7, 8월에 열리는 '나다무(那達慕)' 대회는 몽고족이 유목 민족의 후예임을 알 수 있게 해준다. 내몽고 자치구는 초원 지역으로도 유명한데, 후허하오터 시내에서 80km 떨어진 시라무런(希拉穆仁) 초원은 외국인 여행자가 가장 많이 방문하는 초원으로 알려져 있다.

몽고족 전통음악 '후미(呼麥)'
학자들은 '후미'가 "만물이 창조된 시초부터 인간이 처음으로 산 속에서 강의 소리와 메아리를 흉내 낸 노래"라고 평가한다.

11) 몽고어인 '훅호츠'(푸른 성)의 음역

몽고족의 주요 예술로는 '올틴두'와 '후미(呼麥)'를 꼽을 수 있다. '올틴두'는 몽고 고대 예술의 가장 풍부하면서도 귀중한 보물이기도 하다. 일명 장음악長音樂이라 불리는 이 노래들은 요들과 같이 떠는 음을 비롯하여 한국의 전통 성악곡과 같이 다양한 장식음을 구사하며 즉흥적으로 엮어나간다. 이 노래의 음역은 가성으로 내는 높은 음을 포함하여 3옥타브 정도를 넘나들고 있어 남자 가수가 부르기에는 쉽지 않다. 몽고의 대표적인 성악곡인 '후미'는 이름 자체가 '목소리 음악'이라는 뜻을 지니고 있을 정도로 그 발성법이 매우 독특하다. 배음의 원리를 이용한 성대의 진동으로 비강의 모양이 변하면서 동시에 여러 음을 내는 것이 특징이다.

영하회족자치구

회족 전통 복장

영하회족자치구 정부소재지는 은천(銀川: 인촨)이다. 중국 서부의 황하 상류 지역에 위치하고 있다. 중화민국 시기에는 감숙성과 병합되었다가 1958년 영하회족자치구로 분할되었다. 회족回族은 중국에서 가장 널리 분포된 소수민족이다. 7세기 중엽 페르시아와 아라비아 상인들이 해로와 육로를 거쳐 중국 광주廣州, 천주泉州 등 연해 도시와 내륙지역인 서안西安, 개봉開封 등지에 정주하기 시작했다. 그 후 13세기 몽고 군대가 서역 지역을 정벌하면서 중앙아시아의 이슬람교도들이 대규모로 중국으로 이주하였다. 이렇게 이슬람교를 믿는 중앙아시아의 이민자·페르시아인·아라비아인들이 후에 한족·몽고족·위구르족 등과 융합되면서 점차 회족 정체성을 형성했다. 당唐나라 시기 실크로드를 통해 비단 등을 수입하고 이슬람 약재, 건축, 음악, 무용 등을 중국으로 가지고 오면서 동서 문물 교류에 공헌한 회족 선조들은 송宋나라 시절에는 중국의 남부 광주廣州 등지에 화려한 모스크를 건립했고, 관료로 발탁되기도 하였다. 몽고 지배하에서 아랍인들이 몽고인들을 보필하는 특권층으로 부상하면서 회족의 전성시대를 열었다. 한족이 세운 명나라에서 회족은 '색목인'이라는 특권은 상실했지만 남해 원정에서 혁혁한 공을 세웠던 운남 출신 회족 정화(鄭和, 1371-1433)의 예에서 보듯 명대에도 회족은 주류에 속해 있었음을 알 수 있다. 19세기 운남성에 건설된 평남국平南國은 회족이 세운 국가이도 했다.[12)]

회족은 전부 이슬람교를 신봉하고 있어 이들이 집단적으로 거주하는 곳에는 청진사淸眞寺라 부르는 이슬람사원이 있으며, 이슬람교리에 따라 돼지고기, 모든 동물의 피와 자살한 동물을 먹지 않는다. 회족의 복식은 기본적으로 한족과 동일하지만 남성은 흰색 모자나 검은색 모자를 쓰는 것이 특징이다. 회족은 처음에는 아랍어, 페르시아어를 사용했으나 한족과 오랫동안 혼거하면서 점차 한어漢語를 공용어로 사용하게 되었다. 회족의 주요 명절로는 개재절開齋節이 있다.

신강위구르자치구

신강위구르사치구 정부소재지는 우루무치(烏魯木齊)이다. 중국 서북부에 위치하고 있으며 총면적은 166.49만km^{2}로, 중국 육지 전체 면적의 1/6를 차지고 하고 있다. 주변의 러시아, 카자흐스탄 등 8개국과 국경선을 접하고 있다. '신강'이라는 명칭에서 알 수 있듯이 이 지역은 청나라 때 중국 역사로 편입된 지역이며, 이전에는 이 지역을 '서역西域'이라 불렀다.

'아판티 이야기(阿凡提的故事)'는 위구르족의 기지 넘치는 인물인 '나스레딘 아판티'라는 인물을 주인공으로 한 이야기이다. 지혜롭고 용감하며 유머스러운 아판티는 몰상식하고 부도덕한 부자들을 조롱한다. '아판티 이야기'는 1979년 상하이 미술영화제작소에서 목각인형 애니메이션 영화로도 제작되었고, 1991년 미국 시카고 국제 아동영화제 1등상을 수상하기도 했다.

위구르족은 원래 3세기 무렵 중국 서북방 지역의 유목민이었다. 부족 전쟁으로 말미암아 훈족(Hun/ 흉노족)의 한 부류였던 위구르족 조상들이 지금의 신강지역으로 이주해 왔다. 중국인들은 이들을 '위흘韋紇·오흘烏紇·원흘袁紇·회흘回紇·회골回鶻·외올畏兀' 등 다양한 이름으로 불렀으며, 후에 '단결團結'과 '연합聯合'의 뜻을 지

12) 만주족의 청 왕조가 지배하던 19세기에 운남성에서 4천명의 무고한 이슬람교도들이 살육을 당한 사건이 벌어졌다. 이른바 1856년에 벌어진 '곤명昆明 학살 사건'이 그것이다. 그 사건은 회족의 명망가들에게 반청反靑 감정을 촉발시켰고 이에 두문수(杜文秀: 1823~1872)라는 회족의 거두가 대리(大理: 다리)에서 거병하여 운남성 지역에 회족의 국가를 세웠는데 그것이 바로 평남국이다. 평남국의 공문서는 아랍어와 한문으로 동시에 작성되었고 두문수는 '술탄 술라이만'(Sultan Suleiman)을 자칭하면서 회족의 정체성을 분명하게 드러냈다. 두문수는 회족 뿐만 아니라 한족이나 이족彝族 등의 소수자들도 관료로 등용하는 등 한회漢回 공동체로써 만주족의 청 왕조에 저항했다. 그러나 1872~73년간의 태평천국의 패배 이후에 일시적으로 위기를 만회한 청 왕조가 평남국을 궤멸시키고 지도층을 살육하면서 평남국의 역사는 막을 내렸다.

닌 '위구르(維吾爾)'로 불리게 되었다.

위그르족은 민족적 정체성이 강한 소수민족이다. 이들은 대부분 이슬람교를 신봉하며, 자신의 언어와 문자를 지금까지 지키고 있으며, 민족적 정체성을 잘 반영한 집단 가무歌舞 공연 형식인 '무캄(木卡姆)'을 잘 보존하고 있다. '무캄'은 본래 아랍어로 '규범', '모임'이라는 뜻인데, 후에 가무가 있는 '대곡大曲'이라는 의미로 바뀌었다. "위구르인이 있는 곳이라면 어디라도 무캄이 있고, 무캄이 있는 곳이라면 음악과 춤추고 노래하는 신나는 잔치가 있다."는 말이 있을 정도로 무캄은 위구르족의 민족적 정체성을 담고 있다.[13] 중국 정부는 소수민족 문화 가운데 '무캄'을 세계 무형문화유산으로 최초로 신청했다.

양고기와 밀가루로 구워 만든 '낭饢'을 주식으로 하는 위구르족의 음식문화는 중국 음식문화에도 큰 영향을 끼쳤다. 중국 어디를 가나 위그르족이 즐겨 먹는 양고기 꼬치(羊肉串)는 쉽게 찾아볼 수 있다.

신강 위구르 자치구에는 사막과 분지가 많다. 중국의 4대 분지 가운데 타림분지, 준가얼분지, 투루판분지 세 곳이 이 지역에 있다.[14]

티베트(서장) 자치구

서장 자치구는 중국 서남부의 청장고원 일대에 위치하고 있다. 자치구 정부 소재지는 라싸(拉薩)이다. 서장의 역사는 '티베트Tibet'와 '서장西藏'이라는 각기 다르게 사용되는 명칭 속에서 엿볼 수 있다. 서장은 7세기 초 송첸 감포 왕이 티베트 족을 통합하여 최초의 통일국가를 형성하였다. 당시 당나라 태종은 문성 공주를 송첸 감

13) 무캄은 위구르인에게 있어서 음악 이상의 것이다. 그것은 삶과 죽음이라는 위구르인의 종교적 관념과도 연관되어 있다. 위구르인은 고비 사막과 오아시스 사이를 오가면서 무캄 음악을 연주하며 생활한 민간 예술인들을 '무캄치'(木卡其)라 존칭했다. 무캄치(木卡其)란 '무캄 연주와 노래에 정통한 악사'라는 의미로, 곧 '무캄'은 바로 음악의 영혼이자 화신이었던 것이다. 이들의 음악이 영혼을 좋은 육체로 인도한다고 믿었던 것이다.

14) 우루무치 동남쪽 184km 지점에 있는 투루판분지(吐魯番盆地)의 포도구葡萄溝는 중국 최대 포도 생산기지로 유명하다. 이곳 포도는 뜨거운 태양, 큰 폭의 일교차, 건조한 기후로 인해 대단히 품질이 우수하다. 현재 중국의 포도주는 대부분 이 지역의 포도를 원료로 하여 생산된다.

포 왕에게 시집보내 당시 토번吐蕃이라 불렸던 티베트와 문물 교류를 시작했다. 그러나 842년 다르마 왕이 즉위한 후 내분이 일어나 400년 동안 티베트에서는 혼란이 계속되었다. 이로 인해 13세기 몽고족의 지배를 받게 되었는데 이때 '달라이 라마 제도'라는 정치와 종교를 함께 통치하는 정교합일적인 지배 체제가 형성되었다. 또한 이 시기 몽고인들은 이 지역의 티베트인들을 '투보터土伯特'(Thubet: 눈 위의 거주지)라 불렀는데, 이를 아라비아 사람들이 티베트Tibet라는 호칭으로 서방 세계에 전파하면서 서방 세계에 '티베트'로 알려지게 됐다. 하지만 티베트는 원나라 때는 선정원宣政院, 명明나라 때는 오사장烏思藏, 청초에는 위장衛藏으로, 청말에는 '서장'西藏'으로 불리면서 중국의 지배를 받아 왔다. 신해혁명 이후 중국 국민당 정부는 1930년에 관리를 티베트에 파견하였고, 1934년에는 수도 라싸에 몽장蒙藏 위원회 주駐 서장 사무소를 설치, 중국의 서장 종주권을 유지하였다. 제2차 세계대전에 중립적 입장을 견지한 티베트는 독립정부를 구성했으나 1950년 중화인민공화국 인민해방군이 주둔하다가 1965년 '서장 자치구'가 되었다.

티베트족 전통축제인 '설돈절(雪頓節: 티베트어 라틴자모-zho ston)' 쇄불曬佛 의식儀式. 설돈절은 티베트 달력(藏歷)으로 6월 15일부터 7월 30일까지 거행된다. 티베트어 'zho(雪)'와 'ston(顿)'은 각각 '발효유', '잔치'라는 뜻이다. 곧 '설돈절'은 발효유를 먹는 날이라는 뜻이다. 설돈절 기간에는 규모가 성대한 쇄불의식과 티베트연극(藏戲)이 공연된다. 그래서 '설돈절'을 '쇄불절曬佛節', '장희절藏戲節'이라고도 부른다.

티베트인의 정체성은 그들 대다수가 '라마교喇嘛教'라 불리는 티베트 불교, 일명 장전불교藏傳佛教를 신봉하는 데서 비롯된다. 라마교는 인도로부터 전래된 대승불교와 토착의 샤머니즘적인 본교가 혼합되어 이루어졌다. 우리나라 불교와 다른 점은 활불活佛의 전생轉生, 정교政教 일치 등이다. 많은 종파 가운데 최대 종파는 겔루크파(일명 황모파黃帽派)로, 2대 활불인 달라이 라마와 판첸 라마를 최고 지도자로 삼고 있다. 달라이 라마는 바로 부처가 윤회하는 자, 곧 '관세음보살의 화신'[15]으로 절대적 믿음의 대상이자 정치적 결

15) 티베트인들에게 포탈라궁은 '관세음보살이 머무는 곳'이다. 포탈라궁은 티베트자치구 라싸에 위치하고 있으며, 역사적 가치를 인정받아 유네스코 세계문화유산으로 지정됐다.

정권을 갖는 통치권자이기도 하다.[16)]

현재 달라이 라마는 제14대 텐진 갸초다. 1950년 16세의 나이로 14대 달라이 라마에 즉위한 그는 UN에 티베트 문제를 호소했으나 엘살바도르를 제외한 나머지 국가들이 받아들이지 않아 UN 총회에서 이 문제가 다뤄지지 못했다. 이에 달라이 라마는 북경에 대표단을 파견하여 협상하고자 하였지만 중국의 강압에 의해 오히려 라싸에 중국군 진주를 허용하는 내용을 골자로 하는 「17개 조항」에 서명할 수밖에 없었다. 1954년에는 중국을 방문하여 모택동과 주은래 등 중국의 지도자들과 티베트 문제를 협상하고자 노력하였지만 '종교는 아편'이며 '중국은 아편에 빠진 티베트를 해방하기 위한 어머니 나라'라는 당시 중국 지도자들의 인식으로 인해 실패했다. 1959년 수도 라싸에서 대규모 봉기가 일어나자 달라이 라마와 그를 따르는 티베트인이 인도로 망명했으며, 이후 망명 정권을 수립하여 티베트 분리 운동을 지금까지 전개하고 있다. 티베트의 망명정부는 인도 북부 히말라야 기슭 다람살라에 있다. '작은 라싸'로 불리는 다람살라에는 10만 여명의 망명 티베트인이 살고 있으며, 네팔과 부탄의 정착촌에는 3만 여명의 망명 티베트인이 거주하고 있다.

원래 티베트에는 티베트족이 다수를 이루고, 약간의 한족, 회족, 몽고족이 살고 있었으나, 중국의 이주정책으로 인해 지금은 한족의 수가 티베트인을 능가하고 있다. 산업은 농업과 목축이 병행되는 반농반목半農半牧의 형태를 유지하고 있다. 농업은 고산지대의 차고 건조한 기후에 적합한 조생종 호밀(라이보리)가 주를 이루며, 목축은 소와 비슷하게 생긴 야크를 주로 사육한다. 야크는 운송용으로 이

16) '달라이'는 몽고어로 '큰 바다', '라마'는 티베트어로 '스승'이라는 뜻이다. 이 명칭은 1578년 티베트 불교 종파의 하나인 겔루크파의 실력자 소남 가초Sonam Gyatos가 청해성에 거주하고 있었던 몽고의 황제 알타 칸Altan Khan을 만나러 갔는데, 알타 칸이 소남 가초에게 감화되어 '달라이 라마'라는 칭호를 내렸다. 그 뒤로 소남 가초는 몽고 제국의 원조 아래 왕권이 붕괴된 티베트의 정치적 실권자가 되었다. 티베트의 종교지도자로서 뿐만 아니라 정치 지도자로서의 달라이 라마 제도는 이렇게 시작되었다.

용될 뿐 아니라 그것의 가죽, 털, 내장, 젖 뿐만 아니라 그 분뇨도 연료로 쓰이기 때문에 고산지대를 살아가는 티베트인 생활에 없어서는 안 될 동물이다. 티베트인들은 주로 호밀을 볶은 뒤 이를 가루로 만든 참파(糌粑: rtsam-pa)를 수유차(酥油茶: Yak Butter Tea)[17]와 함께 먹는다. 수유차는 나무통에 끓인 찻물을 붓고 소금과 야크 버터를 넣은 후 저어서 만든 차를 말한다. 사람이 죽으면 시체를 맹금류에게 주는 조장鳥葬은 티베트의 독특한 장례풍습이다.

(3) '이름'으로 본 중국의 소수 민족

키르기즈족 여인

중국 소수민족 족명族名에는 그들 문화와 연관된 내용이 포함되어 있다. 키르기즈족(柯尔克孜族)에서 '키르기즈'는 '40명의 아가씨'라는 뜻이다. 키르기즈 민간 전설에 따르면 그들 민족 기원은 40명의 아가씨였다고 한다.

카자흐족(哈薩克族)에서 '카자흐'는 '백조'라는 뜻이다. 전설에 한 마리 백조가 아름다운 아가씨로 변해 목동과 결혼해서 자식을 낳았고 그가 카자흐인의 시조가 되었다는 것이다. 카자흐족은 신강위구르자치구 서부 지역에 주로 거주한다.

라후족 기념 우표

라후족(拉祜族)은 라후어로 '라'는 '호랑이', '후'는 '불로 고기를 굽는 것'을 뜻한다. 곧 '라후'는 불로 호랑이 고기를 굽는 것을 말하는데, 이는 라후족이 최초 수렵 생활을 했던 민족임을 반영하고 있다.

동북 지역의 깊은 산속에 생활하는 오로첸족(鄂倫春族)의 족명은 '산 위에 사는 사람', 혹은 '순록馴鹿을 부리는 사람'이라는 뜻이다.

17) '수유'란 야크나 양의 젖을 국자로 저으며 끓여 냉각한 후 응고된 지방으로 만든 버터를 말한다. 수유차는 차에 그런 버터를 넣어 마시는 차다. 이 수유차는 고산 지대를 살아가는 티베트인에게 없어서는 안 될 생필품과도 같다. 한냉하고 건조한 고원 지대를 살아가는 티베트인은 과일이나 채소의 섭취량이 매우 적어 인체에 필요한 비타민과 같은 영양 성분을 달리 섭취해야 하는데, 수유차를 생활 속에서 음용함으로써 부족한 영양소를 보충하고 있기 때문이다.

나시족 복식

지눠족 여인

오로첸족은 현재 내몽고자치구 동부 지역에 거주하고 있으나, 원래는 대흥안령의 산속에서 수렵생활을 했다. 중국 정부가 수렵을 전면 금지시킨 후 생활방식이 바뀌면서 많은 갈등을 겪고 있다고 한다.

동족侗族의 족명은 그들이 거주하는 지역에 '동굴이 많은 것'과 관련 있다.

위구르족(維吾爾族)에서 '위구르'는 '단결과 연합'이라는 뜻이다. 다이족(傣族)의 족명은 '자유'라는 뜻이다. 누족怒族은 그들이 거주하고 있는 지역에 노강(怒江: 누장)이 있기 때문이고, 독룡족獨龍族도 독룡하곡(獨龍河谷:두롱허구)에 거주해 그 이름이 생겼다.

운남성 여강 지역에 주로 거주하는 나시족(納西族)은 '검은(나) 사람(시)'이라는 뜻이다. 나시족이 유목 생활할 때 야크를 주로 길렀는데, 그 검은 야크 가죽으로 옷을 만들어 입었기에 '검은 사람'이라는 명칭이 생겨났다. 나시족은 토착종교에 불교적 요소가 들어간 동파교를 믿으며 사제를 동파東巴, 경전을 동파경東巴經이라 불렀는데, 그 경전을 기록한 문자가 상형문자인 동파문자이다.

다우르족(達斡爾族)은 내몽고자치구 동부에 있는 모리다와다우르족 자치기에 주로 거주하는데, '다우르'는 '개척자'라는 뜻이다. 원래는 헤이룽장성 북부에 거주하다가 17세기 중반 러시아의 침략으로 대흥안령 산맥 일대의 눈강嫩江 유역으로 이주해왔다고 한다. 운남성 남부 시솽반나의 지눠산 일대에 살고 있는 지눠족基諾族은 '외삼촌의 후예'라는 뜻을 가지고 있다. 이들은 주로 산지에서 살면서 화전을 일구어 밭벼와 옥수수를 주로 기르면서 살았다. 폐쇄된 산지에서 씨족이 함께 살아가다보니 씨족 내부에서 연인이 발생하는 경우가 생기곤 했는데 그러한 관계에 빠진 연인들을 '바스 연인'이라고 불렀다.(김선자, 2012: 265~278)

참고 자료

· 왕후이汪暉 지음/ 송인재 옮김, 『아시아는 세계다』, 글항아리, 2011
· 김선자 지음, 『오래된 지혜』, 어크로스, 2012
· 문정인 지음, 『중국의 내일을 묻다』, 삼성경제연구소, 2010
· 김태만·김창경·박노종·안승웅 공저, 『쉽게 이해하는 중국문화』, 다락원, 2011
· 百度 百科 http://baike.baidu.com

4

중국의 언어와 문자

언어는 '문화 창고'다. 문화의 축적에는 반드시 언어가 필요하고, 문화의 전승과 전파에도 역시 언어가 필요하다. 따라서 중국의 '문화 창고'에 들어가 무엇이 있는지를 확인하고, 그것이 어떻게 계승·발전되었는지 알고 싶다면 중국의 언어와 문자에 대한 이해는 필수불가결한 요소라 하겠다.

1. 중국의 언어와 중국어의 특징

(1) 중국의 언어와 한어漢語

현재 중국에서 사용되고 있는 언어들은 매우 다양하여 세계 오대五大 어족語族에 속하는 언어가 모두 사용되고 있다. 이를 어족에 따라 분류하면 다음 표와 같다.

어족	언어
漢藏語族 (Sino-Tibetan language family)	漢語(Chinese)
	藏緬語(Tibeto-Burman language group)
	壯侗語(Kam-Tai language group)
	苗瑤語(Miao-Yao language group)
알타이語族 (Altaic language family)	터키어(Turkic)
	몽골어(Mongolian)
	퉁그스어(Tungusic)
南亞語族 (Austro-Asiatic language family)	몬 -크메르 (Mon- Khmer)
南島語族 (Austronesian language family)	고산족어(Formosan)
인도·유럽어족 (Indo-European language family)	인도 이란어(Indo-Iranian language group)
	타지크어 (Tajik)

표에서 알 수 있듯이 중국에서 사용되는 언어의 복잡성은 한족漢族과 중국 정부가 공인한 55개 소수민족이 함께 살고 있는 다민족 국가라는 특수성에서 비롯되었다. 중국 북쪽에 거주하는 소수민족은 주로 알타이어족을 사용하고 있고, 서쪽과 서남쪽에 거주하는 소수민족은 주로 장면어(藏緬語: 티베트-버마어족 언어), 남쪽에 거주하는 소수민족은 주로 장동어(壯侗語: 캄-타이어족 언어)와 묘요어(苗瑤語: 먀오-야오족 언어)를 사용하고 있기 때문이다.

대만 원주민 고산족들이 사용하는 말은 남도어족南島語族에 속하는 고산족어이며, 신강위구르자치구 서쪽 끝에는 인도-이란어에 속하는 타지크어를 사용하는 소수민족들이 거주하고 있다. 중국 인구의 92퍼센트 이상을 차지하는 한족漢族은 한장어족漢藏語族에 속하는 한어漢語를 사용하고 있어 국제적으로 '漢語(Chinese)'가 중국어를 일컫는 말이 되었다.

우리와 달리 중국 대륙 사람들은 자기네 말을 '중국어中國語'라 부르지 않고 '한어漢語'라고 부른다.[1] 이 한어漢語는 세계에서 가장 오래된 언어이며, 또한 세계에서 사용인구가 가장 많은 언어이다. 고금·동서남북의 한족의 언어를 한어라 부르고 있기 때문이다. 이 같은 한어는 고대한어古代漢語, 현대한어現代漢語, 한어방언漢語方言 등으로 분류할 수 있다.

중국 대륙에서는 '한어' 외에도 '널리 통용되는 말'이라는 의미의 '보통화普通話'라는 용어를 사용한다. 이는 북경어음北京語音을 표준음으로 하고, 북방방언을 기초 방언으로 하며, 모범적인 현대백화문 작품을 어법의 규범으로 삼는 현대 '표준중국어'를 일컫는 말이다.[2]

(2) 중국어(漢語)의 특징

한장어족漢藏語族에 속하는 중국어는 다른 언어와 비교하여 몇 가지 분명한 특징을 지닌다. 중국어는 알타이어족에 속하는 한국어와는 계통이 전혀 다르다. 따라서 중국어의 특징을 이해하는 일은 그 속에 담긴 중국문화의 특징을 파악하는 기초가 되며, 아울러 중국어 학습의 흥미도 배가시킬 수 있을 것이다.

1) 우리는 중국사람이 하는 말을 '중국어'라 부르는데, 이 '중국어'라는 명칭은 사실은 일본어 "츄우고쿠고"에서 유래한 것이다. 또한 중국 대륙에서 '漢語'는 '汉语'로 표기한다. 중국에서 출간된 최대 중국어 사전 이름은『汉语大词典』이다.(최영애, 2000: 35~61)

2) 대만에서는 '國語'라고 부르는데 최근 '화어(華語: 화위)'라고도 지칭하기도 한다.

첫째 중국어는 단음절어(單音節語, monosyllabic language)이다. 하지만 중국어를 단음절어로 볼 수 있느냐를 두고 중국학 전문가들은 오랫동안 논쟁해왔다. 심지어 중국의 한자 폐지론자들은 중국어의 다음절어 현상에 근거하여 한자 폐지를 주장하기도 했다.(페데리코 마시니, 2005: 195~204 / 조현국,2009: 152~175) 그러나 중국어는 두 음절 낱말(다음절어)이라고 해도 의미의 단위는 어디까지나 한 음절로 이루어지고, 각각의 음절의 의미가 조합되어 두 음절 낱말의 의미가 이루어지고 있다. 바꾸어 말하자면 중국어는 형태소(morpheme-의미를 지닌 최소의 단위)의 대부분이 한 음절로 구성된 단음절어이다. 중국어 형태소는 단독으로 단어가 되기도 하고 다른 형태소와 결합되어 단어를 이루는 '자립형태소'와 스스로는 단어가 되지 못하고 다른 형태소와 결합되어야만 낱말이 되는 '의존형태소'가 있다. 예컨대 '人', '水' 등은 단독으로 낱말이 되고 '人口(rénkǒu)', '水灾(shuǐzāi)' 등과 같이 다른 형태소와 결합하여 하나의 낱말을 이루기도 한다. 이에 반해 '語', '民' 등은 단독으로 낱말을 이루지 못하지만 '漢語(Hànyǔ)', '人民(rénmín)' 등과 같이 다른 형태소와 결합해 하나의 낱말을 이룬다. 요컨대 '중국어는 단음절어이다'라는 것은 하나의 단어가 하나의 음절로 구성되었다는 의미가 아니라 낱말(word)을 구성하는 형태소들이 대부분 단음절로 구성되었다는 의미를 말한다.[3)]

둘째, 중국어는 성조언어(聲調語: tone language)다. 중국어는 음이 같더라도 성조의 차이에 따라 의미가 달라지는 특징을 가지고 있다. 표준중국어는 네 가지 종류의 성조를 지니고 있다. ma(마)를 제1성으로 발음하면 '엄마(媽mā)', 제2성이면 '삼베(麻má)', 제3성이면 '말(馬mǎ)', 제4성이면 '욕(罵mà)을 뜻한다. 곧

3) 물론 예외적인 경우도 있다. 이른바 '연면자連綿字' 혹은 '연면사連綿詞'라 부르는 두 음절 낱말들은 단음절어라는 중국어의 특성에서 벗어나는 사례로 본다. '연면자'란 솜처럼 연이어져서 뗄 수 없는, 떨어지면 아무 의미도 없어지는 두 글자로 한 낱말이 된 특수한 어휘군을 말한다. 예를 들면 , 沙发(shāfā 소파), 参差(cēncī 들쑥날쑥하다) 등이 있다.

중국어에서는 성조도 의미의 변별력이 있는 하나의 음소가 된다.

셋째, 중국어는 고립어(孤立語: isolating language)이다. 고립어란 단어의 형태적 변화가 전혀 없이 의미를 가진 개개의 단어의 어순에 의해서 문법적인 관계가 성립하는 언어를 가리킨다. 이는 격조사나 어미, 단어의 굴절 관계에 의해 문법관계가 드러나는 교착어(agglutinative language)나, 굴절어(inflectional language)와 명백히 다르다. 예컨대 교착어에 속하는 한국어에서는 '나는, 나의, 나를' 등과 같이 격 조사가 붙어서 격을 표시하고 영어는 'I, my, me' 등과 같이 어간 자체가 격에 따라 굴절현상을 보이지만, 중국어는 한국어처럼 '는/의/를' 등의 격조사도 없고, 영어처럼 어간의 굴절현상도 없이 '我wǒ'의 형태로 문장에서의 위치에 따라 격이 결정된다.

넷째, 중국어는 SVO 언어이다. 중국어의 주어(S), 동사(V), 목적어(O)의 어순은 SVO로 되어 있다. 한국어를 비롯한 알타이어계 언어들은 모두 SOV언어이다. 예컨대 한국어 '나는(S) 밥을(O) 먹는다(V).'는 중국어로 '我(S)吃(V)飯(O)。'이다. 한국어에서 '통행을 금지한다.'는 것을 줄여 말한 '통행금지'는 중국에서는 어순을 바꿔 '禁止通行(금지통행)'이라 한다.

다섯째, 중국어는 量詞(양사)가 발달한 언어이다. 중국어에는 명사를 세는 단위로 양사가 있어 수사나 지시사와 명사 사이에 온다. 예를 들면 '한 사람'은 '一個人'으로 '個'는 양사이다. 만약 지시사 '이'가 붙어 '이 (한) 사람'이라 표현하려면 '这(一)個人'의 순서로 말하면 된다. 한국어에서도 양사의 쓰임이 활발하지만 한국어에서는 '수사+양사'가 명사 뒤에 놓인다는 차이점이 있다.(최영애, 2000: 35~61)

(3) 중국어의 방언: 7대 방언方言

홍콩을 배경으로 만든 영화「첨밀밀甛蜜蜜」을 보면 같은 중국인끼리 하는 말도 서로 통하지 않는 장면이 나온다. 중국의 북방 지역에서 사용하는 말과 홍콩에서 사용하는 광동화廣東話가 완전히 먼 외국어 같아 상호 의사소통이 되지 않는 복잡한 언어 현실을 보여 준 예이다. 일부에서는 북경화北京話 화자와 소통되지 않은 광동화나 복건화福建話는 다른 외국어로 보아야 한다는 의견을 제기하기도 한다. 그러나 광동이나 복건 등지가 오래전부터 정치적으로 '중국'이라는 통일체를 지속해왔고, 문화적으로 한자를 공유해 왔기 때문에 광동어와 복건어를 일종의 방언으로 간주한다. 중국어의 방언을 7개로 나누는데, 이를 '7대 방언'이라 부른다.

관화방언官話方言

관화방언은 북경화北京話를 기초로 삼은 것인데 넓은 의미로 '북방방언'이다. 현대 중국의 표준어는 이 관화를 기초로 해서 발전해 왔다. 관화방언은 중국어 방언 가운데 가장 분포가 넓고 사용하는 사람도 가장 많은 방언이다. 관화방언은 다시 다섯개의 차次방언으로 나뉜다. ① 화북관화華北官話. 협의의 북방방언이다. 북경, 천진, 하북, 하남, 산동, 요녕, 길림, 흑룡강성 및 내몽고 자치구 일부에서 두루 쓰인다. ② 서북관화西北官話. 산서, 섬서, 감숙성 및 청해, 영하회족자치구, 내몽골자치구 일부분에서 통용된다. ③ 서남관화西南官話. 호북성 대부분 지역(동남부, 동부 제외), 운남, 귀주, 사천, 중경 및 호남성과 광서장족자치구 북쪽 접경지대 등에서 두루 쓰인다. ④ 동북관화東北官話. 동북 지역에 전체에 분포되어 사용되고 있다. ⑤ 강회관화江淮官話. 안휘성 장강長江 양안 지대, 강소성 장강 이북 대부분 지역, 남경 및 강서성 장강 지역에서 통용된다.

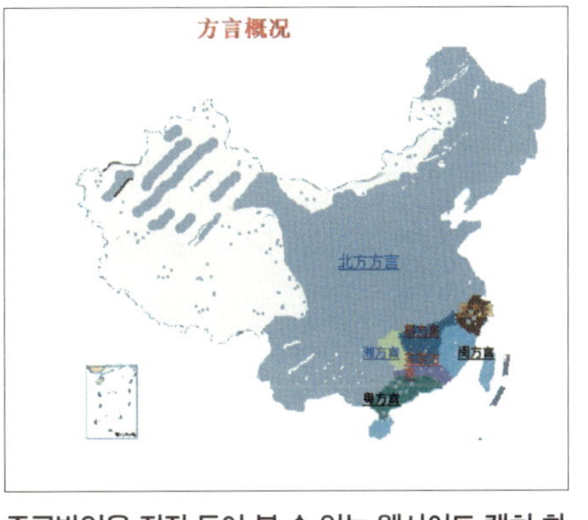

중국방언을 직접 들어 볼 수 있는 웹사이트 캡쳐 화면 '산둥언어학 웹사이트(山東語言學網站)'. 여기에는 7대 방언에 대한 간략한 소개와 함께 총 35개 지역의 방언음을 생생하게 들어볼 수 있다. http://www.yyxx.sdu.edu.cn/content/fy/fy-00.htm

오방언吳方言

중국에서는 '오어吳語(Wúyǔ)'를 강남화江南話(Jiāngnánhuà), 혹은 강절화江浙話(Jiāngzhéhuà)라고도 한다. 강소, 저장, 상해, 안휘, 강서, 복건 일부 지역에 분포되어 있다. 사용 인구는 대략 8천만 명으로 관화 다음으로 사용인구가 많다. 오방언은 소주어蘇州語가 대표성을 지닌다. 최근 상해의 영향력이 커져 상해화上海話도 대표어로 간주되기도 한다.

상방언湘方言

호남성湖南省의 약칭인 '湘'을 사용한 점에서 알 수 있듯이 상방언은 호남성 대부분의 지역에서 사용한다. 중국에서는 '상어湘語(Xiāngyǔ)'라 부르기도 한다. 상방언을 사용하는 인구는 대략 4천 6백여만 명이며, 중국어 사용인구의 5% 가량을 차지한다. 상방언의 대표적 방언은 장사화長沙話이다.

감방언贛方言

강서성의 약칭인 '贛'을 딴 점에서 알 수 있듯이, 감방언은 강서성 대부분 지역에서 사용되며, 그 외에 호북성 동남부 일부 지역, 안휘성 서남부와 복건성 서부 지역에서도 사용한다. 강서성의 중심지인 남창화南昌話가 감방언을 대표한다. 사용 인구는 대략 6천만 명으로서 중국인구의 6%를 차지한다.

객가방언客家方言

'객가'란 북방에서 남방으로 이주한 한족 이주민을 가리키는 말이다. 황하 중하류 유역에 거주하던 객가인들은 북방 유목민족인 훈족 등이 일으킨 난을 피해 남쪽으로 피난했다. 피난 온 객가인들이 남방에 살면서 자신의 말을 그대로 보존한 독특한 방언이 객가방언이다. 객가 방언은 주로 광동, 복건, 강서성의 접경지대 및 대만이 포함된 중국 남부와 말레이시아의 화교 사회에서도 사용되고 있다. 광동 동부의 매현화梅縣話가 객가 방언을 대표하며, 영어로는 객가 방언을 'Hakka Chinese'라 부른다.

월방언粵方言

월방언은 광동성의 약칭인 '월粵'을 따서 '월어粵語'라 부른다. 중국의 광동, 광서 일대, 홍콩, 마카오와 싱가포르 지역에서 사용되고 있다. 그 밖에도 인도네시아, 말레이시아, 베트남 지역과 미국과 캐나다 등 북미 지역, 호주와 뉴질랜드 화교 사회에서 광범위하게 사용되는 방언이기도 하다. 홍콩과 마카오에서 월방언은 법정 언어이기도 하다. 전체 사용자는 전 세계적으로 대략 1억 2천만 명으로 추산된다. 대표 언어는 광주화廣州話이며, 자음 수는 600개 정도, 「-p」, 「-t」, 「-k」 입성이 남아 있고, 성조는 9개(음운적으로 6개)에 이른다는 특징을 지니고 있다. 광동화廣東話가 월방언을 대표하며, 영어로는 'Cantonese'라고 부른다.

민방언閩方言

푸젠성의 약칭인 '閩'을 따서 방언의 명칭이 정해졌다. 주요 분포 지역은 푸젠, 대만 대부분 지역, 광둥 지역 일부, 해남, 저장 일부 지역이다. 민방언은 중국어 방언 가운데 내부 갈래도 가장 많은 방언으로 간주된다. 일반적으로 민남閩南 방언과 민북閩北 방언의 두 갈래로 나눈다. 대만에서는 민남방언으로 제작된 방송을 허용하고 있다. (박종한·양세욱·김석영, 2012)

2. 한자와 중국문화

(1) '서동문書同文' - 한자의 표의성과 통합성

한 민족이 자신들의 역사 속에서 고유의 문화를 창조하는 일에 있어 언어와 그 표현 수단인 문자가 없다면 문화의 증식, 발전 및 전파는 상당한 어려움을 가질 수밖에 없다. 이런 측면에서 중국인

장예모(張藝謀,장이머우) 감독의 「영웅英雄」(2002년작)의 한 장면. 진시황이 '검(劍)'이라는 소전체 한자를 응시하고 있다.

들에게 한자는 자신의 민족적 정체성을 확보하고, 문화를 계승, 발전시키는 중요한 초석이라 하겠다.

최근 들어 한자를 중국문화의 상징물로 내세우는 시도들이 끊이지 않는다. 2008년 북경올림픽 개막식에선 한자의 향연을 펼치더니 TV에선 「한자오천년漢字五千年」 다큐멘터리를 제작해 '대국'의 문화적 우월성을 과시했다.[4] 그 뿐만 아니다. 중국에서 '한자'는 영화의 미장센으로도 활용된다. 그 속에서 중국의 최초 황제 진시황은 한자를 통일한 '영웅'으로 추앙된다. 진시황의 한자 통일이 수많은 방언으로 갈라진 중국을 통일된 문화 공동체(중화문명)를 구축하고 지속시킬 수 있는 계기를 제공했다고 본 것이다.

'서동문' 정책이란 일종의 문자 표준화 사업으로서 한자의 표의성에 근거한 문자 통일 방안을 말한다. '표의성'이란 음音과는 관계없이 직접 시각적視覺的 판단을 통해 의미가 전달되는 문자 체계를 의미한다. 음성音聲이 아닌 자형字形으로 의미를 전달하면 방언方言으로 인해 발생하는 의사소통 문제를 해결해 각 지역을 중앙(중심)으로 통합시킬 수 있다. 곧 한자의 표의성은 '문자'의 성격을 넘어 중국을 하나로 통합하는 정치적인 차원에서 활용되었고 이 같은 한자의 효용성을 간파한 것이 진시황의 '서동문' 정책이라 볼 수 있다.

진시황秦始皇의 '서동문' 정책은 '소전체小篆體'를 탄생시켰다. 진국秦國의 재상이었던 이사李斯가 주도하여 당시 전국시대 여섯 나라의 각기 다른 문자의 장단점을 가려 진나라에서 사용되던 대전大篆을 변형시킨 것이 바로 소전이다. 소전체는 갑골문甲骨文에서 금문金文 - 대전(大篆, 일명 籀文) - 소전小篆 - 예서隸書 - 해서楷書

4) 「한자오천년漢字五千年」, 연출: 맥천구麥天樞, 제작: 공자학원총부孔子學院總部 국가한판國家漢辦, 2011. 5. 21일 1부작 방영. 방영 채널CCTV-9,

형태로 발전한 한자 자형 변천사에서 최초로 규범화되고, 통일된 한자체라는 역사적 의미를 지닌다. 주목할 점은 소전체는 주周나라 중앙 문화를 계승했다는 점이다. 지리적으로 정통 왕조인 서주西周 지역에 자리 잡은 진秦나라는 문자에 있어서도 『사주편』의 주문과 대전을 계승한 '소전체'를 창출하면서 서주西周 중앙 문화를 계승했던 것이다. '소전'으로의 문자 통일은 중앙 문화가 육국문자로 대표된 지방문화를 통합하는 과정이며, 조충서鳥蟲書와 같은 초나라 등 자유로운 문자는 중앙 문화 소전의 패권으로 자취를 감출 수밖에 없었다. 소전체로 규범화된 한자는 제국의 '대일통大一統'의 이상을 실현하는데 중요한 역할을 담당하였다. 진시황 시기에 정초된 '서동문' 정책의 핵심은 후대에도 줄곧 계승되었다. 이를테면 20세기 초반 장태염章太炎이 '언어는 선線, 문자는 면面'이라는 논리로 방언 갈래가 많은 중국에서 병음문자를 사용해서는 안 된다고 주장했는데 이런 주장의 핵심은 '서동문' 정책과 연관되어 있다.

조충서(鳥蟲書)는 춘추 중후기부터 전국시대 오·월·초·채·서·송 등 남방 여러 나라에서 성행하던 특수한 문자였다. 이 서체는 금속 실로 무늬나 글자를 상감한 기물(錯金) 형식에 나타난다. 고귀하고 화려해 장식 효과가 뛰어나지만 서체가 변화무쌍해 글자를 식별하기 어렵다. 문자와 새모양이 일체를 이루거나 혹은 글자 상하에 새모양으로 장식하기도 한다. 병기兵器에 많이 보이며, 월왕越王 구천勾踐의 검은 조충도가 새겨진 것으로 유명하다.

진시황 이래 한자로 방언의 차이를 극복하면서 '제국'을 유지해온 중국적인 상황은 서양의 알파벳 문화와 대비된다. 현대 서양에서 가장 보편적으로 사용되는 언어문자 표현체계인 알파벳은 페니키아 알파벳에서 뿌리를 두고 있다. 오늘날 레바논이 있는 지역에 살았던 페니키아인은 서양 최초로 원거리 교역을 행했던 이들로서, 편리하게 상업 행위를 하기 위해 22자로 된 표음문자 체계를 고안해냈다고 전한다. 이 일은 기원전 1200년 이전의 어느 때 이루어졌고, 곧 그 문자는 편리함 때문에 지중해 여러 곳으로 퍼져나갔다. 그 중에 그리스에서는 기원전 9세기경에 이 문자를 받아들여 몇 가지 모음을 첨가하였고, 형태도 수정하여 그리스 식 알파벳을 만들었다. 그리스 문자의 첫 두 글자가 알파와 베타였기 때문에 오늘날까지 이 형태의 문자 체계를 모두 알파벳이라고 부르는 것이다. 이 그리스 문자가 이탈리아에 영향을 주었고, 특히 라틴 지방에서 그리스 문자를 변형시켜 만든 것이 라틴 알파벳으로, 오늘날 유럽어 중에 거의 대부분이 이 라틴 알파벳에 기원을 두고 있다. 그리고 라틴 알파벳을 제 1의 문자로 사용하던 로마 제국이 멸망한 서기 5세기 이후에 유럽 각지로 퍼져나가게 되었으며, 여러 민족어와 결합하여 약 40여 종의 문자로 변형되게 되었다. 근대 민족국가의 성립에는 이러한 여러 종류의 문자도 큰 기여를 한 것이라 하겠다.

역사학자들은 중국은 유럽과는 달리 8세기부터 16세기에 이르기까지 '초안정적인 구조'를 유지했는데, 여기에는 한자가 보이지 않는 끈이 되었다고 진단한다. 곧 수 세기 동안 '하나'로 유지한 역사는 바로 한자와 이것이 담고 있는 중화문명의 특성에 있다는 것이다. 이와 관련해 미국의 유명한 역사학자인 스태브리아노스L.S Stavrianos는 흥미로운 비유를 든다.

"기원전 1세기에 생활하던 한漢나라 중국인이 만약 8세기에 부활한다고 하더라도 그는 아주 편안함을 느낄 것이다. 그가 부활한 시대인 당唐나라는 과거 한漢나라의 문화, 곧 민족, 문자, 유가학설, 조상 숭배, 제국의 행정관리 시스템 등과 거의 대동소이하기 때문이다."[5)]

(2) 한자의 기원과 자체字體의 변천

창힐倉頡의 초상화 창힐은 중국에서 한자를 창조한 성인(造字聖人)으로 추앙받는다. 역대 초상화에서 창힐은 네눈박이 형상으로 그려진다.

전설에 의하면 한자는 황제黃帝의 사관史官이었던 창힐倉頡이 새의 발자국 등을 보고 만들었다고 한다. 그러나 이는 전설일 뿐 한자의 생성 원리와 발전과정을 정확히 설명할 수 없다. 이외에 결승結繩, 도편陶片, 팔괘八卦 등을 한자 창제의 기원이라는 주장도 있으나, 이 역시 완전히 믿을만한 것은 못된다. 한자는 개인이 단시간 내에 창조했다고 보기는 어렵다.

5) 《漢字五千年》 참고

한자체 열람

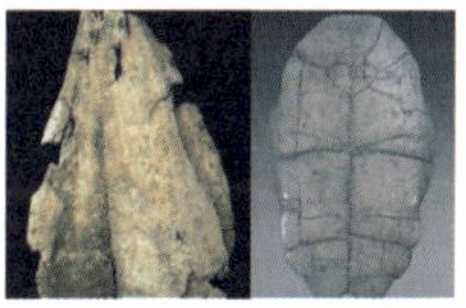

갑골문은 1899년에 처음 발견된 것으로 알려져 있다. 갑골문에는 제사, 전쟁, 날씨, 사냥, 농사, 임금의 행차 등 다양한 내용이 담겨있다. 그 기록을 통해 상商 왕조가 역사적 근거를 갖게 되었다.

현존하는 최고의 한자체는 B.C 14~11세기 무렵에 이루어 졌다고 알려진 갑골문이다. 갑골문에 사용된 글자는 약 4,500자 정도이며, 이 가운데 1/3만이 해독된 상태이다. 갑골문은 거북의 복갑(腹甲: 배딱지)이나 소의 견갑골(肩胛骨, 어깨뼈) 등에 새겨진 글자로서 명칭도 '귀갑수골문자龜甲獸骨文字'의 준말이다. 점과 관련된 내용이 많아 갑골문을 복사卜辭 혹은 점복문자占卜文字라고 부르기도 한다.

금문金文은 상商왕조와 서주西周, 춘추전국시대에 걸쳐 청동기에 새기거나 주조한 글자를 말한다. 종과 솥에 새겨졌다고 하여 '종정문鐘鼎文'이라고도 한다. 초기 금문에는 그림문자의 흔적이 남아 있어 갑골문과 비슷하지만, 후기에는 소전과 비슷한 면모를 보인다. 금문은 갑골문과 소전의 과도기적인 형태라 할 수 있다.

전서篆書에는 대전大篆과 소전小篆 두 종류가 있다. 대전은 주 선왕宣王 때 태사太史 주籒가 만들어 주문籒文이라고도 하며 전국시대까지 쓰였다. 소전은 진시황이 중국을 통일한 후 문자를 통일시킬 때 이

사가 대전에 기초해 6국의 문자를 가감하여 정리한 것으로, 처음으로 규범화된 한자 자체이다.

예서隸書는 진秦나라 말기부터 부분적으로 사용되다가 한대漢代부터 통용되기 시작하여 삼국시대까지 사용되었다. 대부분이 지금의 글자꼴과 비슷하며, 지금 통용되는 해서의 기초가 된다. 고문자古文字에서 금문자今文字로 전환하는 계기가 되었다.

초서草書는 장초章草, 금초今草, 광초狂草 세 종류가 있다. 장초는 한나라 초기에 출현한 것으로, 당시 공식적인 문자였던 예서를 흘려 쓴 것을 말한다. 금초今草는 후한말 장초가 진일보한 서법으로, 예서의 필획에서 벗어나고 상하 글자의 필세를 연결하고 편방 부수도 간화한 것이다. 당대唐代에 이르러 금초今草는 더욱더 자유분방해져 글자의 형체를 알아볼 수 없을 정도로 마구 흘려 쓴 서법이 등장하는데, 이것이 바로 광초狂草이다. 광초를 대초大草라 부른다.

해서楷書는 한나라 말기에 출현하여 지금까지 통용되고 있다. 글자체가 단정하고 반듯하며 서체의 표준이 된다고 하여 '정해正楷' 혹은 '진서眞書'라고도 한다.

행서行書는 한나라 말기 해서와 금초가 성행하던 시기에 생성되어 삼국시대부터 진晉나라에 이르기까지 유행한 자체로 해서와 초서의 중간적 성격을 지니는 자체이다. 행서는 해서보다 쓰기 편하고 초서보다 알기 쉬워 널리 사용되었다.

3. 한자의 구성 원리

한자의 구성 원리를 흔히 육서라 한다. 육서는 한대의 저명한 학자 유흠(劉歆: BC50?~AD23)이 처음 언급하였고, 이후 허신(許愼: 약 58-147)이 자신의 저서『설문해자說文解字』에서 이를 정의하였다. 육서는 상형象形, 지사指事, 회의會意, 형성形聲, 전주轉注, 가차假借를 말한다.

상형象形

상형자는 사물의 외형 등을 직접 본떠 만든 글자이다. 많은 사람들이 한자는 상형자라고 오해하는 경우가 많으나 육서의 기초일 뿐이며, 실제 그 숫자도 많지 않다. 『설문해자』 9,353자 중 상형자는 364자로 약 4%를 차지한다. 대표적인 예를 보면 다음과 같다.

지사指事

지사자는 사물과 형상의 특징을 상징적 부호로 삼아 추상적 개념을 형상화시킨 문자라 하겠다. 지사자는 부호를 통해 표현할 수 있는 대상도 적기 때문에 그 숫자도 가장 적다. 『설문해자』 9,353자 중 125자로 약 1.1%이다. 대표적인 예를 보면 다음과 같다.

회의會意

회의자는 두 개, 혹은 그 이상의 상형자와 지사자의 의미를 합쳐 새로운 글자를 만드는 방법을 말한다. 이는 형부(形符: 의미 부분)와 형부形符가 결합된 방식이다. 대표적인 예를 보면 다음과 같다.

塵: 鹿 + 土
解: 角 + 刀 + 牛
炎: 火 +火
轟: 車 + 車 + 車
休: 人 + 木

형성形聲

회의자가 형부와 형부를 결합하여 만든 것이라면, 형성자는 의미와 소리, 즉 형부形符와 성부(聲符: 표음성분)를 결합하여 새로운 글자를 만드는 방법을 말한다. 결합방식에 따라 다음과 같이 분류할 수 있다.

좌형우성左形右聲	왼쪽 부분이 뜻, 오른쪽 부분이 소리	沐詩江河村
좌성우형左聲右形	오른쪽 부분이 뜻, 왼쪽 부분이 소리	劍視相郡
상형하성上形下聲	위쪽 부분이 뜻, 아래쪽 부분이 소리	露霜草
상성하형上聲下形	위쪽 부분이 소리, 오른쪽 부분이 뜻	貨忌基裂警
외형내성外形內聲	바깥쪽 부분이 뜻, 안쪽 부분이 소리	固痼閣廓
외성내형外聲內形	바깥쪽 부분이 소리, 안쪽 부분이 뜻	聞問閃辨

그러나 형부는 새로운 글자의 대략적인 암시만을 의미하고, 성부도 오랜 세월동안 음이 변한 것이 있어 현재 음과 훈을 곧바로 알기는 어렵다. 또한 성부가 의미를 나타내는 경우도 있어 '회의'와의 구분이 모호한 것도 있다. 하지만 형성 원리에 따라 수많은 한자가 만들어졌는데, 『설문해자』 9,353자 중 형성자는 7,697자로 약 82%를 차지한다.

전주轉注

전주자에 대해서는 아직 정설이 없다. 허신은 전주를 최초로 규정하면서 "건류일수, 동의상수(建類一首, 同意相受: 부류를 세워 하나의 부수로 하고, 같은 뜻으로 서로 받는 것이다.)"라 하고, '老'자와 '考'자가 전주에 해당된다고 밝힌 것 외에는 그 어떤 글자도 전주라 설명하지 않았기 때문이다. 후대 학자들은 허신의 규정 가운데 무엇이 '류類'인가를 놓고 각기 다른 주장을 하고 있다. 그 가운데 전주를 '같은 부수를 가진 호훈자互訓字'로 보는 설이 설득력을 얻고 있다. 예컨대『설문해자』에서 '고는 노의 뜻이다(考, 老也)', '노는 고의 뜻이다(老, 考也)'라고 풀이하는 것처럼 두 글자가 호훈[6] 관계에 있고 두 글자 모두 '耂'를 부수로 하고 있는 것을 전주의 예로 본 것이다.

가차假借

허신은 가차를 "본무기자, 의성탁사(本無其字, 依聲托事 - 원래 그런 의미의 글자가 없었기 때문에 독음에 의거하여 어떤 사항 의미을 기탁하는 것)"라 설명하였다. 즉 '가차'는 기존의 글자의 독음을 차용하여 다른 의미의 글자로 쓴다는 뜻이다. 예를 들면, '막莫'은 원래 '해질 무렵의 저녁, 저물다'라는 의미를 나타낸 글자였다. 그런데 나중에 '없다·~하지 마라'는 부정사가 필요하게 되자 독음이 동일하다는 이유로 '모暮'자로 저녁, 저물다의 의미로 대신하게 되었다. 자주 상용되는 한자인 '기其'와 '래來'자도 마찬가지다. 其는 원래 키(쌀에 섞인 돌 따위를 고르는 기구)를 가리켰으나 가차되어 '그것'의 뜻이 되었고, '來'는 원래 보리를 가리키는 상형자였으나 가차되어 '오다'의 뜻이 되었다.

4. 현대 중국의 한자

(1) 중국 간체자 현황과 제정 배경

현재 중국은, 같은 중국이지만 서로 다른 자체字體를 사용하고 있다. 대만이나 홍콩에 가면 우리나라에서 사용하는 한자를 볼 수 있지만 중국 대륙은 그렇지 않다. 이른바 중국 대륙에서는 간체자簡體字 또는 '간화자簡化字'라 불리는 자체를 사용하기 때문이다. 중국

6) '호훈互訓'이란 두 글자가 서로의 의미를 풀이하는 것을 가리키는 훈고학 용어이다.

정부에서는 대만이나 홍콩 등지에서 사용하는 한자를 '번체자繁體字'라 부르며 간체자의 당위성을 역설하고 있다.[7)]

중화인민공화국의 법정 표준문자인 간체자는 1952년 3월 25일 '중국문자개혁연구위원회' 산하로 '한자정리' 분과 위원회가 설치한 후 본격적으로 제정되었다. 중국 정부는 1956년 1월 1일을 기해 전국의 신문·잡지 배열을 세로에서 가로 배열로 바꾸고 간체자를 공식적으로 사용하기 시작했으며, 1964년에 「간화자총표簡化字總表」를 공고하고 1986년 이를 수정해 모두 2,236개의 간체자를 법정 한자체로 사용하고 있다. 현재 간체자는 UN의 공식적인 중국어 문자로 지정되어 있다.[8)]

그런데 1950년대 문자개혁으로 등장한 간체자는 궁극적으로 한자를 폐지하고 병음문자로 나아가야 한다는 목표에서 비롯된 것이다. 곧 간체자는 한자를 완전히 폐지할 때까지 일시적으로 사용하기 위해 고안된 글자이지, '한자의 간화' 그 자체가 목표는 아니었다. 과도적인 조치로서 간체자를 제정한 중국의 어문 정책은 기존 한자의 복잡한 구조로 인한 높은 문맹률에 근거했다. 다시 말해 '한자 폐지, 병음문자 제정'은 근대적 언어운동의 큰 흐름이었던 '음성중심주의(phonocentrism)'에서 나온 것이지만 시급히 '번잡한 한자'를 '간단한 한자'로 바꾸는 문자개혁 요구는 높은 문맹률을 낮춰 '부국강병의 중국'을 만들어야 한다는 시대적 요구에서 비롯된 것이다.

문맹율을 낮추고 식자율을 높이기 위한 근대 중국의 간체자 운동의 역사는 19세기 중엽 태평천국太平天國 시기로 거슬러 올라간다. 태평천국은 식자율을 높이기 위해 공식 문건에 간체자를 표기했다.

7) '간체자'가 중화인민공화국의 국가 규범 한자가 되면서 중화권에는 두 가지 형태의 한자가 사용된다. 간체 한자와 번체 한자가 그것이다. 하지만 대만 당국은 '번체자'라는 칭호를 폄하의 의미로 간주하고 있으며, 자신을 중화 정통으로 보는 정치적인 입장에서 번체자를 '정체자正體字'로 부른다는 점에 유의할 필요가 있다.

8) 유엔은 원래 중국어 문서를 번체자로만 표기했다. 그러다 1971년 중국이 대만을 몰아내고 유엔에 가입하면서 번체자와 간체자 병용 시대가 열렸다. 그러나 유엔은 2008년 간체자로 중국어 표기를 통일했다.

통계에 따르면, 태평천국은 모두 100여개의 간체자를 사용했는데 그중 80%는 지금도 쓰고 있다. 변법자강운동戊戌維新運動의 주요 지도자들인 강유위康有爲, 양계초梁啓超, 담사동譚嗣同 등은 '자강自强'의 문제의식으로 문자의 병음화拼音化를 주장했다. 1909년에 육비규陸費逵는『교육잡지教育雜誌』창간호에 교육현장에서 속체자俗體字를 사용하자는 내용의 논문을 발표했고, 5·4운동 시기에 한자 간화 운동은 반전통反傳統의 가치와 맞물려 활발하게 토론되었다. 1930년대 프롤레타리아 문학운동과 항일 혁명 시기에는 '한자 폐지, 병음문자 채용'이 중국 지식인들 사이에서 광범위하게 지지를 받았고, 그 시기에 제정된 라틴화신문자는 중국어의 문자로 표기되어 인쇄물로 보급되기도 했다.

DAZHUNG BAO

Di-4 ki

Rhben cintan Guangdung

Ginian Lusin siansheng

라틴화신문자로 제작된 신문

(2) 한자 간략화 방법

중국의 '간체자' 대다수는 중화인민공화국 수립 후에 한자 간략화 사업으로 새로 만들어진 것이 아니라 그 이전에 쓰인 적이 있었던 글자들이다. 예컨대 '個'의 간체자인 '个', 無의 간체자인 '无', '麗'의 간체자인 '丽' 등은 이미 선진 시기에 출현한 것이다. 한자 간략화 사업은 - 일부 글자는 회의나 형성 등 전통적인 육서 원리로 만들어졌지만 - 다양하게 쓰이고 있던 이전의 각종 간체자를 공식화하는 작업이었다. 중국문자개혁위원회에서 원칙으로 세운 한자 간화 방법은 다음과 같다.

① 본래 글자의 윤곽을 보존한다.
　예 : 飛→飞, 龜→龟, 齒→齿, 門→门
② 본래 글자의 특징 부분을 살리고 나머지는 생략한다.
　예 : 廣→广, 習→习, 雖→虽, 聲→声, 醫→医, 開→开
③ 필획이 비교적 간단한 성부로 바꾼다.

예: 擁 → 拥, 戰 → 战

④ 다른 새로운 형성자를 만든다.

예: 驚→惊, 護→护

⑤ 같은 음, 혹은 비슷한 음으로 대체한다.

예 : 後 → 后 , 裏 → 里

⑥ 초서를 규범화한다.

예 : 書→书, 長→长, 樂→乐, 車→车, 東→东

⑦ 회의會意의 원리로 만든다.

예: 從→从, 衆→众

⑧ 간단한 기호로 복잡한 편방을 대체한다.

예 : 戲→戏, 對→对, 難→难, 鷄→鸡, 風→风, 邊→边, 講→讲, 慶→庆

⑨ 고체자를 채용한다.

예: 雲→云, 網→网, 與→与

(3) '중국 한자'의 미래

중국이 세계 강국으로 급부상하면서 한자漢字에 대한 논의도 활발해졌다. 이런 현상은 한자를 과거 시대의 청산되어야 할 유물로 간주하던 20세기 한자 폐지론과는 매우 대조적이다. 이를테면 반전통反傳統 물결이 고조를 이루던 5·4 시기에 전현동(錢玄同: 첸쉬안퉁, 1887~1939)은 "공자의 학문(孔學)을 폐하려면 먼저 한문漢文을 철폐하지 않을 수 없고, 일반인의 유치하고 야만적이고 완고한 사상을 제거하려면 더욱 한문漢文을 철폐하지 않을 수 없다."고 언급했다. 그런데 불과 1세기가 지나가기도 전에 이와 같이 한자를 비판하거나 부정한 지식인들은 '역사적 허무주의자'로 비판받고 있다. 더 나아가 중국 정부에서 공자학원孔子學院을 앞세워 중국어의 국제화 실현에 박차를 가하면서 중국어의 문자로서 한자漢字의 위상은 더욱 높아지고 있다.

한자의 부흥과 함께 한자 세계의 내부에서도 힘겨루기가 한창이다. 예컨대 대만의 총통인 마영구馬英九는 "오직 대만에서만 정통 한자와 완전한 중화문화를 배울 수 있다."며 중국 대륙의 간체자와 정통성을 비판했다. 이런 입장에서 보면 간체자는 "중국 문화의 단절자 혹은 중국문화의 쇠퇴를 야기하는 종자이며 번체자繁體字야말로 '정체자正體字' 혹은 '본체자本體字'이다. 그러나 번체자든, 간체자든 모두 한자이다. 앞서 말했듯이 간체자는 신중국新中國 수립 후에 새로 만들어진 글자가 아니라 기존의 한자를 정리해서 공인한 것이며, 한자의 자격으로 UN의 공식문서에서 중국어를 표기하는 문자로 인정받고 있다. 이렇게 보자면, 19세기 이전 '천하의 중심 문자'로 군림하던 한자는 20세기 서세동점西勢東漸의 역사 속에서 폐지의 대상으로 간주되다가 21세기 중국의 부상과 더불어 부흥復興하고 있는 것이다. 그 자체가 전통문화이자 중국문화의 담지체擔持體인 한자는 앞으로도 중국과 함께 흥망성쇠의 운명을 함께 할 것인가?

공자학원은 현재 지구촌 중국어 학습 열기를 이끌고 있다. 2010년 10월 현재 세계 91개국에 322개의 공자학원이 세워졌다. 공자학원은 단순한 중국어 학원과는 달리 전세계에 중국어 보급은 물론 중국문화를 전파하기 위한 국가 차원의 교육기구이다.

참고 자료

- 김현철 · 김시연 공저, 『중국어학의 이해』, 학고방, 2002
- 박종한 · 양세욱 · 김석영 지음, 『중국어의 비밀』, 궁리, 2012
- 충북대 중어중문학과 교재편찬위원회 편, 『기초한자 250』, 개신, 2009
- 최영애 지음, 『중국어란 무엇인가』, 통나무, 2000
- 조현국, 「瞿秋白의 '漢字 라틴화'論에 대한 재고찰」, 『中國語文學論集』 제73호, 2012.4
- 麥天樞, 「終將要回歸繁體字? – 專訪《漢字五千年》總策劃兼撰稿指導麥天樞」, 『南方周末』,2009年 4月 15日
- 朱大可, 「漢字革命和文化斷裂」, 『南方周末』, 2009年 4月 5日"
- 동영상 「漢字五千年」, 연출: 麥天樞, 제작: 孔子學院總部 國家漢辦, 2011. 5. 21일 첫방영, 방영 채널CCTV-9

5

중국의 역사 문화

중국문화는 유구한 역사적 토양에서 형성된 것이라 중국역사에 대한 이해가 깊으면 중국문화도 그만큼 잘 보인다. 마찬가지로 중국 역사에 대한 이해는 '변검變臉'처럼 시시각각으로 변화하는 오늘날의 중국의 진면목을 파악하는데도 긴요하다. 지금의 중국 역시 하루아침에 만들어진 것이 아니라 자신들의 역사적 전통에 일정정도 '뿌리'를 내리고 있기 때문이다.

그러나 중국역사를 간명하게 이해하기란 결코 쉽지 않다. 중국은 오천년이 넘는 역사적 두께를 지닌 나라이기 때문이다. 따라서 이 장에서 중국 고대시기부터 20세기 중국 이전 시기까지를 크게 네 단계로 구분한 후, 각 시기별로 주요한 역사적 흐름을 도표로 정리하고 이에 대해 간략하게 설명할 것이다. 그런 후에 각 시기에 주목할 만한 역사 이야기를 관련 사진과 함께 서술하기로 한다.

중국 역사 연대표

<table>
<tr><th colspan="6">중국 역사(왕조사)</th><th colspan="2">비고(한국 역사)</th></tr>
<tr><td colspan="6">하夏 기원전 21세기~ 기원전 16세기</td><td colspan="2" rowspan="5">고조선</td></tr>
<tr><td colspan="6">상商 기원전 16세기~ 기원전 11세기</td></tr>
<tr><td rowspan="2">주周
기원전11세기~기원전 256</td><td colspan="5">서주西周 기원전 21세기~ 기원전 16세기</td></tr>
<tr><td colspan="5">동주東周 기원전 770~ 기원전 256</td></tr>
<tr><td colspan="6">진秦 기원전 221 ~ 기원전 207</td></tr>
<tr><td rowspan="3">한漢
기원전 202 ~ 220</td><td colspan="5">전한前漢 기원전 202 ~ 9</td><td colspan="2" rowspan="13">삼국시대
(고구려,백제,신라)
기원전 57 ~ 676</td></tr>
<tr><td colspan="5">신新 9~ 23</td></tr>
<tr><td colspan="5">후한後漢 25 ~ 220</td></tr>
<tr><td>삼국三國 220 ~ 280</td><td>위魏 220~266</td><td colspan="2">촉蜀 221~263</td><td colspan="2">오吳 229~280</td></tr>
<tr><td rowspan="2">진晉</td><td colspan="5">서진西晉 265~316</td></tr>
<tr><td colspan="2">동진東晉 317~420</td><td colspan="3">오호십육국五胡十六國</td></tr>
<tr><td rowspan="6">남북조南北朝
420~589</td><td colspan="2">송宋 420~479</td><td colspan="3" rowspan="2">북위北魏 386~534</td></tr>
<tr><td colspan="2">제齊 479~502</td></tr>
<tr><td colspan="2" rowspan="2">양梁 502~557</td><td colspan="2" rowspan="2">서위西魏
535~557</td><td rowspan="2">동위東魏
534~550</td></tr>
<tr></tr>
<tr><td colspan="2" rowspan="2">진陳 557~589</td><td colspan="2" rowspan="2">북주北周
557~581</td><td rowspan="2">북제北齊
550~577</td></tr>
<tr></tr>
<tr><td colspan="6">수隋 581~619</td></tr>
<tr><td colspan="6">당唐 618~907</td><td rowspan="2">통일신라
676 ~ 936</td><td rowspan="2">발해
698 ~ 926</td></tr>
<tr><td colspan="5">오대십국 五代十國 907~960</td><td rowspan="2">요遼
907~1004</td></tr>
<tr><td rowspan="3">송宋
960~1279</td><td colspan="2">북송北宋 960~1127</td><td colspan="2" rowspan="3">서하西夏
982~1048</td><td colspan="2" rowspan="4">고려
918 ~ 1392</td></tr>
<tr><td colspan="2" rowspan="2">남송南宋 1127~1279</td><td rowspan="2">금金
1127~1234</td></tr>
<tr></tr>
<tr><td colspan="6">원元 1271~1370</td></tr>
<tr><td colspan="6">명明 1368~1644</td><td colspan="2" rowspan="2">조선
1392 ~ 1897</td></tr>
<tr><td colspan="6">청淸 1643~1911</td></tr>
<tr><td colspan="6">중화민국中華民國 1912~1949</td><td colspan="2">대한제국 1897 ~ 1910</td></tr>
<tr><td colspan="6" rowspan="2">중화인민공화국中華人民共和國 1949~현재</td><td colspan="2">일제 강점기 1910 ~ 1945</td></tr>
<tr><td>한국 1948 ~ 현재</td><td>북한 1948 ~ 현재</td></tr>
</table>

1. 고대(삼황오제~한)

왕조		개요
상고上古 시대		• 전설의 삼황오제三皇五帝 시대
하夏		• 치수에 성공한 우禹가 황하 중하류 지역을 중심에 건국 • 문헌상 최초의 왕조
상商		• 갑골문자로 역사를 기록한 왕조 • 갑골문이 처음 발견된 곳은 상의 19대 왕 반경盤庚이 수도를 옮긴 은허殷墟 • 탕湯왕이 걸桀왕이 이끄는 하를 멸망시키고 상을 세움
주周	서주 西周	• 무武왕이 상을 멸망시키고 세운 왕조 • 봉건제, 종법제 등 중국 고대 정치제도 골격 수립 • 봉건질서에 기초한 엄격한 등급제도 강조
	동주 東周	• 평왕, 낙읍洛邑으로 천도, 춘추전국시대 개막 • 동주 전반기를 춘추春秋, 후반기를 전국戰國 시대라 함 • '춘추오패春秋五覇', '전국칠웅戰國七雄' 및 '제자백가諸子百家'의 출현
진秦		• 중국 최초의 통일 왕조. 진왕 영정嬴政은 칭호를 '황제皇帝'로 바꿈 • 형가荊軻, 진시황秦始皇 영정嬴政 암살 사건이 벌어짐. • 제국의 형성: 군현제郡縣制 실시, 도량형과 화폐 통일, '거동궤車同軌·서동문書同文' 등 통일 정책 실행 • 만리장성 축조, 진시황릉 병마용 등 대형 국책 사업 추진(맹강녀孟姜女 전설)
한漢 9~23 25~220	전한 前漢	• 유방劉邦, 항우項羽와 4년여에 걸친 전쟁에서 승리하고 한나라 건국 • 흉노匈奴의 성장 및 장건張騫의 서역 원정과 실크로드 • 한무제, 유교儒教를 국교로 삼고 오경박사五經博士를 둠
	신新	• 외척 왕망王莽이 14대 평제의 제위를 찬탈하고 세운 나라.
	후한 後漢	• 광무제 후한 건국. 도읍지를 서쪽 장안(지금의 서안)에서 동쪽 '낙양'으로 옮겨서 '동한東漢'이라고도 함. • 호족豪族 출신 광무제의 집권에 따라 지방 세력 성장함. • 황건黃巾의 난 발생과 영웅시대의 도래(조조曹操, 유비劉備, 손권孫權 등)

'중국'을 하나의 '큰 집'으로 비유한다면, 중국 고대 시기는 주춧돌을 놓은 시대라 할 수 있다. 중국 상고上古 시대에 등장하는 '삼황오제三皇五帝'[1)]는 이른바 '중국 문명'의 씨앗을 뿌린 인물이다. 수인씨燧人氏는 불의 사용법을, 복희씨伏羲氏는 팔괘와 고기 잡는 법을, 신농씨神農氏을 농사짓는 법을 알려주었다. 황제黃帝는 음률과 예법을 위시해 양잠, 배, 수레, 문자, 의학, 산수, 천문 등을 창시하고 황하 유역에 흩어져 있던 여러 씨족을 통합해 화하족華夏族을 형성했다. 화하족은 하夏·상商·주周 삼대의 융합과정을 거쳤다. 이들이 바로 중국 한족漢族의 선조다. 공자孔子의 이상향이었던 서주西周 시대에는 중국 정치제도의 골간이었던 봉건·종법 제도가 수립되었으며, 동주東周 춘추전국시대에는 약육강식의 혼란 속에서 제자백가가 출현해 유가와 도가 등 중국 사상의 뿌리를 내렸다. 진시황은 분열되어 있던 중국을 통일하는 한편, 군현제 및 '서동문·거동궤' 등 통일 정책을 시행하여 황제皇帝 중심의 중앙집권 체제를 다져 거대한 '제국'의 기틀을 다졌다. 한漢나라는 유가 사상을 국교로 삼아 진시황이 기틀을 마련한 황제 중심의 중앙집권 체제를 확립했으며, 실크로드를 개척하여 서역과 교류했다.

주周나라와 봉건제封建制

봉건제는 주나라 때 수립된 전통적인 정치제도인데 형식상 민주공화 정치를 표방한 중화민국 이전까지 중국 정치의 골간이 되던 정치제도였다.

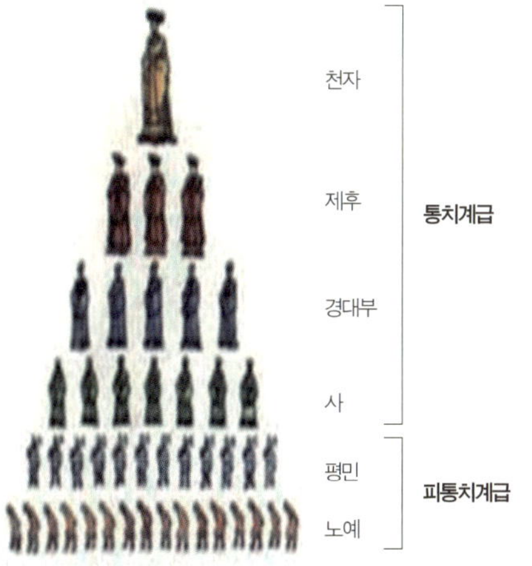

주나라 봉건제의 구조

봉건제란 왕(천자)이 제후에게 땅과 백성에 대한 통치를 일임하는 대신, 제후는 왕에게 경제적 공납과 군사적 보호의 의무를 지는 통치 제도를 말한다.(박한제 외, 2007: 18~19) 주나라는 왕실

1) '삼황'이란 수인씨燧人氏, 복희씨伏羲氏, 신농씨神農氏, '오제'란 黃帝(일명 헌원軒轅), 제곡帝嚳, 제준(帝俊, 혹은 전욱),요堯, 순舜 등을 말한다.

의 안정과 효율적인 지배를 위해 봉건제를 실시했다. 봉건제는 왕(천자)을 정점으로 제후諸侯-경卿-대부大夫-사士-평민-노예 계층을 피라미드 형태로 만들고, 계층간의 신분 구분을 대단히 중시하는 제도였다. 〔그림 참조〕 사회 각 계층은 자신의 신분에 맞는 예악禮樂제도를 사용해야 했는데, 이로써 중국 사회에는 신분상의 엄격한 등급等級 제도가 뿌리를 내리게 되었다.

춘추오패春秋五霸와 전국칠웅戰國七雄

越王 句踐의 '臥薪嘗膽'

동주東周 시대에 이르면 중앙 권력인 주왕周王의 권위가 떨어지고 지방 제후들의 힘이 강성해진다. 주왕의 힘을 대신했던 것이 힘에 기반한 패자霸者의 회맹會盟 질서였다. 회맹이란 제후들 중에서 가장 강한 힘을 갖고 있는 패자가 다른 여러 제후들을 한곳에 모이게 하고, 그곳에서 맹약을 맺는 것을 말한다.(박한제 외, 2007: 20) 춘추시대 때 다섯 손가락에 드는 패자를 '춘추오패'라 하는데, 이는 제齊나라 환공桓公, 진晉나라 문공文公, 초楚나라 장왕莊王, 오吳나라 부차夫差, 월越나라 구천句踐을 가리킨다.

북방 지역에 있던 진晉나라가 한韓·위魏·조趙 세 나라로 분열되는 시점부터 전국시대라 부른다. 이 세 나라에다 기존의 제齊, 초楚, 진秦, 연燕를 합쳐 '전국칠웅'이라 불렀다. 이 시기는 중국 역사에서 약육강식, 적자생존의 역사로 꼽힌다. 이 가운데 기원전 350년경 진秦나라 효공孝公 때 상앙(商鞅: 기원전390~기원전338)은 법가法家 사상思想을 바탕으로 정치, 경제, 사회 각 분야의 제도를 재정비하여 중앙 집권 강화에 기여해 통일 기반을 다졌다.

공자孔子와 제자백가諸子百家

중국과 세계 문화에 심원한 영향을 끼친 공자의 유가사상儒家思想은 춘추전국시대에 창시되었다. 씨족 공동체의 파괴와 신분 질서의 동요는 중국 사회를 혼란에 빠졌고, 한편으로는 신분 상승이라는 새로운 기회를 제공했다. 또한 중앙에 있는 왕(천자)의 권력 약화로 인해 지방의 제후들은 자기 나라의 부국강병을 추구하기 위해 유능한 인재들을 모았다. 그리하여 매우 다양한 사상이 출현했는데, 이를 제자백가諸子百家[2)]라 부르며, 공자의 유가사상도 이런 시대적 배경에서 탄생했다.

공자(기원전551~기원전479)의 본명은 공구孔丘이며, 자는 중니仲尼이다. 춘추시대 노나라 추읍陬邑(지금의 산동성 곡부曲阜)에서 태어났다. 공자의 조상은 귀족계급이었다고 하나 그가 태어났을 때 그의 가문은 영락한 평민 계층이었다. 공자가 시서예악詩書禮樂 연구에 몰두하고 제자들의 교육에 힘을 쏟기 시작한 것은 그의 나이 43세 되던 해로 알려져 있다. 공자는 계씨가 국정을 독점하고 양호陽虎가 난을 일으켜 정권을 찬탈하자 벼슬에서 물러난 뒤 제자 양성에 진력하였다. 정치와 일정한 거리를 두었던 공자는 52세가 되던 해, 회맹을 통해 제나라가 강점했던 땅을 노나라로 회수하는 데 결정적인 역할을 담당하기도 하였다. 그후 위衛, 진陳, 송宋, 초楚나라 등지로 유세를 다니다가 68세가 되던 해 노나라로 돌아왔다. 공자는 노나라에서 등용되지 않자 학문에 전념하고 제자들과 함께 생활하면서 자신의 사상을 설파했다. 그가 『시경詩經』, 『서경書經』, 『주역周易 · 계사 繫辭』, 『예기禮記』, 『춘추春秋』를 짓기 시작한 것도 이 무렵부터였다. 공자의 제자는 3,000여명에 달했다고 하며, 훗날 이들이 주축이 되어 공자의 유가사상을 확립, 발전 시켰다.

孔子

2) 대표적인 제자백가로는 유가儒家, 도가道家, 법가法家, 묵가墨家 등을 들 수 있다. 유가는 예악과 인의를 중심으로 한 교화를, 도가는 천지만물의 근원인 도의 존재와 무위자연을, 법가는 법률에 의한 통치를, 묵가는 보편적 사랑을 주장했다.

거대한 제국의 기틀을 다진 진시황

진시황 영정(嬴政)

현재 중국은 정치적으로 강력한 중앙집권 체제를 채택하고 있다. 북경에 있는 중앙인민 정부는 직·간접적으로 중국의 전체 정치·경제·문화 등 각 방면의 중요한 정책을 결정하고 이를 최종적으로 관리 감독하고 있다. 중국의 중앙집권적 정치 체제의 뿌리는 중국을 최초 통일한 진시황秦始皇 영정(嬴政, 기원전259~기원전210)에게로 거슬러 올라간다.

중국 역사에서 진시황의 공헌은 수백 년 동안 이어져 오던 전국시대의 분열을 종식시키고 중국을 하나의 거대한 제국으로 통일했다는 것이다. 진시황은 이전 왕조인 주周나라와는 달리 '황제' 중심의 강력한 중앙집권 제제를 수립하기 위해 군현제郡縣制[3], 거동궤車同軌·서동문書同文[4] 정책, 도량형度量衡[5]의 통일 등 다양한 통일 정책을 펼쳤다. 그의 정책들은 이후 왕조에게도 계승되어 제국 중국을 유지하는 기틀로 작용했다. 진시황이 뿌리내린 '황제' 중심의 중앙집권적 체제는 청나라의 마지막 황제 부의溥儀 때까지 그 기조가 이어졌고, 그의 통일 과업은 후세 중국 통치자들의 목표가 되기도 했다.

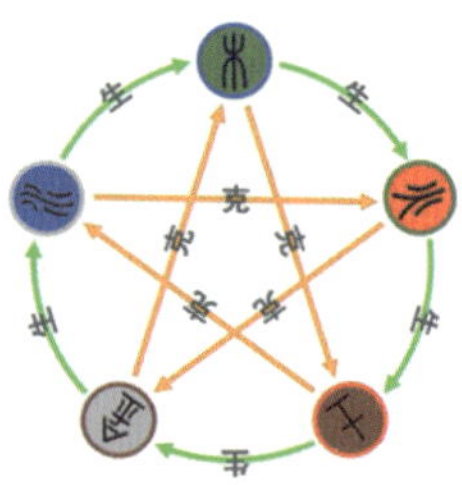

오행생극도五行生克圖 추연鄒衍은 음양오행陰陽五行 사상을 역사의 추이에 적용시켜 수덕水德을 가진 나라가 화덕火德을 지닌 주周나라를 잇는 통일 왕조가 될 것이라 예언했다. 곧 삼황오제를 대표하는 황제黃帝는 토덕土德, 하나라는 목덕木德, 상나라는 금덕金德, 주나라는 화덕火德이며, 진시황의 진秦나라는 수덕水德을 지닌 것으로 설명했다.

형가荊軻의 진시황 암살 사건

형가(荊軻: ? ~BC 227)는 전국시대 말엽의 유명한 자객刺客이

3) 진나라 전체를 서른여섯 군으로 나누고, 다시 그 군 밑으로 작은 행정 단위 현을 두어 나라 전체를 그물망처럼 얽어매는 제도를 말한다.

4) '거동궤車同軌'는 '수레는 같은 궤도를 달려야 한다.'는 뜻으로 도로 설비의 기준을 통일한 정책을 말한다. '서동문書同文'은 진나라의 명은 '하나의 문자로 쓰인 문자여야 한다.'는 뜻으로 문자 통일 정책을 말한다. '서동문, 거동궤' 정책은 거대한 중국을 연결하는 경제·문화 교류의 기반이 되었다.

5) 도度: 비단의 너비와 길이를 재는 자와 같은 것. 량量: 곡식의 양을 헤아리는 단위. 형衡: 저울로 쇠붙이 따위의 무게를 달 때 매기는 단위이다. 도량형 통일은 중앙 정부가 세금 징수의 표준이 되었다.

다. 연나라 태자 단은 전광의 소개로 형가와 진시황 암살 계획을 세운다. 당시 형가의 진시황 암살 거사에는 많은 희생이 따랐다. 연燕나라 태자 단은 자기 나라의 심장부인 독항督亢의 지도를 내놓았고, 진秦에서 망명해 온 장수 번오기樊於期는 거사 성공을 기원하며 스스로 자결해 자신의 목을 바쳤다. 형가는 번오기의 목과 연나라 독항의 지도를 가지고 진왕 정을 알현하고 죽이려 했으나 실패하고 만다. 형가의 암살 미수 사건이 빌미가 되어 연나라는 진나라 군대에 의해 멸망했다.(유중하, 2008: 93~124)

형가의 진시황 암살 사건은 후대 중국인들에게 회자되었고, 최근에는 이를 영화화한 작품이 많다. 진개가(陳凱歌: 천카이거)의 「형가자진왕荊軻刺秦王」(1998)과 장예모의 「영웅英雄」(2002) 등이 대표적이다. 거대한 제국을 수립한 진시황과 그를 암살하려고 했던 형가 이야기는 영상을 통해서 현대의 중국인들에게 역사의식에 대한 질문을 다시 던지고 있다.

만리장성(長城)은 왜 맹강녀孟姜女 전설을 낳았는가?

중국 고대 사대四大 사랑 이야기는 「맹강녀」, 「견우와 직녀」, 「양산백과 축영대/ 일명 '양축'」, 「백사전」이다. 이 가운데 「맹강녀」 이야기는 진시황 시대에 박차를 가해 추진했던 만리장성 건설과 관련된 이야기다.

맹강녀의 남편은 결혼한 지 사흘 만에 장성 쌓는 데에 끌려간다. 아무리 기다려도 돌아오지 않는 남편이 오지 않자 맹강녀는 남편이 부역하고 있는 장성으로 찾아간다. 그러나 남편은 이미 시체가 되어 장성에 파묻힌 뒤였다. 그 소식을 접한 맹강녀가 슬프게 통곡하자 장성이 무너지면서 남편의 시신이 나왔다. 맹강녀는 남편의 시신을 거두어 장례를 치르고 스스로 바다에 빠져 죽었다는 이야기가 맹강녀 전설의 얼개다.

장성 부역으로 남편을 잃고 슬퍼하는 맹강녀

사료에 따르면, 맹강녀 이야기의 배경이 되는 진나라 때 진시황은 백만여 명에 이르는 남자들을 동원해 장성을 축조했다고 한다. 이 숫자는 당시 진나라 인구의 1/20에 이르는 것으로서, 동원된 사람들은 어떤 기계의 도움도 없이 순전히 인력으로만 험준한 준령峻嶺에서 작업했다. 그러니 맹강녀 남편처럼 부역하다가 죽고 시신도 수습하지도 못한 사람들이 부지기수였음을 쉽게 짐작할 수 있다. 이런 점에서 맹강녀 이야기는 백성의 희생을 강요하는 대규모 국가사업과 그로 인해 야기된 백성들의 애환이 맹강녀 이야기에 담겨 있다는 것이라 볼 수 있다.

장건張騫의 서역西域 원정과 실크로드

장건(張騫: 대략 기원전164~기원전114)은 중국 최초로 서방으로 통하는 실크로드를 개척한 인물이다. 그래서 그에게는 탁월한 탐험가이자 여행가이며, 외교관이라는 수식이 따라다닌다.

장건은 한무제漢武帝의 명을 받들어 대월지大月氏로 가던 도중에 흉노匈奴 지역을 지나다가 포로가 되었다. 한 무제는 대월지와 연합해 흉노匈奴를 협공하려고 장건을 사자使者로 파견했던 것인데, 도리어 장건이 흉노의 포로가 되었던 것이다. 포로가 된 장건은 시종 서역으로 파견된 사자使者로서의 사명을 잊지 않고 있다가 포로가 된지 10년 만에 탈출해 강거康居를 거쳐 마침내 대월지에 이르렀지만 대월지와의 군사 동맹은 맺지 못했다. 장건은 귀국하다가 다시 흉노에게 억류되어 1년 동안 고초를 겪었다. 기원전 126년 장건이 흉노의 내란을 틈타 한나라로 귀국한 뒤, 서역의 정황들이 중국에 알려지게 되었다. 기원전 119년에 장건은 제2차 서역 외교 사절로 나갔다. 300명의 외교사절단을 이끌고 오손烏孫에 도착한 장건은 이웃나라인 대원, 강거, 월씨, 대하 등과 외교관계를 맺었다. 장건이 이끈 외교 사절단은 아주 큰 성과를 거두었다. 서역 각국은 당시 한나라 수도인 장안(지금의 서안)으로 외교사절단을 보냈으며, 장건 사절단은 한혈마(汗血马: 부루말)[6]·포도葡萄·목숙(苜蓿: 개자리)·석류石榴·호도胡桃·호마(胡麻: 참깨) 등을 서역 각국으로부터 들여왔다.

'장건 기념관'에 있는 장건 외교사절단 조형물 그의 기념관은 고향인 섬서성 한중시 성고현에 있다.

6) 아칼테케Akhalteke 말

2. 중세(위진남북조~당)

<table>
<tr><th colspan="3">왕조</th><th>개요</th></tr>
<tr><td rowspan="3">삼국三國</td><td colspan="2">위魏</td><td rowspan="3">• 후한에서 삼국에 걸친 시기는 완성·통일에서 붕괴·분열로의 경향이 강하게 나타나는 시기
• 호족(豪族: 지방세력)의 등장과 '영웅시대' (화북 조조, 사천 유비, 강남 손권의『삼국지三國志』의 시대)</td></tr>
<tr><td colspan="2">촉蜀</td></tr>
<tr><td colspan="2">오吳</td></tr>
<tr><td rowspan="2">진晉</td><td colspan="2">서진西晉</td><td>• 삼국 간의 전쟁에서도 두각을 나타낸 사마염司馬炎이 위魏로부터 정권을 탈취한 후 280년 오吳를 멸망시키고 서진西晉 건립
• 영가의 난과 호족(胡族; 흉노를 비롯한 북방 유목 민족)의 등장</td></tr>
<tr><td>동진東晉</td><td>오호십육국
五胡十六國</td><td>• 서진의 강남 피난과 중원 지역 오호십육국의 건립
• 다민족 국가 중국을 형성하는 중요한 계기가 됨</td></tr>
<tr><td rowspan="2">남북조
南北朝</td><td>남조</td><td>송宋
제齊
양梁
진陳</td><td>• 남쪽으로 피난길에 나선 중원의 한족이 사회 주류로 등장함
• 중원에서 꽃핀 귀족제가 그대로 강남에 이식되어 '귀족제' 시대 개막
• 강남이 진정한 의미에서 중국의 영역이 됨</td></tr>
<tr><td>북조</td><td>북위北魏
서위西魏
동위東魏
북주北周
북제北齊</td><td>• 한족과 북방유목민족인 호족胡族이 갈등과 공존을 모색하던 시대. 유목 지배 세력의 '부락 해산', 한화漢化 정책 펼치면서 호한 합작 정치 집단이 출현함(관롱집단 關隴集團)
• 불교의 정착기 :중국 3대 석굴 문화 창출</td></tr>
<tr><td colspan="3">수隋</td><td>• 수당시대는 이적시되었던 호월胡越이 한족과 일가를 이룬 시대
• 양견楊堅은 수나라를 건립해 300여 년간 지속되어온 대분열 시대에 종지부를 찍음.
• 중앙집권 강화, 현재주의賢才主義 이념에 입각해서 창안한 과거제도 실시, 남북대운하 건설 등 토목사업 실행</td></tr>
</table>

당唐	• 당태종 이세민의 정관貞觀의 치세 • 현종과 양귀비, 그리고 안녹산의 난 • 번진藩鎭의 할거와 환관 득세 • '황소黃巢의 난': 중국 역사상 최대 규모의 농민 봉기 • 시詩의 시대 – 이백과 두보

후한 말 삼국시대로부터 당나라 시대까지를 '중세'로 구분한다. 이 시기는 중국이 통일 국면에서 분열로의 경향으로 흐르다가 다시 통일 국면을 맞이한 시기이다. 삼국시대를 통일한 진晉나라는 불과 50년도 지나지 않아 강남 지역으로 피난가고 중원 지역은 북방 유목민족들인 호족胡族이 차지하면서 이른바 '남북조' 시대라는 분열의 시대가 시작되었다. '남조南朝'란 장강 이남에 세워진 한족의 왕조로서 동진-송-제-양-진으로 이어지던 왕조를 말하며, '북조北朝'란 흉노족·선비족·말갈족·저족·강족 등 북방 유목민이 중원 지역을 지배했던 시대를 말한다. 그러나 한족 왕조인 서진의 강남 피난과 북방 유목민의 중원 장악이라는 분열 국면은 아이러니하게도 다민족 국가 중국을 형성하는 중요한 계기가 된다. 곧 한족漢族과 북방유목민족인 호족胡族의 갈등과 공존을 모색하던 호胡·한漢 체제는 중국의 다민족 정체성의 역사적 연원이 되었다. 남북조 시대에 중원을 장악한 북방의 유목민들은 서역에서 전래된 불교를 정착시켜 중국의 불교문화를 꽃피웠다. 호월胡越이 한족과 일가를 이룬 수隋·당唐 시대는 중국문화의 다양성을 증폭시켜 화려한 문화를 꽃 피우게 했다. '찬란한 문화 제국'을 이룬 수당 시대의 힘은 서로 다른 풍습과 문화를 가진 민족들이 더불어 살아가는 개방적인 다민족 정체성에서 기인한 것이다.

정치가 조조曹操, 문학가 조조曹操

조조(曹操: 155~220)는 난세의 영웅인가, 아니면 '간웅奸雄'인가? 장편역사소설 『삼국지』에 익숙한 사람들은 주저 없이 권모술수에 능한 '간웅'이라 답할 것이다. 그러나 진晉나라 역사가 진수陳壽의 눈에 조조는 후한의 적통을 계승한 역사적인 인물이다. 진수

조조曹操는 자字가 맹덕孟德이고 아명은 아만阿瞞이며, 지금의 안휘성 박주亳州에서 출생했다.

는 기전체의 역사서인 정사『삼국지』에서 조조에 대해 이런 식으로 말한다. 곧 조조는 후한말에 봉기한 '황건黃巾의 난'[7] 진압에 공을 세워 세력 기반을 다진 뒤 하북河北 지역의 맹주였던 원소袁紹와 벌인 관도官渡 전투[8]의 승리로 중원 지역을 장악해 천하 제패의 전기를 마련한다. 이후 조조는 스스로 위왕魏王이 되었고, 그가 죽자 아들 조비曹丕가 후한의 마지막 황제인 헌제獻帝를 폐위시키고 위문제魏文帝로 등극해 낙양洛陽을 도읍으로 삼은 새 왕조인 '위魏'를 창건했다.

조조를 '정통'에 놓은 진수의 관점와 달리 후대의 나관중羅貫中은 소설『삼국지』에서 조조에 '간웅' 형상을 입힌다. 나관중은 '유비를 옹호하고 조조를 폄하'하는 관점에서 삼국 시대의 역사 이야기를 그렸다. 의리와 명분을 중시하는 나관중의 유가적인 입장에서 공자의 인의도덕을 앞세운 유비는 '정의'가 되고, 교활하며 때로는 잔혹하기까지 한 조조의 법가적인 권모술수는 '불의'가 된 것이다.(류짜이푸, 2012) 결국 영웅인가, 아니면 간웅인가 하는 조조의 형상은 시대의 주류 사상에 의해 달라질 수 있다는 것이다. 다시 말해 의리보다는 이익을 중시하고 권모술수에 능한 난세의 영웅으로서 조조의 인간형은 공자의 도를 중시하는 사상적 풍조 속에서는 부정적인 인간형의 표본이 될 수밖에 없다.

조조의 형상과 관련해서 더욱 흥미로운 점은 '간웅'의 이미지에 가려진 그의 문학가적인 면모이다. 「단가행短歌行」을 읊는 조조의

7) '황건黃巾의 난'은 도가道家 사상과 개인 구원을 기구祈求하는 신앙이 합쳐져 확립된 도교道教와 외척과 환관에 의한 정치적 불안과 극심한 가렴주구로 떠돌이 농민이 되거나 파산 또는 궁핍한 농민이 결합해 일어난 사건이다.

8) '관도 전투(官渡之戰)'는 조조曹操가 화북 최대 군벌인 원소袁紹와 관도(官渡 ;지금의 하남성 중모中牟 동북 지역에 있음.)에서 대치하다가 2만여 명의 군사로 10만대군의 원소 군대를 물리친 전투를 말한다. 적벽대전赤壁大戰과 함께 후한말에 벌어진 중요한 전투 가운데 하나로, '약한 병력으로 강한 군대를 이긴(以弱勝强)' 전투의 사례로도 유명하다.『삼국지』의 작가 나관중羅貫中은 이 관도 전투를 중심으로 한 조조군과 원소군의 전투 상황에 대해서 제30회~33회에 걸쳐 생생하게 묘사하고 있다. 원소군을 격파한 조조는 본거지를 업鄴으로 새로 정하고 자신은 승상丞相의 자리에 오르고 216년에 위왕魏王이 되었다. (나관중, 2003: 121~222)

문학가의 모습은 「적벽赤壁」이라는 영화에서도 엿볼 수 있다. 실제로 조조는 중국문학사에서 '건안풍골建安風骨'이라는 혁신적인 문학 풍조를 연 문인이기도 했다. 건안풍골이란 중국 후한의 마지막 황제인 헌제獻帝 시기인 '건안' 연간에 활동했던 일군의 시인들의 시풍을 말한다. 후한말 건안 시기의 어지러운 사회적 상황은 작가들로 하여금 사회현실에 대한 참여적인 태도와 책임감을 갖게 했고, 생명의 소중함과 서정적인 격정을 시로 읊게 했던 것이니 조조가 그 중심인물이었다.[9] 시인으로서 조조의 풍모는 「단가행」에서 잘 드러난다. 특히 이 시 가운데 "무엇으로 이 고민 해결할까? 오직 두강주杜康酒만 있을 뿐이라네(何以解憂, 唯有杜康)"이라는 구절은 중국 술문화에서 회자되는 시구가 되었고, "밝은 달 떠오르니 별들은 희미해지고/흰 무리 까막까치 둥지 찾아 남쪽으로 날아가네(月明星稀, 烏鵲南飛)"는 인생의 오묘함과 쓸쓸함을 표현한 명구이며, "높은 산은 어떤 흙도 바위도 마다하지 않아 우뚝 솟게 되었고/큰 바다는 작은 시냇물도 끌어 모아 웅대해졌도다山不厭高, 海不厭深"는 호방함과 포용력의 극치를 보여준다. 빙심氷心 등은 조조의 시를 "퇴폐적인 상황으로부터 인생철학에 대한 깊은 사색을 그려내고 있다."라고 읽었고, 노신魯迅은 조조의 시풍을 높이 평가하면서 그를 "문장을 개조한 조사(改造文章的祖師)"라 평가했다.

중국의 '심청', 뮤란(Mùlań) – 화목란花木蘭 이야기

한때 디즈니 만화 영화 「뮬란」(1998)이 나와 화제가 되더니 조미 주연의 영화 「뮬란: 전사의 귀환」(2009)도 상영되어 인기를 끈 적이 있다. 이 영화 주인공인 뮬란은 실존했던 인물이다. 중국 위진 남북조 시대에 살다 간 '화목란花木蘭'이 그 장본인이다.

'화목란'은 위진남북조의 '북위北魏' 사람으로서 아버지를 대신해 남장하고 전쟁터에 나선 여장부로 알려져 있다. 화목란이 살던 북

월트 디즈니 애니메이션 「뮬란」의 주인공인 화목란 상

9) 조조 외에도 그의 두 아들인 위문제魏文帝 조비曹丕와 조식曹植, '건안칠자建安七子'라 불리던 지식인들이 주로 활동했다.

위는 중원지역을 통치하고 있었지만 북방 유목민족인 유연족柔然族과 빈번하게 군사적으로 충돌했고, 이에 북위 정부에서는 집집마다 남자 한 명씩을 차출하여 전쟁터에 내보내는 정책을 시행했다. 이 법령에 따라 화목란 집안에서도 누군가 군대 가야 했다. 그런데 화목란의 부친은 너무 연로하고 남동생도 너무 어려 전쟁터에 나갈 처지가 못 되었기에 화목란이 아버지를 대신해 종군하기로 결심했다. 남장 군인이 된 화목란은 12년 동안 수많은 전투에서 공을 세웠고 임무를 완성하고 개선했다. 화목란의 공로가 어찌나 컸던지 조정에서는 그녀에게 큰 관직을 하사하려고 했으나 화목란은 이를 거절하고 황제에게 고향집으로 돌아가길 청해 평생토록 부모님께 효도하면서 살았다고 한다.

화목란의 용감무쌍하고 효성스러운 이야기는 대대로 중국인들에게 칭송받아 왔다. 당唐나라 황제들은 그녀를 '효열장군孝烈將軍'으로 추서할 정도로 숭상했다. 그녀의 이야기를 그린 「목란시木蘭詩」[10]는 중국 중등학교 교과서에 수록되어 지금까지 회자되고 있다.

직언과 비판에 귀 기울였던 당태종唐太宗 이세민李世民

'정관貞觀'은 당나라 건국을 주도했던 태종 이세민(李世民)의 연호이다.

중국 역사에 '대당大唐' 혹은 '대당성세大唐盛世'라는 표현이 있다. 정치는 열려 있고, 사상은 자유롭고, 인재는 넘쳐나고, 영토는 광대하고, 국방은 튼튼하고, 민족 간 융합도 잘 되어 당시 세계에서 최고로 번영했다는 의미다.[11] 이 같은 '대당성세'의 기틀을 다진 사람은 당나라 2대 황제인 태종 이세민李世民이며, 그가 통치한 시기를 '정관지치貞觀之治'라 부른다.

본래 이세민은 당나라 초대 황제인 이연李淵의 차남이었다. 그는 부친 이연을 도와 수隋말의 분열세력이었던 설인고薛仁杲, 유무주劉

10) 「목란시」는 남북조 시기 북조를 대표하는 민가로서 송나라 곽무천郭茂倩이 편한 『악부시집樂府詩集』에 나온다. 중국문학사에서 남조의 「공작동남비孔雀東南飛」와 '악부쌍벽'으로 평가받는다.

11) 지금도 외국에 있는 중국인을 '당나라 사람(唐人)'이라 부른다. 차이나 타운은 중국어로 '唐人街'이다.

武周, 두건덕竇建德, 왕세충王世充 등의 호족을 격파하고 중국을 통일하는데 결정적인 기여를 함으로써 실권자로 등장하게 된다. 이 때문에 이세민은 자신의 형이자 태자로 책봉되었던 이건성李建成의 견제를 받게 되자 '현무문의 변(玄武門之變)'[12]을 일으켜 제2대 황제에 즉위하게 된다.

당태종 이세민은 즉위한 후 많은 신하들의 의견을 경청하며 문치文治로써 당나라의 기틀을 잡고 영토를 확장한 뛰어난 업적으로 중국 역사상 명군名君으 로 추앙받는 인물이다. 당태종은 남북조 시대 남과 북에서 각각 진행된 경서 해석에 대한 차이를 통일하고자 『오경정의五經正義』 편찬 사업을 시행했고, 남북조 시대 문벌 중심에서 황실 중심으로 사회적 계층 질서를 재편했으며, '화이대동華夷大同'에 입각해 서북방 이민족에 대한 통합 정책을 실시하는 등 대당 성세의 기초를 다졌다. 특히 그는 능력 위주의 인재 등용과 쓴 소리를 잘 수용해 수많은 인재들을 거느린 것으로 정평이 높다. 이를테면 위징(魏徵: 580~643)과의 관계에서 용인用人과 납간納諫 등에 뛰어난 당태종의 면모가 여지없이 드러난다. '정관지치'를 주도하던 위징은 실은 당태종이 숙청한 형 이건성 계파에 속했던 당태종의 정적이었다. 그러나 당태종은 정적인 위징을 중용했고 위징도 당태종을 보좌하면서도 300여 차례나 직언과 간언諫言을 올렸다. 이들의 이 같은 '현군직신賢君直臣'의 관계는 『정관정요貞觀政要』에 잘 나타나 있다. 당태종의 최측근인 장손무기長孫無忌가 '원수' 위징을 발탁한 것에 대해 의아해하자 태종이 "과거에는 분명 위징은 나의 적이었소. 그러나 그는 전심전력을 다해 자기가 섬기는 사람을 섬겼을 뿐이니, 이 또한 칭찬할 만하오. 나는 지금 그를 발탁해 중용했소.…… 그러나 위징은 나를 거스르면서도 진실되게 간언했고,

『정관정요』는 정치성 짙은 기언체記言體 형식의 역사책이다. 당태종 이세민과 그의 신하인 위증魏征, 왕규王珪, 방현령房玄齡, 두여회杜如晦 등이 정치 문제와 관련해서 주고받은 대화 및 대신들의 간언과 상소문 등이 기재되어 있다. 전 책은 10권 40편으로 구성되어 있으며, 당나라 역사가 오긍吳兢이 지었다.

12) 이세민의 권력을 불안하게 여긴 형 태자 이건성과 막내동생 제왕齊王 이원길李元吉은 이세민을 죽일 모책을 세웠으나 이것을 알아챈 이세민은 이연에게 형제들이 자기를 죽이려 모함한다 아뢰어 그들을 장안長安의 궁성으로 불러들이게 한다. 그들이 장안 궁성의 현무문으로 들어온 순간, 매복한 이세민의 군사들이 이건성과 이원길을 살해한 사건을 '현무문의 변'이라 한다.

항상 내가 그릇된 일을 하는 것을 허락하지 않았소. 나는 이 때문에 그를 특별히 중히 여기는 것이오."라고 대답했다.(오긍, 2010: 82-83)

후세 제왕학帝王學의 전범으로 꼽히는 『정관정요』는 당태종 치세 23년간 신하들과 나눈 문답을 기록한 것인데, 그 가운데 위징과 주고받은 문답이 큰 비중을 차지하고 있다. 실제로 당태종은 위징을 자신의 '거울'로 삼았을 뿐만 아니라 사돈 관계를 맺기도 했다. 위징 사후에 당태종이 고구려 정벌에 실패한 후 "위징이 있었다면 내가 이런 일을 겪지 않았을 텐데"라고 장탄식했던 일은 유명한 일화에 속한다.

3. 근세 전기(송~원 시대)

<table>
<tr><th colspan="4">왕조</th><th>개요</th></tr>
<tr><td colspan="3">오대십국 五代十國</td><td rowspan="2">요遼</td><td rowspan="2">• '오대십국'은 화북 지방을 순차적으로 점거했던 5개의 중앙 왕조와 같은 시기 남중국 일대에 건립되었던 열 개의 지방 정권을 가리킴. 극심한 분열기, 무인의 시대
• '요'는 내륙 아시아 초원지대의 유목민족인 거란족 인물 야율아보기耶律阿保機가 중심이 되어 건립한 왕조. 중국 역사상 정복 왕조 시초
• '서하'는 서북 지방에 거주하는 탕쿠트족이 세운 왕조. 탕쿠트족 이원호는 송조 지배를 거부하고 독립국가 서하를 건국해 송조에 저항
• 조광윤趙匡胤 송조 건립(수도: 동경- 지금의 개봉開封)
- 황제 체제 및 문신 관료제 확립
- 과거 제도의 위상 강화: '사대부' 배출. 사회의 지배계층이 문벌 귀족에서 사대부로 대체됨.(소식蘇軾, 범중엄范仲淹, 왕안석王安石 등)
- 상품 경제 발달과 도시 시민 대중문화 형성과 발달</td></tr>
<tr><td rowspan="2">송宋</td><td>북송
北宋</td><td rowspan="2">서하
西夏</td></tr>
<tr><td>남송
南宋</td><td>금金</td><td>• '금'은 만주에서 발흥한 여진족이 건립한 나라. 거란족의 요나라와 북송을 멸망시키고 화북 전역을 장악함. '중국화' 정책 시행하고, 수도를 만주에서 오늘날 북경인 중도로 옮김
• 남송은 북송 수도인 개봉이 함락되고 흠종의 아우 고종이 항주杭州에서 부흥시킨 나라. 신유학인 주자학의 확립 시기</td></tr>
<tr><td colspan="4">원元</td><td>• 몽고제국의 수립 - 테무진 칭기스 칸
• 쿠빌라이 칸의 중국 통치 - 국호 원元, 수도 대도(大都; 현재의 북경) 건설
• 몽고족의 원조元朝 치하에서 한인들은 사회적, 정치적 차별 대우를 받음.
• 동서양을 왕래한 여행자들 급증 - 마르코 폴로, 대도에 체류</td></tr>
</table>

무인의 시대인 오대십국의 시대로부터 송宋, 원元으로 이어지던 시대는 근세 전기로 구분한다. 당에서 송으로 이행하면서 중국 사회는 급격히 변화했고, 송은 끊임없이 거란족, 여진족 그리고 몽고족 등의 위협에 시달렸다. 강력한 군사력을 바탕으로 유례가 없었던 대제국을 건설한 몽고제국은 13세기 후반 중국에 원나라를 건국하면서 역사를 주도했다. 남송 시기에는 동아시아 사상계에 심원한 영향을 끼친 신유학인 '주자학'이 확립되었다.

생동감 넘치는 북송 수도 '개봉開封'의 풍속화, 「청명상하도 淸明上河圖」

중국 사회는 당唐에서 송宋으로 이행하면서 급격하게 변화한다. 정치적으로는 황제 독재 체제가 수립되었으며 문벌 귀족을 대신하여 사대부가 사회의 지배층으로 부상했고, 경제면에 있어서는 농업 생산력이 비약적으로 증대되었고 상품 경제도 크게 발달했다. 또한 중국 역사상 최초로 서민적인 색채를 띠는 여러 문화 요소들이 출현했다. 역사가들은 이 같은 역사적인 변동을 '당송변혁기'라는 개념으로 설명하고 있는데,(박한제 외, 2007: 87) 「청명상하도」는 당송변혁기 중심 도시였던 동경(東京: 지금의 하남성 개봉)의 번영을 사실적으로 보여주는 회화 작품이다.

「청명상하도」는 북송北宋 말 한림학사翰林學士 장택단張擇端의 작품이다. 이 작품은 청명절淸明節 전후 북송의 수도였던 동경의 번화한 모습을 그린 풍속화이다. 5m가 넘는 긴 화폭에 550여명이 넘는 각

종 인물상과 소·말·당나귀·노새 등 가축 5~60필, 수레와 가마 20여 채, 크고 작은 배 20여 척이 그려져 있고, 건물·교량·성루 등 송대 건축 양식을 사실적으로 표현하고 있다. 뛰어난 역사적·예술적 가치로 인해「청명상하도」는 중국 역대 10대 명화名畵 중 하나로 꼽힌다.[13] 현재 북경 고궁박물원故宮博物院에 소장되어 있다.

몽고제국을 원元으로 바꾼 원세조元世祖 쿠빌라이

중국 역사에서 원元을 창건한 인물은 몽고족 쿠빌라이(Хубилай хаан, 1215~1294)이다. 쿠빌라이의 할아버지는 몽고제국을 수립한 칭기스 칸이었고, 그의 아버지는 칭기스 칸의 넷째 아들인 톨루이, 몽고제국의 제3대 칸인 뭉케 칸은 그의 형이었다. 뭉케 사후에 '칸'으로 즉위한 쿠빌라이는 수도를 개평(開平: 몽골 정란치 스베이쑤무)에서 당시 '중도中都'라 불리던 북경지역으로 옮기고 중국 지역 통치에만 전념했다. 그가 1271년 국호를 원으로 정한 뒤, 세계사와 중국사에 '원'이 처음 등장한다.

원세조 쿠빌라이 초상화 쿠빌라이의 중국명은 '베얼즈진 후비리에孛儿只斤·忽必烈'이다.

원세조 쿠빌라이는 1267년부터 1285년까지 18여년에 걸쳐 수도 '대도大都[14]'를 총길이 28km, 인구가 대략 50만 이상 사는 '대도성'으로 건설했다. 그뿐만 아니라 오랜 기간 동안 남북으로 분열된 중국을 통일하고 중

13) 중국 10대 명화名畵는 동진東晉 고개지顧愷之의『낙신부도洛神賦圖』, 당唐 염립본閻立本의『보련도步輦圖』, 당唐 장훤張萱과 주방周昉의『당궁사여도唐宮仕女圖』, 당唐 한황韓滉의『오우도五牛圖』, 오대五代 고굉중顧閎中의『한희재야연도韓熙載夜宴圖』, 북송北宋 왕희맹王希孟의『천리강산도千里江山圖』, 북송北宋 장택단張擇端의『청명상하도清明上河圖』, 원元 황공망黃公望의『부춘산거도富春山居圖』, 명明 구영仇英의『한궁춘효도漢宮春曉圖』, 청清 낭세녕郎世寧의『백준도百駿圖』등이다.

14) 突厥語로 汗八里Qan-baliq라 부르며, 그 의미는 한성汗城이다.

서성(中書省: 중앙 최고 행정기관)과 행중서성(行中書省: 지방 최고 행정기관) 같은 행정기관을 설치해 광대한 제국을 통치하는 기반을 다졌다. 당시 토번吐蕃이라 불리던 티베트 지역은 중앙의 선정원宣政院이 관할하도록 했고, 팽호순검사彭湖巡檢司를 설치해 대만臺灣과 팽호도彭湖島를 관할하도록 하였다. 중국의 역사가들은 그의 이러한 조치가 광대한 다민족 국가인 중국의 통일기반을 닦는데 결정적인 역할을 담당하였다고 평가하였다.

원세조 쿠빌라이의 역사적 공적은 비단 중국 역사에 국한되지 않는다. 유라시아 초원의 여행자들은 쿠빌라이 시대에 자유롭게 동서를 왕래했다. 이 가운데 가장 유명한 사람은 마르코 폴로일 것이다. 1271년 동방을 향해 아버지, 숙부와 함께 베네치아를 떠난 마르코 폴로는 3년 반의 오랜 여정 끝에 '대도'에 도착해 쿠빌라이를 만났다. 마르크 폴로는 쿠빌라이의 신임을 받아 지방관으로 임명된 뒤 무려 17년 동안 중국 각지를 돌아다녔다. 그의『동방견문록東方見聞錄』은 유라시아 동서 대륙에 걸쳐 있던 원나라 영토와 쿠빌라이의 배려가 저작 배경에 녹아 있는 것이라 볼 수 있다.

4. 근세 후기(명~청 시대)

왕조	개요
명 明	• 주원장朱元璋, 1368년 남경南京에 도읍지를 정하고 명明 건국, 한족 왕조 건설 • 3대 황제 영락제永樂帝, 명대의 기틀을 나짐 : 수도 천도(남경南京 →북경北京), 자금성紫禁城 건설, 환관 정화鄭和를 파견해 남해원정을 단행함(1405년부터 1433년까지 7차례 대항해에 나서는 시대; 중국인의 동남아시아 진출의 기반), 조운체계 완성, 만리장성 개축 등 • 휘주 상인과 산서 상인 출현 : 농산품, 수공업 제품을 활발한 생산에 힘입어 이를 교역하는 '집단'들이 출현하여 유통의 시대를 열고 도시 발달을 촉진시킴 • 양명학陽明學의 탄생 • 마테오 리치의 선교 활동과 동서문명 교류: 이탈리아 선교사 마테오리치는 중국어를 공부하면서 신교 활동을 펼침. 서방의 과학기술을 중국에 소개하고 중국의 상황을 유럽에 전파하여 동서문명 교류에 기여함.「곤여만국전도坤與萬國全圖」는 마테오리치가 중국에서 제작한 세계지도로서 중국인들에게 새로운 지리 지식을 전달해 줌 • 농민 반란과 틈왕闖王 이자성李自成의 등장, 숭정제崇禎帝 자금성 경산景山에서 자결
청清	• 만주족의 누르하치(愛新覺羅 努爾哈赤: 천명제天命帝)는 1616년 만주 일대를 통일하고 후금後金을 세움. 누르하치의 아들 홍타이지(愛新覺羅 皇太極: 숭덕제崇德帝)는 국호를 대청大清으로 개칭함. 홍타이지가 죽고 아홉째 아들 푸린(愛新覺羅 福臨: 순치제順治帝)이 어린 나이로 제위에 오르자 숙부 도르곤(愛新覺羅 多爾袞: 예친왕睿親王)이 섭정하여 중국을 정복함. • 청나라 전성 시대: 강희제康熙帝(61년)~옹정제雍正帝(13년)~건륭제乾隆帝(60년) 통치 시기. 강희제는 친청親清 한인 지식인의 지지를 바탕으로 대만의 정성공鄭成功 세력 소탕,『강희자전康熙字典』 편찬함. 옹정제雍正帝는 태자밀건법太子密建法 제정으로 양위 제도 확립함. 건륭제는 정치적으로 통일된 영토와 문화적으로 유교 이념에 입각한 덕치를 내용으로 하는 '대일통大一統' 추구 • '광동 무역 체제' 수립 : 건륭제는 1757년 대외무역항을 광주廣州로 제한함 • 아편전쟁阿片戰爭과 남경조약南京條約 • 태평천국운동(1851~1864) • 청일전쟁(1894~1895)의 패배로 '대만', 일본제국주의에 할양 • 신해혁명(1911)으로 청나라 멸망. 중화민국 수립(1912.1) • 청나라 마지막 황제 부의(溥儀) 퇴위 선포(1912.2.12)

명明·청淸 시대는 진시황 이후 면면히 이어온 황제皇帝 중심의 중화 제국을 정점으로까지 발전시킨 시기이며, 마테오리치의 선교 활동·아편전쟁 등 서양 세력이 타자로 본격적으로 대두되던 시기이다. 정치적으로 명 태조 주원장이 구축한 황제 전제 권력이 청조의 옹정제와 건륭제의 치세를 거치면서 절정에 달하지만 내부적으로는 신사紳士층을 중심으로 한 지방 분권의 요구에 직면하기도 했다. 또한 아편전쟁을 비롯한 외세에 잇따라 패배하게 되면서 중국 중심의 중화제국 질서가 붕괴되었고, 심지어는 청조 후기에 이르러서는 영국·일본과 불평등하고도 종속적인 위치를 강요받게 되었다. 명청시대에는 농업과 수공업이 비약적으로 발전하였고, 여기서 생산되는 제품들을 교역하는 휘주상인(徽商)과 산서상인(晉商)과 같은 대규모 상단이 출현하였다. 이들은 명청 시대의 도시 발전 촉진에 많은 기여를 했다. 이 같은 상공업과 도시 발달에 따라 '사대기서四大奇書'를 위시한 소설과 연극 등 대중문화가 흥성했다. 학술적으로 명나라 시기에는 신분질서를 철저하게 강조하는 성리학적 사고에서 벗어나 사농공상의 동등함과 인간성에 대한 신뢰를 주장한 양명학陽明學이 만개했고, 청대에는 실제의 증거를 중시하는 고증학考證學이 발달하였다.

'자금성(紫禁城, 북경 고궁)'을 세운 황제 – 명나라 영락제永樂帝 주체朱棣

영락제 주체 초상화

중국의 수도인 북경은 역대로 다양한 이름을 가지고 있다. 10세기 이전에는 계성薊城, 유주幽州로 불렸고, 요나라 시대 때는 연경燕京, 금나라 때는 중도中都, 원나라 때는 대도大都, 명나라 초기에는 '북평北平'으로 불렸다. 서주시대부터 요遼·금金·원元 시대까지 지방정권의 수도나 비한족의 수도였던 이곳을 한족 최초로 '북쪽의 서울(북경)'으로 정한 인물이 바로 명나라 제3대 황제였던 영락제永樂帝 주체(朱棣: 1360~1424)였다. 북평北平 지역 연왕燕王으로 봉해졌던 주체는 1399년 '정난의

자금성

변(靖難之變)'[15]을 일으켜 이듬해 6월 남경을 점령하고 제위에 올랐다. 그는 20여 년간 자금성紫禁城 건설에 심혈을 기울였고, 자금성이 완공되자, '북평'을 '북경'이라 이름을 바꾸고 이곳으로 천도하였다.

자금성은 영락永樂 4년인 1406년 착공, 1420년(영락 18년) 준공되어 명明·청淸 시대 24명의 황제들이 살았던 세계 최대의 목조 황궁皇宮이다.[16] 자금성의 전체 면적은 72만m^2이고, 건축면적은 15만 m^2이며, 8,707칸의 방이 있다. 또한 10m 높이의 성벽이 자금성을 둘러싸고 있다. 성벽 남북 길이는 961m, 동서 길이는 753m이다. 성 밖에는 폭 52m에 길이가 3,800m에 달하는 해자(호성하護城河)

15) '정난의 변(靖難之變)'이란 연왕 주체(성조 영락제)가 '건문제建文帝 주변의 악을 제거한다'는 명분으로 거병한 사건. 주체는 이듬해 6월 남경을 점령하고 제위에 오른다.

16) 명청 시대 황제들의 황궁이 '고궁박물관故宮博物院'으로 바뀐 것은 1925년 10월 10일이었다. 마지막황제 부의가 황궁을 나간 이듬해 황제의 성 자금성은 일반인들이 출입할 수 있는 박물관으로 바뀐 것이다.

가 있다. 그런데 주체는 이 거대한 황궁에 '중심'이라는 이념을 구현하려고 했다. 이는 자금성의 명칭과 건축 설계에서 엿볼 수 있다.

중국 고대의 성좌星座, 성도星度, 위치 등을 7언 시가로 배열한 『보천가步天歌』에 따르면, '자미원紫微垣'은 '삼원三垣'[17] 가운데 중원中垣에 해당하며, 북쪽 하늘 중앙에 위치해 있다하여 중궁中宮이라 불리는데, 북극성을 중심으로 15개의 별이 좌우로 배열되어 있는 별자리이다. 다시 말하면 자미원은 하나의 별을 지칭하는 것이 아니라 북극성을 중심으로 큰곰, 작은곰, 천룡, 카시오페이아 등 15개의 별들로 이루어진 별자리를 말한다. 이 별들의 색깔이 '자미', 곧 자색을 띠었기에 '자미원'이라 불렀다고 한다. 당시 천문학자들은 북극성을 영원히 이동하지 않는 별로, 뭇별들의 중심, 우주의 중심으로 여겼다. 이에 북극성에 천제天帝가 사는 곳이라는 의미를 부여하게 되었다. '자금성'의 명칭에는 이 같은 천문天文의 이치가 그대로 적용되고 있다. 자금성에서 '자'는 하늘에 떠 있는 '자미원'에서 따온 말이다.[18] 하늘에 천제가 머무는 '자미원'이 있듯이 땅에는 황제가 거처하는 '자금성'이 한다는 것이다. 이는 하늘의 천제와 땅의 황제가 따로 떨어진 존재가 아니라 하나로 이어져 있다는 '군권천수君權天授' 이념이 반영된 것이다. 지상의 황제皇帝는 '천자(天子 : 하늘의 아들)'이므로 하늘의 뭇별들이 북극성을 중심으로 돌듯이 지상의 모든 존재는 '자금성'에 거처하는 황제를 중심으로 돌아야 한다는 의미를 '자금성'이라는 명칭에 부여한 것이다.

자금성의 주요 건물 배치에도 '중中'자가 새겨져 있다. 자금성의 주요 건물은 전조후침前朝後寢[19]의 6개 대전으로 이루어져 있다. '전조'는 태화전太和殿, 중화전中和殿, 보화전保和殿의 '삼대전三大殿'으로 구성되어 있으며, 이곳에서 황제가 정사를 돌보고 국가의 주요 의식을 거행한다. '후침'은 건청궁乾清宮, 교태전交泰殿, 곤녕궁

17) 삼원三垣의 순서는 태미원太微垣, 자미원紫微垣, 천시원天市垣이다.

18) '금禁'은 황제皇帝 이외의 사람들은 황궁에 머무는 것을 '금한다'는 뜻이다.

19) 후침은 내정內廷으로도 불린다.

坤寧宮을 말하는데, 황제와 후비가 거주하는 사적인 생활공간이다. 이 건물들은 중축선中軸線을 이루며 한 줄로 배치되어 있다. 이를테면 천안문天安門[20] - 단문端門[21] - 자금성의 정문인 오문午門[22] - 태화문 - 자금성의 핵심인 '태화전太和殿'[23] - 중화전中和殿[24] - 보화전保和殿[25] - 건청문 - 건청궁 - 교태전 - 곤녕궁 - 신무문神武門으로 이어지는 길을 쭉 따라 선을 그으면 하나의 중축선이 됨을 알 수 있다.

자금성의 건축 설계는 "제왕은 반드시 천하의 중앙에 위치해야 하니, 그것이 예禮다."라는 유가사상에 입각한 것이지만 영락제 주체는 이민족에 의해 체면을 잃은 중화사상을 자금성 건설로 복원하려고 했는지도 모른다. "북경성의 중심은 자금성이고, 자금성의 중심은 태화전이며, 태화전의 중심은 바로 황제의 옥좌다. 용을 새기고 금칠을 한 그 옥좌에 앉으면 세상의 중심에 있는 것"과 같기 때문이다. (주융, 2008: 34)

'정원사'로 생을 마감한 중국의 마지막 황제 부의溥儀

18세기까지만 해도 중국은 세계사의 변화를 간과하고 '천하'의 중심이라는 중화사상에 안주해있었다. 이는 1793년 당시 세계의 강국으로 떠오르던 영국 외교사절단이 방문했을 때 삼배고두(三拜叩頭: 무릎을 꿇고 바닥에 이마에 닿도록 황제에게 머리를 조아리는 예禮)를 강요한 점에서도 찾아볼 수 있다. 그러나 '청나라의 중

선통제宣統帝 溥儀

20) 천안문은 본래 북경의 황성皇城으로 들어가는 입구였다.

21) 단문은 명청 양대 황제 의장 용품을 보관하던 곳이었다.

22) 오문은 전쟁에 나가는 군대의 출병과 개선 의식을 치렀던 장소로 쓰였다.

23) 태화전에서는 황제의 즉위식이나 황후의 책봉을 비롯해 대규모 출정식이나 외국 사신 접대, 과거 시험의 합격자 발표자 등 황제가 주관하는 중요한 국가 행사가 거행되었다.

24) 중화전은 황제가 태화전에 가서 정무를 처리하기 전에 쉬면서 내각, 대신들의 예를 받은 곳이다. 각종 제문도 이곳에서 작성되었다고 한다.

25) 보화전은 정월초하루와 보름에 전국 각지의 번왕藩王과 공신들을 초대해 큰 잔치를 벌이던 곳이다.

국'은 18세기 중반 아편전쟁阿片戰爭의 패배와 굴욕적인 남경조약南京條約의 체결[26], 태평천국운동太平天國運動[27], 청일전쟁淸日戰爭의 패배로 급속도로 쇠약해졌고, 결국 '신해혁명'이 일어나 2,000여년이 넘는 전통을 가진 '황제皇帝' 체제를 마감하게 되었다. '천하의 중심 국가'에서 '힘없는 변방 국가'로 전락해가는 중국의 비운은 청나라 마지막 황제인 부의(溥儀: 푸이, 1906~1967)의 삶에 고스란히 들어 있다.

부의는 1906년 청나라 광서제光緖帝의 동생 순친왕醇親王 재풍載灃의 아들로 태어났다. 그는 1908년 불과 3세의 나이로 선통제宣統帝가 되어 청나라의 12대 황제의 자리에 오르게 된다. 그러나 그가 제위에 오른 지 4년째 되던 해 중국 봉건 황제 체제의 종언을 선언한 신해혁명이 일어나 1912년에 황제의 자리에서 퇴위하였다.

자금성 양심전에 기거하던 부의는 1924년 자금성에서 나와 천진天津에 있는 일본 조계지租界地에 머무르다가 1931년 9·18사변을 일으켜 만주를 점령한 '일본제국주의'(줄여서 '일제日帝')가 세운 '만주국'의 황제가 되었다. 이로 인해 부의는 일제가 제2차 세계대전에서 패망하기 전까지 만주국의 수도로 삼은 신경(新京: 지금의 길림성 장춘시)의 황궁으로 거처를 옮겼다. 부의는 일본이 패망하자 일본으로 가는 도중에 소련군에게 체포되어 '전범'으로 하바로프스크에 억류되었다가 1950년 중국에 송환된다. 그는 한동안 중국 수형소에서 수감되었다가 1959년 특사로 풀려나와 식물원 정원사로 일하다가 1967년에 파란만장한 일생을 마감하였다. 그가 남긴 저서로 수감 중에서 쓴『내 인생의 전반부(我的前半生)』라는

26) 아편전쟁阿片戰爭은 1840년 '아편'을 둘러싸고 청나라와 영국 간에 벌어진 전쟁을 말한다. 청나라는 전쟁에서 패하고 영국과 굴욕적인 남경조약을 맺었다. 이 조약으로 청나라는 몰수한 아편에 대한 거액의 배상금을 지급했고, 홍콩을 영국에 할양하고 광주 등 5개 항구를 개항해야만 했다.

27) 태평천국운동이란 서구에서 유입된 기독교 신앙을 바탕으로 중국의 전통적 사회 체제를 무너뜨리고 지상의 기독교 왕국을 건설하려고 했던 운동이다. 1851년 선교 활동을 통해 지도자가 된 홍수전洪秀全이 자신을 천왕으로 자처하고 '태평천국'을 건국하면서 그 기세를 올렸으나 한족 신사紳士층의 연대와 진압으로 몰락했다.

자서전이 있다. 베르나르도 베르톨루치 감독의 영화「마지막 황제」(1987년 작)는 부의의 이 자서전을 바탕으로 제작되었다. 이 영화는 실제 자금성에서 촬영해 더욱 화제가 되기도 했다.

만주국 황제 시절 부의

참고 자료

· 박한제·김형종·김병준·이근명·이준갑 지음,『아틀라스 중국사』, 사계절, 2007
· 유중하,『사마천의 사기 이야기』, 웅진주니어, 2008
· 주융 지음, 김양수 옮김,『베이징을 걷다 : 중국 800년 수도의 신비를 찾아』, 미래인, 2008
· 조관희 지음,『세계의 수도, 베이징』, 창비, 2008
· 오긍 지음, 김원중 옮김,『정관정요』, 글항아리, 2010
· 류짜이푸 지음, 임태홍·한순자 옮김,『쌍전』, 글항아리, 2012
· 나관중 지음, 황석영 옮김,『三國志』, 창비. 2003
· 조관희,『조관희 교수의 중국사 강의-고대 신화전설의 시대에서 신해혁명까지』, 궁리, 2011
· 잭 웨더포드 지음·정영목 옮김,『칭기스 칸, 잠든 유럽을 깨우다』, 사계절출판사, 2005

6

현대 중국의 정치 역정

1 중국공산당 성립과 건국(1920~1940년대)

2 모택동 시대(1949~1976)

3 등소평 노선(1980~1990년대)

4 21세기 중국 지도자들

세계의 문명은 흥망성쇠를 거듭하며 흐름이 바뀌어왔다. 19세기에는 유럽이, 20세기에는 미국이 주도했으나, 21세기 현재, 그 중심축이 중국으로 이동하고 있다. '종이호랑이(紙虎)'라고 비웃음을 받았던 중국이 초고속 경제성장을 기초로 세계 정치무대에서 자신들의 위상을 한껏 뽐내고 있는 지금, 그 누구도 중국이 세계 G2의 강대국임을 부정할 수 없는 상황이 도래한 것이다.

G2 중국의 경제발전과 국제적 위상제고를 이끈 주도세력은 중국공산당이었다. 중국공산당의 영도적인 지위는 헌법으로도 명문화되어 있다. 실제 중국공산당은 중국인민공화국 건국 이후, 중국의 정치, 경제, 사회, 문화 모든 분야에서 주도적 역할을 담당해왔으며, 중국의 미래 역시 중국공산당이 주축이 되어 이끌어 갈 것이라는 사실은 그 누구도 부인할 수 없을 것이다.

중국과 매우 인접한 우리나라는 미래의 세계무대에서 중국과의 경쟁과 협력을 통한 상호 발전을 도모해야만 한다. 우리가 올바른 상생의 방향을 결정할 수 있는 안목을 가지려면 중국 사회 전체를 주도적으로 이끌어 온, 그리고 앞으로도 이끌고 갈 중국공산당의 추이를 정확히 인식할 필요가 있다.

'역사는 미래의 거울'이다. 따라서 현대 중국 정치의 흐름을 주도해 온 중국공산당의 발자취를 살펴보는 일은 '미래 중국'의 모습을 거울에 비춰보는 일이다. 이에 이 장에서는 1920년대부터 현재에 이르는 중국의 정치 역정을 중국공산당의 형성, 발전 과정을 중심으로 살펴보고자 한다. 이 과정에 대한 이해는 결국 중국의 정치, 경제, 사회, 문화를 정확하게 파악하는 기제로 작용할 뿐만 아니라, '미래 중국'의 변화 추이를 예단할 수 있는 가늠자가 될 것이다.

중국공산당 역사 연표

시기	개 요
중화인민 공화국 이전 1912~1949	• 1912.1 중화민국 건립. 손문孫文, 임시 대총통 취임. 원세개袁世凱 대총통 취임(1913), 원세개 황제제 부활 기도 실패(1916년) • 1919. 5 '5·4운동' 발발. 산동지역에 대한 중국의 권리를 주장하면서 5월 4일부터 6월 초까지 북경, 상해 등지에서 시위 전개 • 1920. 8 상해공산당上海共産黨 정식 성립. 진독수陳獨秀, 이한준李漢俊, 이달李達, 진망도 陳望道, 유수송俞秀松 등 참가 • 1920.10 이대교李大釗, 장신부張申府, 장국도張國燾 3인이 북경공산당 발기. 후에 등중하鄧中夏, 장태뢰張太雷 가입 • 1920 년 모택동毛澤東, 하숙형何叔衡 등이 장사長沙에서 비밀리에 공산당 조직 • 1921. 7 중국공산당 창당. 1921년7월23일—31일, 상해에서 중국공산당 제1차 전국대표대회 개최 당명黨名과 강령綱領 제정. 진독수 초대 서기書記로 선출 • 1922 프랑스 파리에서 '근공검학' 유학생, 소년공산당(旅歐中國少年共産黨) 조직 • 1924. 1 중국국민당 1회 전국대표대회 국공합작國共合作 결의(1차) 1925. 3 손문 사망 • 1927. 4 4·12정변 발생. 1차 국공합작 결렬 • 1927. 4 남경국민정부 수립. • 1927. 8 8월1일 중국공산당, 강서성 남창에서 봉기 • 1927.10 모택동, 정강산井崗山 혁명 근거지 건설. 장개석蔣介石,국민당 남경국민정부 주석 취임 • 1931. 9 9월 18일 만주사변 발발 • 1931.11 중화소비에트공화국(강서 소비에트) 임시 중앙정부 성립 • 1930-1934 중국국민당의 공산당 토벌 작전 • 1934.10 중국공산당 대장정大長征 시작. 1935.10 대장정, 섬서성 북부에 도착하여 끝남 • 1935. 1 준의遵義 회의 개최. 모택동毛澤東, 정치국 상임위원으로 선출되고 군사권 참여 • 1937. 7 7월7일 중일전쟁(일명 노구교사변) 시작 • 1937. 9 제2차 국공합작 성립 • 1938. 9 중공 제6기 중앙위원회 제6차 전체회의. 모택동을 대표로 하는 중앙정치국 노선 비준 • 1945. 8 일본, 종전 선언 • 1946. 6 국민당-공산당 내전 본격화 • 1949.10 10월 1일 중화인민공화국 성립

중화인민 공화국 1949~현재	• 1950. 6 토지개혁법 공표: 지주의 토지, 가축, 농기구의 몰수와 재분배 • 1953 1차 5개년 계획 실행 • 1953. 3 소련의 스탈린Stalin 사망. • 1954. 9 1차 전국인민대표대회(약칭 '전인대') 헌법 공포. 모택동, 국가 주석 취임 • 1956. 1 '백가쟁명, 백화제방' 제기 • 1956. 2 소련공산당 제20차 당대회에서 흐루쇼프의 탈린 비판 • 1956. 9 중공 제8차 대표대회. 스탈린 노선에 대한 비판 및 중국식 사회주의 노선 모색 • 1957. 5 반우파투쟁反右派鬪爭 시작 • 1958. 4 대약진운동大躍進運動 시작 • 1959. 4 유소기, 국가주석 취임 -모택동은 당 주석(서기) • 1966. 8 프롤레타리아 문화대혁명 전개 결의. • 1968.10 유소기 제명 결의 • 1975. 1 등소평鄧小平 당 부주석 됨. • 1976. 9 9월9일 모택동 사망. • 1976.10 사인방四人幇(강청,왕홍문,장춘교,요문원) 체포, 문화대혁명 종결 • 1978.12 중국공산당 11차 중앙위원회 3차회의(중공11기 3중전회), 4개 현대화 노선 결정 • 1980. 8 조자양趙紫陽, 국무원 총리 취임. 유소기 명예회복 • 1989. 4 호요방胡耀邦 사망, 천안문 사건 발생 • 1989. 6 6월 4일 '천안문 사건' 유혈 진압 • 1990. 4 강택민江澤民, 주석 취임 • 1992. 1 등소평, 남순강화 • 1992. 8 한국과 수교 • 1997. 7 홍콩 반환. • 2001 WTO(세계무역기구) 가입 • 2003 호금도胡錦濤 국가 주석 취임 • 2007. 7 중국공산당 제17차 전국대표대회 개최- 집단지도체제 강화 • 2008. 8 북경올림픽 개최 • 2010. 상해 만국박람회(엑스포) 개최 • 2012.11 습근평習近平, 중국공산당 총서기-중앙군사위원회 주석 취임, 2013년 3월 국가 주석 취임

1. 중국공산당 성립과 건국(1920~1940년대)

(1) 중국공산당 성립 배경과 과정

성립 배경

2012년 7월1일, 중국공산당 중앙조직부는 2011년 12월 기준으로 당원 수가 대략 9천260만2천명이라고 밝혔다. 1921년 7월 창당 때만 해도 57명에 불과했던 중국공산당이 이제는 거의 1억 명에 달하는 당원을 거느리고 13억 인구를 통치하는 거대 정당이 되었다. 그렇다면 중국공산당은 어떠한 역사적 배경과 역정을 거쳐 13억 중국을 통치할 수 있는 세력으로 성장할 수 있었던 것일까?

중국 사회주의 선구자 李大釗

19세기 아편전쟁阿片戰爭 이후 서양 제국주의 열강의 중국 침탈이 본격화되면서 중국은 봉건사회에서 반봉건 · 반식민지 사회로, 농업 사회에서 공업 사회로 서서히 변화되기 시작하였다. 중국사회의 변모는 도시를 중심으로 이른바 '프롤레타리아 계급(무산계급無產階級)'을 출현시켰는데, 1919년경에 산업노동자 수가 약 2백만 명에 이르게 된다. 이 같은 프롤레타리아의 출현은 중국공산당 건립의 사회적 기초가 되었다.

중국의 마르크스주의 이론가 瞿秋白

1917년, 러시아가 10월 혁명에 성공한 뒤 중국으로 유입된 마르크스·레닌주의는 중국공산당의 사상적 기초가 되었다. 사실 마르크스주의는 1917년 볼셰비키 혁명이 일어나기 전까지는 중국에서 큰 관심을 끌지 못했다. 하지만 중국인들은 마르크스주의에 기초한 볼셰비키 혁명이 중국과 유사한 국정國情을 가진 러시아의 전제 정치를 전복시키는 것을 '경천동지驚天動地'할 사건으로 받아들였고, 이후 중국 지식인 사회에서는 마르크스·레닌주의 및 러시아 연구 '붐'이 일기 시작했다.(조현국, 2009: 16~20) 특히, 이대교(李大釗: 리다자오, 1889~1927)[1]는 러시아

중국공산당을 이끈 周恩來

1) 李大釗에서 '釗'의 우리말 한자음으로는 '교, 소, 쇠'가 있다. 자전에 따르면, '釗'를 사람 이름으로 읽을 때에는 '교'로 읽으라고 하고 있다. 그러나 李大釗가 국내에 처음 소개될 때 '釗'를 '조'라 읽어서 '이대조'라는 이름으로 널리 알려져 있다. 본서에서는 '이대교'로 호명한다.

혁명의 중요성을 예민하게 간파하고 마르크스주의가 중국을 구원할 수 있는 방법이라 여기고, 북경대학 도서관에서 '마르크스주의 연구회'를 조직해 마르크스주의와 러시아혁명에 대해 토론하면서 중국의 마르크스주의자들을 양성했다. 초기 중국공산당의 주축이 되는 모택동, 구추백(瞿秋白: 취추바이, 1899~1935), 장국도張國燾 등은 '마르크스주의 연구회' 출신들이었다.

1919년 5월 4일, 산동山東 지역에 대한 중국의 권리를 주장하며 일어난 '5·4운동'[2]은 이론적인 차원에서 논의되던 마르크스주의를 노동운동과 결합시킴과 동시에 중국공산당의 주요한 운동가를 배출하는 계기가 되었다. '5·4운동'은 중국 노동자들의 혁명 역량을 보여준 운동이었다. 주요 도시의 상회商會에 모인 상인과 사업가, 상점주인들이 '5·4운동'을 지지했으며, 상해에서만 43개 기업의 6만여 노동자들이 동조 태업과 파업을 감행했다.

많은 청년들은 5·4운동에 참여하게 되면서 공산주의 혁명에 투신하게 되었다. 중국공산당 주요 지도자인 주은래(周恩來: 저우언라이, 1898~1976)가 천진天津 학생대표로 '5·4시위' 참여한 후로 공산주의 운동가의 길로 나선 것이 대표적인 사례로 꼽을 수 있다. '작은 거인' 등소평(鄧小平, 덩샤오핑: 1904~1997)도 프랑스 파리에서 조직된 '여구중국소년공산당旅歐中國少年共産黨'('소년공산당'으로 약칭함) 회원으로 활동을 시작했는데, 이 '소년공산당'은 '5·4운동'에 참여했던 중국의 청년학생들이 참가한 '근공검학勤工儉學'[3]의 산물이었다.

2) 파리 강화 회의에서 일본이 요구한 대중국 21개 조항이 승인한 데 반대해 북경 지역 대학생들이 중심이 되어 일으킨 시위에서 발단했다.

3) '근공검학' 계획은 프랑스에 유학한 적이 있는 채원배(蔡元培: 차이위안페이), 오치휘(吳稚暉: 우즈후이) 등 교육계 인사들이 '중국을 구할 진리를 서구에서 찾아야 한다'며 펼친 해외 유학 프로젝트다. 공부와 함께 노동도 병행하는 이 근공검학 운동은 주로 프랑스를 중심으로 진행되었다. 1922년, 근검공학 대표 18명은 프랑스 파리에서 '유럽중국소년공산당旅歐中國少年共産黨'을 조직했다. 주은래, 채화삼蔡和森, 이유한李維漢, 설세륜薛世綸 등이 중심 인물이었다.

창당 과정

중국공산당中國共産黨의 창당 논의는 '5·4운동' 퇴조기인 1920년부터 시작됐다. 창당의 물꼬는 세계 각국 공산당 및 공산주의 단체의 국제 연합조직을 구상하던 레닌(Влади́мир Ильи́ч Ле́нин, 1870~1924)에 의해 열렸다. 제3인터내셔널(코민테른)[4]을 창립한 레닌은 중국에 공산당 설립 가능성을 모색하려고 1920년 보이틴스키G. Voitinsky와 양명재楊明齋를 코민테른 특사로 중국에 파견했다. 보이틴스키 등은 북경에 도착해 이대교를 방문했고, 이대교의 조언으로 상해에 있는 진독수(陳獨秀, 천두슈:1879-1942)를 만나게 되면서 창당 논의가 무르익기 시작했다.

중국공산당 창당 주역 陳獨秀

1920년 8월, 진독수는 이한준李漢俊, 이달李達, 진망도陳望道, 유수송俞秀松 등과 함께 상해에서 공산당을 조직해 중국 각 지역의 공산당 창당의 촉매 역할을 하였다. 1920년 10월에는 이대교, 장신부張申府, 장국도 3인이 발기해 북경공산당을 조직했으며, 1920년 가을에는 동필무董必武, 진담추陳潭秋, 포혜승包惠僧 등이 무한武漢에서 비밀리에 회의를 개최해 무한공산당을 조직했다. 1920년 가을과 겨울 사이에 모택동과 채화삼 등은 장사長沙에서 신민학회新民學會를 골간으로 한 공산당 조직을 발족시켰다. 또한 이들은 중국에 마르크스·레닌주의를 전파하고 창당 이념을 통일하고자 1920년 9월자(8권1호)부터『신청년新青年』[5]를 당의 공식 간행물로 바꾸었다.

제1차 중국공산당 대표회의가 열린 곳인 상해 프랑스 조계 망지로望志路106호

중국공산당 대표들은 이곳에 모여 회의를 하다가 발각되자 절강의 남호南湖에 있는 배로 장소를 옮겨 창당대회를 마쳤다.

마침내 1921년 7월에 중국 각 지역에서 공산당을 대표하는 13인이 상해에 비밀리에 모여 중국공산당 제1차 대표대회(약칭 '일대一大')를 개최했다. 7월 23일부터 7월30일까지 회의에 참석한 대표들은 삼엄한 단속을 피해 장소를 옮겨 다니면서 당의 명칭과 강령綱領 등을 의논하고 통과시켰다. 이 회의에서 당 명칭이 '중국공산당'(中國共産黨: 약칭 '중공中共')으로 확정되었고, 진독수가 중국

4) 제3인터내셔널은 1919년 3월 레닌의 지도하에 창립된 세계 각국 공산당 및 공산주의 단체의 국제연합조직이다. 본부는 모스크바에 두었다. '코민테른'이라고도 부른다.

5) 5·4신문화운동의 지향점인 '민주와 과학' 사상을 고취한 잡지. 이 잡지의 발행인은 진독수였다.

공산당 초대 총서기로 선출되었다. 이로써 공산주의를 목표로 삼고 마르크스·레닌주의를 행동지침으로 삼은 초유의 노동자계급 정당이 중국에 탄생했다. 그러나 중국공산당은 성장과정에서 숱한 역경과 맞닥뜨려야 했다.

(2) 중국공산당 역정과 중화인민공화국 수립

1차 국공합작과 좌우 대립기(1920년대)

중화민국과 중국국민당의 창시자인 孫文 그는 중국공산당으로부터도 존경받는 인물이다.

중국공산당은 창당 후 곧바로 독자적인 정치 세력으로 활동한 것이 아니라 전국적인 영향력을 갖고 있는 국민당國民黨과 연계하여 세력을 형성해갔다. 이는 손문(孫文: 쑨원, 1866~1925)의 연소용공聯蘇容共[6] 정책에 힘입은 바 크다. 손문은 러시아혁명에 성공한 소련에 우호적이어서 코민테른의 특사인 보로딘(Михаи́л Маркóвич Бороди́н)을 특별고문으로 임명하고 중국공산당 당원들이 당적을 유지하면서도 국민당에도 입당해 활동할 수 있도록 했다. 이 같은 손문의 연소용공 정책의 정점은 1924년 1월에 열린 중국국민당 제1차 전국대표대회에서 공식적으로 공산당과의 합작을 선언한 것이었다. 그러나 이 제1차 국공합작은 1925년 3월 돌연히 손문이 사망하고, 장개석(蔣介石: 장제스)이 국민당의 대권을 장악하게 되면서 상황이 급변했다. 공산당 세력이 급속히 확대되는 것을 경계한 장개석은 1926년 말부터 대계도戴季陶 등 국민당 우파 인사들과 국민당 내 공산당 세력을 척결할 계획을 세운다. 1927년 3월 상해에 입성한 장개석은 외국 조계지의 서구 열강과 상해의 자본가(공장주, 은행가 등)들이 중국공산당이 주도하는 노동파업 운동을 막아달라는 요청을 수용하고 4월 12일 새벽에 중국공산당과 거기에 동조하는 노동자·학생들을 대대적으로 탄

6) 소련과 손잡고 중국공산당을 포용하는 정책

압하는 일이 벌어진다. 이를 중국 대륙에서는 '4·12정변'이라 부르고 있다.

'4·12 정변'으로 손문이 주도한 제1차 국공합작은 결렬되며, 이후 중국은 국민당과 공산주의 세력 간의 첨예한 대립이 야기되었다. '4·12 정변'은 중국공산당에게 크나큰 위기와 시련을 주었다. 수많은 당원들과 민중들이 피살되거나 체포되었고, 초대 총서기인 진독수는 책임을 지고 총서기 자리에서 퇴진했으며, 당은 비상 임시 체제로 바뀌어야만 했다. 뜻밖에도, 위기에 빠진 중국공산당의 활로를 연 것은 사회주의 계급투쟁을 민족해방운동과 결합한 모택동이었다.

학창시절 毛澤東 학창시절 毛澤東 사진. 모택동은 소년시절부터 사회에 관심이 많았다. 그는 1911년 신해혁명이 일어났을 때 혁명군에 잠시 복무한 뒤 중국의 정치 철학 관련 서적과 엄복(嚴復, 옌푸: 1853~1921) 등이 번역한 서양 철학서 등을 독학하고 장사에 있는 '호남제일사범학교湖南第一師範学校'에 입학하여 윤리학을 전공했다. 재학 시절 그는 당시 신문화 지성지인 「신청년新青年」에 「체육에 대한 연구」라는 첫 논문을 발표했다. 이 논문에서 그는 "체육은 감정을 조절할 뿐 아니라 의지력도 강하게 해준다"고 주장했다. 학창시절 그는 채화삼 등과 신민학회新民學會를 조직해 마르크스주의를 접하고 1920년 11월 호남에서 공산주의 조직을 창건했다. 1921년 7월 중국공산당 제1차 전국대표대회에 호남을 대표해 참석한 후로 정식 공산주의 운동가로 나섰다.

모택동과 홍군紅軍의 출현

호남성 장사長沙 상담湘潭의 농민 가정에서 태어난 모택동(毛澤東, 마오쩌둥: 1893~1976)은 제1차 국공합작이 결렬된 후에 열린 '8·7 중공 중앙 긴급회의'에서 두각을 보이기 시작했다. 그는 이 회의에서 "정권은 총구에서 나온다(政權是由槍杆子中取得的)"는 말로 무장武裝 혁명의 필요성을 주장했고, 호남성과 강서성 등지에서 일어난 '추수秋收봉기'[7]에도 직접 참여했다. 추수봉기에 실패하자 모택동은 약 1천여 명에 달하는 추수봉기군(秋收起義軍)을 규합하여 호남성과 강서성의 경계에 있는 정강산井崗山에 들어가 농촌 혁명근거지를 건설했다. 모택동의 정강산 혁명 근거지에는 '남창 무장봉기 사건(南昌起義)'을 일으킨 주덕(朱德: 주더, 1886~1976)의 군대도 합류했다. 1928년 5월 25일, 모택동과 주덕 등은 자신들이 조직한 군대 명칭을 '중국 노동자·농민 홍군(中國工農紅軍)이라 하였고, '홍군紅軍'으로 약칭했다.

7) 추수봉기(秋收起義)는 1927년 9월 7일 중국 호남성과 강서성 일대에서 모택동이 주도하는 공산주의자들이 일으킨 무장봉기를 말한다. 제1차 국공합작이 완전히 결렬된 후 중공 중앙위원회는 8월 7일 한구漢口에서 중앙 긴급회의를 열고 농민의 무장봉기, 토지개혁을 결의했는데, 이 추수봉기는 그 결의를 실천한 것이다. 그러나 국민당군의 진압으로 추수봉기군은 퇴각할 수밖에 없었다.

'홍군'의 출현은 중국공산당 역사에 중대한 변화를 가져 왔다. 홍군은 국공합작 결렬 후 중국공산당이 독자적인 세력으로 성장할 수 있는 발판이 되었으며, 중국 공산주의 혁명이 사상 혁명만 아니라 무장 혁명으로, 도시 중심의 혁명에서 농촌 중심의 혁명으로 전환할 수 있었던 토대가 되었다. 이른바 '4·12 참화' 속에서 피어난 홍군은 대장정大長征이라는 고난의 투쟁에서 더욱 성숙한 '혁명군'으로 거듭났다.

강서소비에트, 대장정, 항일혁명(1930년대)

정강산井崗山은 중국 강서성 서남부에 위치한다. 1927년 10월 모택동 등이 홍군을 이끌고 정강산에서 첫 번째 농촌혁명근거지를 창건했다. 이로 인해 정강산은 '혁명의 요람'이라는 칭호를 얻었다.

모택동을 위시한 일부 중국 공산주의자들은 1928년 말부터 국민당의 공격이 거세지자 혁명 근거지였던 정강산을 포기하고, 1931년 무렵에 강서성江西省에 있는 서금(瑞金: 루이진)을 새로운 혁명 거점으로 만들었다. 이것이 '강서 소비에트'라 불리는 '중화 소비에트 공화국(中華蘇維埃共和國)'이다. 이곳에서 모택동은 '농촌으로 도시를 포위한 후 최후로 도시를 쟁취하자'는 중국혁명 방법을 제안하면서 「불꽃 한 점이 온 들판을 태운다(星星之火, 可以燎原)」(1930)라는 유명한 문장을 발표했다. 실제로도 모택동은 농촌 중심의 혁명 전략을 실현하기 위해 강서 소비에트 지구에서 효과적인 토지재분배 정책을 실시하여 많은 농민들로부터 신뢰를 얻었다.

그러나 1934년부터 강화된 장개석의 경제봉쇄와 군사고립 전략으로 모택동과 홍군의 입지가 좁아졌다. 1934년 8월부터 강서소비에트 지구를 포기하자는 의견이 대두되기 시작하다가 10월경에 강서소비에트 탈출이 전격적으로 개시되었다. 이로써 중국공산당 역사에서 가장 영웅적인 서사시라 일컬어지는 '대장정大長征'이 시작되었다.

1934년 10월 16일부터 시작된 대장정은 1935년 10월 20일 홍군 생존자들이 섬서성 연안(延安: 옌안)에 도착함으로써 끝났다. 사료에 따르면, 대장정은 11개의 성省, 18개의 산맥, 17개의 강 등 수많은 험난한 지형과 소수민족 지구를 돌파하면서 2만 5천리(약 12,500km)를 행군한 것으로 알려져 있다. 또한 강서 소비에트 에서 출발했던 8만 여명의 홍군 가운데 8,000~9,000명 가량 만이 모택동과 함께 연안에 도착했을 정도로 대장정은 그야말로 사투를 벌이는 고난의 과정이었다. 그러나 대장정은 중국공산당의 존재를 크게 부각시키는 계기가 되었다. 대장정 도중 어려운 상황 속에서도 홍군이 보여준 엄격한 규율 준수는 중국 민중들에게 공산주의 혁명의 진정성을 각인시켰고, 중국 지식인들은 중국공산당 홍군이 고난을 극복하고 도착한 연안을 사회주의 '해방구解放區'라 불렀다.

대장정은 중국 공산당의 권력 지형을 바꾸어놓았다. 대장정 도중에 열린 '준의회의'[8]에서 코민테른의 교조적인 방침과 거리를 두고 있던 모택동이 중국공산당 수뇌부에 해당하는 정치국 상임위원으로 지명되었고, 군사권을 확실하게 장악하였다. 이후 모택동은 1938년10월에 연안에서 열린 중국공산당 6기 중앙위원회 6차 전체회의에서 중국공산당 최고 지도자 위치에 오른다. 이 회의에서 모택동은 '마르크스주의의 중국화'를 주제로 삼은 정치보고를 했는데, 이 '마르크스주의의 중국화'란 '공산당원은 국제적 마르크스주의자이지만, 마르크스주의는 반드시 중국의 구체적 특징과 서로 결합되고 일정한 민족 형식을 통해서만 실현될 수 있다'는 것을 강조하였다. 이로써 중국 공산주의 혁명은 '민족 형식'과 결합하게 되었고, '항일抗日'이라는 민족적 과제를 수행할 수 있는 근거를 마련했다. 모택동이 이끄는 중국공산당은 이러한 '마르크스주의 중국화'에 기초하여 일관되게 '항일통일전선' 원칙을 표방함으로써 국민당과 대적할 수 있는 정치 세력으로 성장할 수 있었다.

국공내전國共內戰과 중화인민공화국 수립(1940년대)

중국공산당이 취한 '항일통일전선' 정책은 중국 내의 대일항전 열기가 고조되면서 많은 지지를 얻었다. 1936년 12월 12일 동북

8) '준의 회의'는 대장정 홍군이 1935년 1월 7일에 귀주성 준의遵義에 입성한 후 1월 15일부터 1월 18일까지 개최한 회의를 말한다. 이 회의에는 18명의 주요 공산당 지도자들이 참석해 중국공산당의 방향에 대해 논의했다.

준의회의가 열린 곳

군 총사령관 장학량(張學良: 장쉐량, 1898~2001)이 장개석을 구금한 '서안사변'에서도 당시 중국의 항일 열기를 엿볼 수 있다. 서안사변을 계기로 장개석은 중국공산당과의 협력관계를 맺었는데, 1937년 7월 노구교盧溝橋 사건[9]으로 중일 간 전면전이 발발하자 국민당과 공산당은 제2차 국공 합작을 맺었고, 이런 합작 관계는 1945년 일본이 패망할 때까지 지속되었다.

제2차 세계대전에서 일본이 패망한 후 국민당과 공산당은 중경에서 회담을 갖고 '내전을 피하며, 평화적, 민주적으로 중국을 통일한다'는 것을 주 내용으로 한 '쌍십협정雙十協定'(1945. 10.10)을 체결했다. 그러나 1946년 국민당이 화중 지방에서 신사군新四軍을 공격함으로써 '국공내전國共內戰'이 시작된다. '국공내전'이란 말 그대로 중국 대륙의 패권을 놓고 벌어진 중국 국민당과 공산당 간의 내전을 말한다. 이 전쟁을 중국에서는 인민해방전쟁, 혹은 제3차 국내 혁명전쟁이라 하며, 시기적으로는 1946년 6월부터 1950년 5월까지로 규정하고 있다. 당초 미국의 지원을 받고 있던 국민당은 군사적 우위에 있었고, 1947년 3월에는 중국공산당 지도부가 있던 연안延安마저 함락시켰다. 하지만 1947년 6월 이후로 전세는 역전되었고, 1948년 9월부터 1949년 1월까지의 전투에서 장강長江 이북은 거의 공산당의 통치하에 들어오게 된다. 1949년 4월 모택동과 주덕은 전군에 진군명령을 내렸고 10월 1일에 모택동은 천안문광장에서 중화인민공화국 수립을 정식으로 선언했다. 전쟁에서 패한 국민당은 대만으로 옮겨가 미국의 지원 하에 국민정부를 수립하였다.

9) 노구교 사건은 1937년 7월 7일에 북경 서남쪽에 있는 노구교에서 일어난 발포 사건으로 중일전쟁의 발단이 되었다. 이 사건을 계기로 중국은 일본군과 종전 때까지 전쟁 상태를 유지한다.

2. 모택동 시대(1949~1976)

毛澤東

“장개석과 수십 년을 싸워서 그를 몇 개의 섬으로 내쫓고 항전 8년으로 일본인을 집으로 돌려 보낸”[10] 모택동은 1949년 10월 중화인민공화국 건국을 전세계에 선포하고 중국식 사회주의 건설에 몰두하기 시작한다.

1차 5개년 계획, 반우파투쟁, 대약진운동(1950년대)

모택동은 1950~1952년에 토지개혁土地改革을 실행한 후, 1953년부터 1957년까지 제1차 경제개발 계획을 수립하여 본격적으로 추진하였다. 그 주요 목표는 ‘자립적 민족 경제의 수립’, ‘국가 안전 보장 장치로서의 중공업 기반 확립’, ‘국민 경제의 사회주의적 개조 완수’였다. 모택동은 이를 실현하기 위해 공산당 일당 집권체제를 확립했고, 경제 분야에서 소생산 농업을 합작사 집체경제로, 자본주의 상공업을 사회주의 공사합영公私合營으로, 수공업을 합작화로 개조하는 등 사유제를 없애고 단일한 공유제 구조와 고도로 통일된 계획경제 체제를 건립하기 시작했다. 1956년 5월 모택동은 중국공산당 중앙정치국 확대회의에서 ‘백화제방, 백가쟁명(百花齊放，百家爭鳴: 문화의 장에서 백 가지 꽃이 피듯이 각종 유파와 풍격이 자유롭게 발전하고 학술의 각종 의견과 학파가 자유롭게 경쟁한다)’이라는 이른바 ‘쌍백雙百’ 방침을 밝혀 사상과 문화 영역에서 사회주의 개조를 추진하였다. 모택동의 쌍백 방침 취지는 사회주의 건설 과정에서 발생한 당의 관료주의나 경직성 등에 대한 인민대중의 불만을 파악하고 이를 해소함으로써 중국 사회주의 체제를 더욱 견실하게 구축하려고 했던 것이었다. 그러나 지식인들 중심으로 1957년 5월 1일부터 6월 7일까지 5주간에 걸쳐 쏟아져 나온 중국공산당에 대한 비

10) 모택동의 말년 회고(전리군, 2012, 하: 220)

대약진운동 기간 철 생산 장면

판은 뜻밖에 심각했고, 비판의 강도가 날로 갈수록 세졌다. 이는 결국 '반우파투쟁反右派鬪爭'이라는 역풍을 초래했다.[11]

모택동은 제2차 5개년 경제계획이 시작되는 1958년에 '대약진운동大躍進運動'을 전개했다. 모택동은 중국 인민들을 총동원하여 철강과 곡물생산량을 단기간 내에 급격히 늘려 서방 자본주의 국가 및 소련을 '따라잡고 초월'하려고 했다.

농업 부문에서는 합작사들을 합병하는 것이 장려되었는데, 이것은 인민공사人民公社로 귀결되었다. 인민공사는 곧바로 전국적으로 확산되었으며[12], 대규모 집단 노동에 의한 대규모 수리 시설 건설도 이때부터 이루어졌다. 식사도 가정이 아니라 '공동 식당'에서 해결하였다. 그러나 1958~1961년 사이 자연재해가 겹치면서 식량 생산은 급속히 감퇴하였다. 설상가상으로 공업 부문에서도 재래식 방법에 따라 용광로에서 생산된 철은 품질이 열악해 쓸모가 없었다. 또한 상부에 거짓 보고한 당간부들의 과잉충성, 자연재해에 따른 대기아의 출현(약 2000만 명 사망) 등으로 대약진운동은 결국 실패하고 말았다. 1959년 7월 국방부 장관 팽덕회(彭德懷: 펑더화이, 1898~1974)가 모택동의 실책을 지적하다가 실각했다. 그러나 그해 국가 주석과 당 주석이 분리되면서 모택동도 국가 주석직에서 물러나게 되었다.

문화대혁명(1960년대)

1960년대 초반, 대약진운동이 낳은 문제를 해결하기 위한 경제 조정 정책이 유소기(劉少奇: 류사오치, 1898~1969)와 등소평에 의해 주도적으로 추진되었다. '흰 고양이든 검은 고양이든 쥐를 잡기만 하면 좋은 고양이(黑猫白猫)'라는 등소평의 실용주의적 발상

11) '반우파투쟁'으로 30만 명이 넘는 지식인이 '우파'로 낙인찍혔고, 그 꼬리표는 그들의 경력을 완전히 망가뜨렸다. 많은 이들이 노동수용소나 감옥에 들어갔고 어떤 이들은 농촌으로 쫓겨 갔다.(스펜스2, 2002: 155~157)

12) 중국 전역에 740만개의 합작사가 약 2만 6천개의 인민공사로 통합되었다.

이 나온 것도 이 무렵이었다. 하지만 모택동은 부르주아지와 프롤레타리아트, 자본주의와 사회주의라는 두 길 사이의 투쟁을 주장하면서 중국적 공산주의 모델에 대한 학습 운동을 전개했다. 이러한 갈등과 긴장은 결국 문화대혁명의 불씨가 되었다.

문화대혁명의 정식적인 명칭은 '프롤레타리아(무산계급無産階級) 문화대혁명文化大革命'이며, 약칭으로 '문혁文革'이라 한다. 문화대혁명의 서막은 요문원(姚文元, 야오원위앤: 1931~2005)[13]이 1965년에 발표한 「신편역사극 '해서파관'을 평한다(評新編歷史劇'海瑞罷官')」라는 비판적 평론에서 열리고 있었다.[14] 이 글에서 요문원은 오함이 '인민 대중이 역사의 원동력'이라는 모택동 사상의 주요 전제를 부정하는 범죄를 저질렀다고 주장했다. 원래 '해서파관(海瑞罷官)' 이야기는 명대사明代史 전문가인 오함(吳晗, 1909~1969)이 대약진운동 시기에 보수적인 관료제에 대항하여 인민의 경제권을 지키기 위해 굳건히 싸웠던 명의 유명한 관리 해서(海瑞, 1515~1587)에 대해 글을 써달라는 모택동의 요청을 받고 쓴 글이다. 그런데 오함은 해서海瑞의 입을 빌려 모택동의 독단을 비판했으며, 1961년 2월에는 해서 이야기를 「해서파관(海瑞罷官: 해서의 파면)」이라는 장편 역사극으로 개작하여 북경에서 무대에 올리고 책으로도 출판했다. 오함의 해서海瑞에 관한 이야기는 발표 당시에는 아무런 비판도 받지 않았다.

요문원 등에 의해 제기된 '오함 사건'은 당시 북경시장이자 중공 정치국 상무위원인 팽진(彭眞: 펑전, 1899~)을 중심으로 구성된 '문화대혁명영도소조文化大革命領導小組'[15]에서 다루어졌다. 팽진 등은 오함 사건을 계급투쟁 요소가 개입된 정칙적인 사건이 아

吳晗

姚文元

13) 요문원은 강청(강청)의 친한 동지로서, 이들은 순수한 프롤레타리아 작가들을 지지했다.

14) 문화대혁명은 일반적으로 1966~1968년, 1968~1976년으로 두 단계로 시기를 구분한다. 그러나 요문원의 오함 비판 평론이 발표된 시점부터인 1965~1968년, 1968~1976년까지로 보기도 한다.

15) '5인소조(五人小組)'라 부르기도 한다.

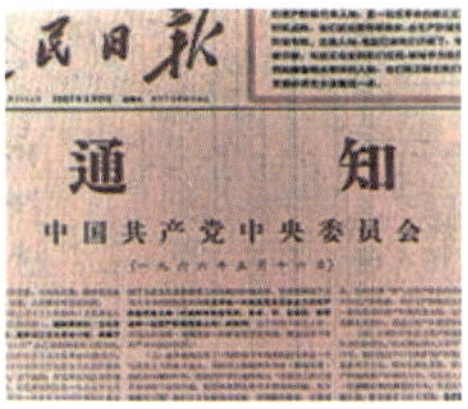
通知
中国共产党中央委员会

'인민일보'에 실린 「중국공산당 중앙위원회 통지通知」(약칭 '5·16통지五一六通知') 이 통지문은 프롤레타리아 문화대혁명의 기본 성격을 천명하고 있다. "당·정·군과 문화계 내부에 잠입한 부르주아(자산계급) 대표 인물들은 반혁명적인 수정주의 분자이다. 이들은 시기가 성숙하면 정권을 탈취해 프롤레타리아 (무산계급) 독재를 부르주아(자산계급) 독재로 바꿀 것이다."

닌 학문적인 논쟁으로 처리함으로써 이 사건의 파장을 줄이려고 하였다. 그러자 같은 해 5월 16일, 이른바 '5·16통지'에서 강청과 임표가 이끄는 좌파들은 2월에 발표한 팽진의 문건은 무효라고 주장했다. 이들은 오함의 작품이 문학과 예술에서 부르주아 사상과 반사회주의 정치 경향을 드러낸 글쓰기의 전형이라 비판함으로써 문화 분야의 논쟁을 정치 및 계급투쟁으로 확장시켰다. 팽진 등이 제출한 보고서는 중공 중앙위원회에 의해 거부되었고, 곧바로 문화부 관리들의 숙청작업이 시작되었다. 팽진이 실각하고 문화부의 주요 인물들이 해임되었으며 오함을 위시해 모택동의 독재를 비판하던 작가들과 가족에 대한 공격이 자행되었다. 오함은 옥중에서 자살했고, 중국은 문화대혁명의 소용돌이에 빠져들고 있었다.

1965년 무렵부터 칩거에 들어가 있던 모택동은 1966년 7월에 무한武漢 부근의 장강에서 수영하는 모습을 보여줌으로써 자신의 건재를 중국 인민대중들에게 과시했다. 8월 1일과 2일에 중국공산당 중앙위원회는 문화대혁명의 강령성 문건인 「16개조個條[16]를 통과시켜 문화대혁명을 공식적으로 전개했다.

모택동이 발동한 문혁의 호소에 가장 먼저 호응한 집단은 청년 학생들이었다. 처음에는 주로 중학생들, 특히 중학생 가운데 중공 고급 간부 자제들이었는데, 이들이 바로 '홍위병紅衛兵'이었다. 8월 18일에는 전국 각지에서 홍위병들이 북경 천안문광장에 모여 들었다. 모택동은 천안문 성루에서 조그만 붉은 어록을 흔들면서 환호하는 젊은 홍위병의 대규모 행렬을 사열하기 시작했다. 8월 하순부터 홍위병들의 급진적인 투쟁이 더욱 심화되고 격렬해지면

16) 이 문건은 중국 사회주의 혁명을 전복하려는 당내 자본가계급(주자파走資派)과 반혁명 세력에 대한 기존의 규정을 담고 있는데, 이전과 달라진 내용은 당내 반혁명 세력에 대한 공격이 자발적으로 조직된 대중 집단들에 의해 이루어져야 한다는 것을 강조한 점이다. (마크 블레처, 2002, : 136~137)

서 파괴 행위와 인명 피해가 속출했다.[17] 문화혁명으로 모든 학교와 대학이 문을 닫았고, 수백만의 홍위병들은 '사구四舊 – 구사상·구문화·구풍속·구습관' –에 대한 전면적 공격을 진행했다. 거리는 고깔모자를 쓰거나, 자신의 죄목을 판자에 써서 목에 건 사람들, 군중 앞에서 공개적으로 자아비판을 하는 사람들로 넘쳐났기 시작했다. 수많은 지식인들이 '봉건적'·'반동적'이라는 이유로 곤욕을 치뤘다. 당내에서도 유소기와 등소평은 각각 '주자파走資派'[18]의 '일인자'와 '이인자'라는 공격을 받고 축출되었다. 유소기는 투옥과 극심한 고문 등으로 병을 얻어 11월경 사망했다.

1967년 1월에는 문혁의 급진적인 대중운동이 정점에 달했다. 홍위병을 이은 '조반파造反派'들은 탈권奪權운동의 일환으로 학교, 대학, 공상, 농장, 관공시 등 주요 기관을 공격하기 시작했다.[19] 기관의 간부들은 조반파들에게 쫓겨났다. 후에 모택동에 의해 '사인방'의 일인으로 지목된 장춘교(張春橋: 창춘차오)는 상해에서 상해 정부를 '탈권'한 후 '상해코뮌(上海公社)을 선포했다. 시간이 갈수록 '인민대중'의 계급투쟁은 '인민대중 사이'의 광적인 '폭력 투쟁'으로 변질됐고, 권력 쟁탈전으로 인한 혼란은 걷잡을 수 없이 확대되었다. 7월이 되면서 강청 등의 '4인방'이 이끄는 조반파와 임표의 인민해방군이 적대적으로 대립하였다. 조반파들은 외교부를 점령하고 새로운 외교부장을 임명했으며, 북경에 있던 영국 대사관을 불태웠다. 문화대혁명이 걷잡을 수 없는 혼란에 빠져들자 모택동은 1967년 9월 5

17) 8월 하순부터 9월 하순에 이르는 40일 동안 북경 지역에서 홍위병에 의해 수색당한 집이 34,000호에 달했고 잔혹하게 맞아 죽거나 자살한 이가 1,700명에 달했다.(전리군, 2012, 하:36)

18) 주자파走資派란 '당내의 자본주의의 길을 걷는 실권파(이른바 주자파走資派)'를 말함.

19) '조반파'는 문혁 시기 스스로 '조반造反'을 표방한 대중 조직을 말하며, 사회 각 계층을 포함한다. 노동자 조반파, 농민 조반파, 기관간부 조반파, 교사 조반파 등이 있다. 학생 조반파는 문혁 초기에 조직된 '홍위병'과 구별하기 위해 '조반파 홍위병' 혹은 '신홍위병'이라 불렀다. 조반파의 특징은 투쟁의 창끝을 줄곧 중공 당내 자본주의 길을 걷는 당권파에 향해 겨눴다. 조반파 운동이 확산된 것은 모택동이 1966년 12월 '전국에서 전면적인 계급투쟁의 전개'를 제기하고 이후 '조반유리(造反有理: 반동파에 대한 저항은 정당하다)에 입각해 탈권도 혁명이라 긍정하면서부터이다. 홍위병의 황금 시대는 1966년 6월에서 8월까지이고, 조판파의 황금시기는 대략 1966년부터 1967년 1월까지로 본다.(전리군, 2012, 하:52~75)

"지식청년(일명 '지청')들이 농촌으로 가서 하층의 중농中農으로부터 재교육을 받는 것이 필요하다"는 지시를 받고 도시에서 농촌으로 간(上山下鄉) 청년들을 칭찬하는 선전 그림 이 '지식청년 하향운동'은 문혁의 혼란을 제거했고 청년학생들과 지식인들이 농촌에 현대문화를 전파하고, 반대로 농촌과 농민들로부터 시골의 정감을 체험할 수 있는 계기를 제공해준 것으로 평가받는다.

임표林彪는 팽덕회가 해임된 이후 모택동에 의해 인민해방군 수장으로 임명되었다.

일에 모든 대중 집단은 무기를 군대에 반납하고 '질서 회복' 임무를 수행하고 있는 군 당국에 절대 복종하라는 명령을 하달하였다. 또한 1968년 7월에 모택동은 조반파 지도자들을 북경으로 불러들여 비판하고, 도시의 '청년'(知識青年)들을 농촌으로 보내려는 계획을 선포하는 등 질서회복 정책을 강력하게 밀고 나갔다.

'상산하향운동上山下鄉運動' 등 모택동의 일련의 지시로 문화대혁명의 급진적인 대중운동은 종료되었으나, 중국의 고위층은 계속 권력투쟁에 휩쓸렸다.[20] 1969년에 열린 중국공산당 제9차 전국대표대회에서 모택동은 군부의 실세 임표(林彪: 린뱌오, 1907~1971)를 후계자로 지명하고 정국을 안정시켜 문화대혁명의 종료를 시도하고자 했다. 그러나 1970년 제9기 2중전회에서 강청(江青: 장칭, 1914~1991) 집단과 임표의 군부 집단의 갈등이 표명화되었다. 모택동은 군인 집단의 대표격인 임표가 문혁 중에 급속히 팽창시킨 권력을 위협으로 받아들였다. 임표는 결국 1971년 9월 도주하다가 몽고의 황야에서 추락사했다. 1974년 7월, 모택동은 자신의 부인인 강청과 주요 조반파 지도자인 장춘교와 왕홍문(王洪文: 왕훙원, 1935~1992), 요문원 등을 정치 엘리트 내부에서 파벌을 조성한 중요한 죄를 함의하는 '사인방四人幫'이라고 비판하였다. 1976년 9월 9일 모택동이 사망했고, 그해 10월 6일에 화국봉(華國鋒: 화궈펑)이 극렬한 내전을 도모한 혐의로 '사인방'을 체포하고 문화대혁명 종결을 선언했다.[21]

핑퐁 외교와 모택동의 서거(1970년대)

외부와 단절한 채로 공산주의 실험을 하던 60년대와 달리 1970

20) 통계에 따르면, 1968~1978 10년간 전 중국에서 상산하향上山下鄉한 지식청년은 1,623만 명에 달한다. 전리군, 2012, 하: 166)

21) 모택동의 사망으로 문화대혁명은 종결되었지만 문혁에 대한 역사적인 평가는 진행 중이다. 모택동은 "70퍼센트의 성과와 30퍼센트의 착오"라는 말로 문화대혁명에 대한 자신의 평가를 내렸다. 또한 그는 모순이 사라지지 않는 한 피억압자의 문화대혁명은 언제든지 일어날 수 있을 것이라는 의미심장한 말을 남겼고, 문혁에 대한 역사적 평가를 후대에 맡겼다.

년대 접어들어 중국은 서방 자본주의 국가들과 적극적으로 교류하기 시작했다. 1972년 모택동과 미국 대통령 닉슨(Richard Nixon)과의 만남, UN안전보장이사회 상임이사국 지위 획득 등을 대표적인 사례로 꼽을 수 있다.

모택동과 닉슨

모택동이 서방 자본주의 국가 특히 미국과의 관계 개선을 추구한 것은 1960년대 말로 알려져 있다. 이 시기부터 중국은 대만 국민당 정부가 차지하고 있던 UN의 회원국 지위와 안전보장이사회의 상임이사국 자리를 빼앗기 위해 활발한 로비를 벌였고, 1971년 미국이 거부권 행사를 포기시킴으로써 대만을 강제로 UN에서 철수시키고 그 자리를 차지했던 것이다.(스펜스, 2002, 2:218) 모택동의 중화인민공화국 정부가 일본에서 경기하던 미국 탁구 선수단을 중국으로 초청한 것도 이 무렵이었다. 이른바 '핑퐁 외교'라 불리는 중국과 미국의 외교는 주은래와 키신저의 실무 협상을 거쳐 1972년 2월 21일 모택동과 닉슨의 회동으로 결실을 보았다. 특히 모택동은 상해에서 발표된 공동성명서에 대만 문제를 거론하며 '하나의 중국'이라는 외교 원칙을 천명했다. 즉, 중화인민공화국 정부는 중국의 유일한 합법 정부이고, 대만 해방은 중국 내부문제로서 다른 국가가 간섭할 권리가 없다. 그러므로 미국과 군사기지는 대만에서 모두 철수해야 한다는 주장을 명시했다. 이에 대해 미국은 '모든 중국인이 오직 하나의 중국에 속해 있으며, 대만은 중국의 일부라는 주장을 인정하며, 이 지역의 긴장이 완화되는 대로 대만에 있는 군대와 군사시설을 점진적으로 줄여 나갈 것'이라 화답했던 것이다. 이로써 중국은 '죽의 장막'을 걷고 세계 대국으로서 일보를 내딛게 된다.[22]

22) 모택동이 1970년대 중-미 관계를 선택한 것은 전략적 결정 때문이라는 분석이 있다. 즉 1972년 핑퐁 외교 및 유엔 상임이사국 지위 획득은 국제 문제에 대한 모택동의 관점이 예전처럼 이데올로기적 입장을 견지하는 것이 아니라 국가 이익을 보다 중요시했다는 전략적 결정이며, 이로써 '국익 중시'라는 중국 외교의 새로운 사유가 열려 지금까지도 계속되고 있다고 보는 것이다. 확실히 모택동의 새로운 외교 전략은 중국의 대외개방對外開放의 중요한 전환점이었다. 대외개방은 필연적으로 대내적 개혁을 수반했는데, 이로 인해 문혁 기간에 실각한 등소평이 부활해 개혁개방改革開放 정책을 펼칠 수 있었기 때문이다.(전리군, 2012, 하:216)

TIP 21세기 모택동

천안문에 걸려 있는 모택동의 초상화

1976년 9월 9일, 파란만장한 삶을 살았던 모택동은 향년 82세로 서거했다. 모택동 사후, 그의 후계자들은 모택동의 유산과 단절하기 보다는 정통성을 부여했다. 1981년 6월 중공 제11기 6중전회에서 제정한 결의문에서 "모택동 사상은 우리 당의 소중한 정신적 자원이며, 장기적으로 우리(중국공산당-인용자)의 행동을 지도할 것이다."라는 문장으로 정통성을 확인한 바 있다.

21세기 중국에서도 모택동은 중국 공산주의 체제의 상징적 인물이 되어 천안문광장을 지키고 있다. 역설적이게도 모택동 사상은 '중국 특색의 사회주의'에 의해 심화되는 자본주의화 현실을 비판하는 사상적 자원이 되고 있다. 양극화가 나날이 심해지는 중국적 상황에서 모택동의 사회주의적 이상주의와 절대적 평균주의平均主義 사상이 많은 중국인들의 공감을 얻고 있는 것이다. 모택동은 중국 사회에서 정의, 공평, 평등을 상징하는 정신적 기호로도 간주되고 있으며, 민간民間 신앙에서 관우關羽처럼 신격화되고 있다. 2008년 중국인 종교·신앙 조사에 따르면 중국인 가정 중에 모택동 신상神像을 모시는 경우가 11.5퍼센트에 달한다는 보고가 있다. 액운을 막는 기복祈福 외에도 각종 사회적 문제가 야기한 불만을 호소를 하기 위해 모택동을 신앙하기도 한다. 모택동은 20세기에 이미 타계했지만 그가 남긴 각종 유산은 21세기인 지금까지도 사회 문제에 대한 중국인들의 인식과 사고에 커다란 영향을 미치고 있다.

3. 등소평鄧小平 노선(1980~1990년대)

개혁개방 정책과 6·4 천안문 사건(1980년대)

1978년 12월 18일부터 22일까지 북경에서 열린 중국공산당 제11기 3차 중앙위원회 전체회의[23]는 문혁文革 노선을 폐기하고 부도옹(不倒翁: 오뚜기) 등소평의 '개혁개방' 노선을 공식적으로 천명한 중요한 회의였다.

등소평 노선은 일반적으로 '4항 기본 원칙'과 '4개 현대화'로 요약할 수 있다. '4항 기본 원칙'이란 '사회주의를 견지하고, 프롤레타리아(무산계급) 독재를 견지하며, 공산당의 지도를 견지하고, 마르크스·레닌주의와 모택동 사상을 견지한다'이며, '4개 현대화'란

23) 중국공산당과 관련된 약칭은 본 장 뒤편에 있는 'Tip'을 참고하십시오.

'농업의 현대화, 공업의 현대화, 국방의 현대화, 그리고 과학기술의 현대화'를 말한다. 등소평은 이 원칙들을 가지고 경제를 발전시키고 생산력을 제고시켜 부강한 사회주의 국가를 실현하고자 했다. 등소평은 이를 위해 "사회주의 역시 시장경제를 할 수 있다.(社會主義也可以搞市場經濟)"는 '중국 특색의 시장경제' 발전 모델을 확립하고 '개혁개방' 정책을 적극 펼쳤다.

모택동의 후임자 등소평은 1904년 사천성에 태어났다. 1920년대에 그는 '일하면서 공부하는 유학'인 '근공검학'을 위해 프랑스로 떠났다. 귀국후 그는 대장정에도 참여했으며, 1945년에는 홍군 4대 지부 중 한곳의 정치위원이 되었다. 중국 수립후 1954년에는 부총리가 되었고, 1956년에는 중공 총서기가 되었지만 문화대혁명 기간에 유소기와 함께 실각했다. 1973년 개방 분위기가 형성되면서 복권되었으나 주은래와 모택동이 타계하면서 다시 정치 일선에서 물러났다가 1977년 7월에 다시 복귀해서 1997년 타계할 때까지 중국공산당의 지도자로서 중국의 개혁개방을 이끌었다.

등소평과 중국공산당은 '4개 현대화'와 '개혁개방'의 기치를 높이 듦으로써 모택동 시대의 계급투쟁 중심을 경제건설 중심으로, 계획경제 체계를 시장경제 체계로 전환하려고 하였다.[24] '농업의 현대화'라는 명목으로 집단생산제와 인민공사를 해체하였다. 나아가 작은 어촌에 불과했던 심천(深圳: 선전)을 경제특구로 지정하여 본격적으로 해외자본 유치에 나섰다. 그 후 차례로 주해(珠海: 주하이), 산두(汕頭: 산터우)를 '수출특구'로 지정했다. 1985년에 접어들면 도시를 중심으로 개체호個體戶라 불리는 자영업자들이 탄생했다. 이들은 주로 국가산업 체제에서 벗어난 상인들을 말하는데, 이들이 문을 연 찻집, 제과점 등은 중국 특색의 시장경제에 작은 활력을 불어넣어 주었다.

그러나 등소평의 개혁개방 노선은 커다란 문제점을 내포하고 있었다. '선부론先富論'[25] 등 '경제 우선주의'는 빈부격차, 도농격차 등 소득 분배의 합리성 여부를 심각하게 고려하지 않은 정책이었다. 1980년대 후반에는 심각한 인플레이션과 이를 억제하기 위한 긴축정책의 도입으로 생활수준이 하락하고 날로 사회적 불평등이 심화되고 있었다. 그럼에도 등소평은 중국공산당 일당 집권체제를 공고히 하는 목적에 복종해야 한다는 신념으로 정치적 민주화 요구를 묵살했다. 그러나 서구 민주주의에 영향을 받은 지식인, 민영기업 경제

24) 개혁개방으로 대표되는 등소평으로 권력 이양이 모택동 노선과 단절을 의미하지 하지 않고, 오히려 모택동의 위엄은 보전되고 심지어는 등소평 노선과의 연속성에 주목하는 경향 있다. (뤄엘, 2012, 125 / 전리군, 2012, 하:0 226~251)

25) 일부 사람들이 먼저 부유해지도록 한다.

엘리트, 대학생들은 일당 집권체제에 강하게 반발하였고, 언론 · 출판 · 결사의 자유를 쟁취하고자 했다. 그러던 중 민주화에 호의적이던 공산당 지도자 호요방(胡耀邦: 후야오방, 1915~1989년 4월 15일)이 갑작스럽게 사망하자 천안문광장에서 열린 그의 추모 집회가 도화선이 되어 1989년 6 · 4 천안문 사건이 발생했던 것이다.

천안문 사건의 유혈 진압은 많은 희생자를 낳았다. 정부는 민간인 사망자 수가 300명에 조금 못 미친다고 발표했으나 사상자 수는 훨씬 많을 것으로 추정되고 있다. 무력 진압에 이어 곧바로 가담자들에 대한 체포의 물결이 중국을 뒤덮었는데 6월과 7월에 걸쳐 비밀경찰 요원에게 체포된 사람은 4만 명에 이르는 것으로 알려져 있다. 6·4 천안문 사건은 '정치 민주화 운동'의 상징이 되어 지금까지도 중국 당국이 금기시하는 매우 민감한 사안으로 남아 있다.

남순강화와 중국사회의 변화(1990년대)

상해 포동지구는 등소평의 개혁개방 정책의 산물이다.

등소평은 동구東歐의 사회주의 국가들이 붕괴하는 급변하는 국제 정세 속에서 천안문 민주화요구를 '유혈 진압'한 후 칩거해 있다가, 1992년 1월에 광동성 심천에 그 모습을 드러냈다. 이후 그는 주해, 상해 등지를 시찰하면서 중요한 담화를 발표했는데, 이를 '남순강화南巡講話'라 부른다. 이 시기에 그가 신세대를 향해 외친 "부자가 됩시다!", "경제 개혁은 백년간 계속되어야 합니다."라는 발언은 남순강화의 요지라 할 수 있다.(퀴엘, 2012, 189~191) 이는 천안문 사건 이후 위축되어 있던 개혁개방 정책이 전면적으로 실시되는 새로운 단계로 진입했음을 알려주는 표지였다. 등소평은 같은 해 10월에 열린 중국공산당 제14차 전국대표대회에서 '중국 특색의 사회주의론'을 중국공산당 헌장에 삽입함으로써 남순강화에서 발언한 개혁개방의 전면적인 실시를 더욱 구체화시켰다.

개혁개방의 전면적 실시는 중국사회에 커다란 변화를 가져왔다. 새우잡이 하던 곳에 불과하던 상해의 포동(浦東: 푸동) 지역이 세계 건축가들이 설계한 고층건물들의 집합소가 되기 시작한 것도

이 무렵부터였다. 6·4 천안문 사건에 참여한 대학생들은 성공한 사업가로 변신했다. 중국 사회의 급속한 ‘탈정치화’는 결국 물질만능주의 풍조를 야기했고, 이는 결국 도농都農 격차를 심화시켜, ‘농민공農民工’[26]이라는 새로운 계층을 양산하였고, 심지어 도시에는 향락산업까지 등장시켰다. 중국은 ‘세계의 공장’이 되어 유례없는 경제 성장을 이루었지만, 다른 한편에서는 심각한 양극화와 사회 불평등·불균형에 시달려야 했다.

4. 21세기 중국 지도자들

등소평 이후 중국공산당 지도자들은 신흥新興 자본가 계층의 요구, 정치 양극화 해소, 부정부패 방지 등의 문제를 해결해야만 했다. 1997년 9월 12일에 거행된 중공 제15차 전국대표대회에서 강택민(江澤民: 장쩌민, 1926~)은 국유 기업 개혁을 명분을 내걸고 ‘계획경제’ 탈피를 선언했다. 그는 2000년에 삼개대표론三個代表論을 제기해 기업인들이 공산당에 입당할 수 있는 근거를 제공했고,[27] 2004년에는 이 ‘삼개대표론’을 헌법에 명문시켰다.

江澤民(임기 1989~2002)

강택민은 이은 호금도(胡錦濤: 후진타오, 1942~)는 ‘사회주의 조화사회(社會主義和諧社會)’ 및 사회주의영욕관社會主義榮辱觀’을 들고 나와 중국사회의 고질적인 양극화와 부정부패 문제를 해결하려고 했

胡錦濤(임기:2002~2012)

26) 농민들이 자신이 살던 농촌을 떠나 도시로 대거 이주해 막노동 등에 종사하는 사람들을 말한다.

27) 이 '삼개대표론'은 기존의 수많은 당원들이 이미 자본가가 된 현실을 반영하고, 우수한 민영 사업가들을 공산당원 자격을 부여하고자 하는 의도를 보여주는 것이다. 실제로 중국 갑부 중 하나인 삼일그룹三一集团 회장 양온근梁穩根이 공산당 중앙에 진입했다. 참고로 '삼개대표론'은 '중국공산당은 선진생산력의 발전 요구, 중국 선진문화의 전진 방향, 중국의 광대한 인민의 근본 이익을 시종 대표해야 한다는 것'을 말한다. 선진생산력은 기업가·자본가를, 선진문화는 엘리트 지식인을 의미한다.

習近平(임기:2012~)

다. 호금도의 '사회주의 조화사회'란 전면적인 소강小康사회를 실현함에 있어서 사회의 불균형·불평등 발전보다는 '조화(和諧)로운 발전을 추구하자는 것이다. 사회주의 영욕관은 공산당 간부들과 청소년들이 갖추어야 할 '8가지 영광과 치욕'(八榮八恥)을 말한 것이다.

강택민 시대부터 시작된 집단지도체제는 호금도 시대에 와서 더욱 강화되었다. 집단지도 체제란 '중국공산당 중앙정치국 상무위원들의 합의에 의한 통치'를 의미한다. 이 집단지도체제는 노선이 다른 상무위원 파벌 간의 협상과 합의로 국정 전반에 대한 통치가 이루어진다는 점에서 중국 특색의 협상민주제도라는 평가를 받는다.[28)]

2013년 현재 중국공산당 최고 지도자는 습근평(習近平: 시진핑)이다. 습근평 체제는 그 어느 때보다도 복잡하고 어려운 도전에 직면해 있다. 따라서 중국의 미래는 습근평 등의 중국공산당 지도부가 향후 10년간 중국 내의 정치 민주화 요구, 소득분배, 빈부격차, 지역격차, 부정부패, 민족 분규, 환경 문제 등에 어떻게 대처하느냐에 달려 있다고 해도 과언이 아니다.

21세기 중국은 '세계의 공장'에서 '세계의 시장'으로 빠르게 전환하고 있다. 이제 '중국이 어디로 가고 있는가'는 중국의 미래에만 영향을 미치는 것이 아니라 동아시아, 나아가 전 세계 인류의 미래와도 직결되어 있다. 특히 중국과 인접하고 있는 우리나라는 중국의 향방이 우리의 미래와 긴밀하게 연관되어 있다. 따라서 '중국의 방향키'를 쥐고 있는 중국공산당 움직임에 예의주시할 필요가 있다. 일례로, 1992년 8월 24일에 건립한 한중 수교는 중국공산당의 정책 변화가 우리나라에 미친 지대한 영향을 보여준 대표적인 사례라 할 수 있다. 등소평의 '남순강화'에 따른 경제 우선주의·실용주의가 '적성' 국가였던 한국과 수교할 수 있는 배경이 되었던 것이다.

28) 호금도 체제에서는 상무위원이 9명이었고, 현재 습근평 시대에는 7인의 상무위원으로 구성되었다.

TIP '중국의 꿈(中國夢)'을 천명한 중국 최고 지도자 습근평

습근평(習近平: 시진핑)은 국가주석으로서 선출된 후에 행한 첫 연설에서 '중국의 꿈'(中國夢)을 천명했다.[29] 중국 특색의 사회주의 노선을 견지해 나가는 것을 통해 △ 국가 부강 △ 민족 진흥 △ 인민 행복을 실현하는 이른바 '중국몽'을 중국의 미래 비전으로 제시한 것이다. 이로써 '중국몽'의 정체를 둘러싸고 의견이 분분해졌지만 습근평 본인은 '중국몽'을 실현해나가는 지도자로서 면모를 중국 인민 대중들에게 각인시키기 위한 행보에 분주하다.

축구선수로서 습근평은 월드컵에 우승하는 '중국몽'을 실현하는 지도자로 그려진다.

잘 알려져 있다시피 습근평은 '태자당(太子黨)'[30] 출신으로 중국 최고 권력의 지위에 올랐다. 그러나 그의 인생 및 정치적 이력은 '대자당 도련님' 아닌 행보를 보여준다. 습근평은 중화인민공화국 개국공신인 습중훈(習仲勳: 시중쉰, 1913~2002)[31]의 아들로 1953년 6월에 북경에서 태어났다. 그러나 그는 아버지 습중훈이 '유지단(劉志丹: 류즈단) 사건'에 연루되어 하룻밤 사이에 부총리직을 잃게 되고 당내외 모든 직책에서 해임되면서 어린 시절부터 고난과 시련을 겪었다. 그는 이 같은 고난을 극복하기 위해 모택동의 '상산하향上山下鄕' 운동에 적극 뛰어들었다. '상산하향 운동'이란 1968년 문화대혁명 시기에 모택동이 도시의 지식청년들이 농촌에 가서 빈농 및 하층·중층 농민의 재교육을 받아야 한다는 취지의 발언에서 비롯된 운동이다. 습근평이 '상산하향' 한 곳은 섬서성 북부의 황토고원黃土高原 지역의 양가하(梁家河: 량자허)[32]라는 작은 산촌이었는데, 습근평은 그곳에서 7년여 동안 머물면서 빈농 등의 삶을 직접 체험하다가 중국공산당에 입당하고 청화대학淸華大學에 입학할 수 있는 기회를 얻게 되었다.[33] 습근평의 남다른 행보는 대학 졸업 후 본격화된 그의 정치적 이력에서도 드러난다. 그가 처음 정치 생활을 한 곳은 수도 북경에 있는 '중앙'이 아닌 지방의 작은 현이었다. 곧 습근평은 하북성 정전현(正定縣) 현위원회 부서기에서 출발하여 17년여 동안 북경으로부터 멀리 떨어진 복건성에서 관리를 지내다가 절강성과 상해를 거쳐 최종적으로 북경에 귀환하여 최고 권력의 자리에 올랐다.

중국 최고 지도자 습근평은 중국의 국민가수 팽려원(彭麗媛: 펑리위안)이 선택한 남자로서 큰 화제를 모으고 있다. 습근평과 팽려원은 1986년에 처음 만나 맞선을 보고 6개월 만에 결혼한 것으로도 유명하다. 팽려원은 중국 최초로 민족성악(民族聲樂) 석사를 받은 중국의 유명한 소프라노 가수인

29) 습근평은 2013년 3월에 열린 전국인민대표대회(全國人民代表大會, 약칭 '전인대')에서 중화인민공화국의 국가주석으로 선출되었다.

30) 이른바 '태자당'이란 중국 혁명 1세대 원로의 자제들을 말하는데, 이들은 중국공산당내의 광범위한 인맥으로부터 지지를 얻고 있으며, 중국 공산주의 혁명 사업에 충성도가 높은 그룹에 속한다.

31) 습중훈은 21살에 유지단(劉志丹: 류즈단), 고강(高崗: 가오강) 등과 함께 섬감변구(陝甘邊區) 소비에트 혁명지구를 창설하여 공산주의 혁명사업을 펼쳤으며, 중화인민공화국 수립 후에는 국무원 부총리 겸 비서장을 맡아 국무원의 통상업무를 책임지면서 주은래(周恩來: 저우언라이)와 밀접한 관계를 유지한 인물이었다.

32) 섬서성 연천현(延川縣) 문안역공사(文安驛公社)에 있는 곳이다.

33) 습근평은 1974년에 힘겹게 중국공산당에 입당하여 양가하 대대 지부 서기를 맡았다. 1975년 청화대학(淸華大學)은 연안 지구에 2명의 입학정원을 주었는데 그중 하나가 연천현에 할당되었다. 습근평은 연천현위원회의 추천을 받아 7년에 걸친 '상산하향'의 생활에서 벗어나 청화대학교 화학공정과(化學工程科)에 입학하여 공부를 하게 된다.

데, 습근평이 중국 국가주석이 된 후 팽려원은 '노래하는 퍼스트레이디'로서 문화 외교 사절 역할을 수행하고 있다는 평가를 받고 있다.

TIP 중국공산당 권력구조

중국공산당 전국대표대회 장면

중국공산당 전국대표대회는 중국공산당 최고 결정기구로 1921년 7월 제1차 대표대회를 개최한 이래 18회 소집되었다. 일반적으로 5년마다 개최되며, 당의 노선과 방침의 결정, 그리고 그 노선과 방침을 실행할 중국공산당 중앙위원, 중앙위원 후보, 중앙기율검사위원회 위원 선출이 주요 임무이다. 전국대표대회에 참석한 대표의 수는 제18차 전국대표대회의 경우, 2270명이었다. 이들은 전국 40개 선거 단위에서 선출된다.

'중앙위원회'는 전국대표대회全国代表大會에서 선출한 인사들로 구성된다. 당의 전반적인 업무를 이끌며, 대외적으로 중국공산당을 대표한다. 중앙위원회 위원과 후보위원은 반드시 5년 이상의 당 경력이 있어야 하며, 정·후보 위원 정원은 전국대표대회에서 결정한다. 중앙위원회 위원이 결원이 생기면 후보위원 가운데 다득표자 순으로 보충한다. 2007년에 열린 제17기 전국대표대회에서는 204명의 중앙위원과 167명의 중앙위원 후보를 선출했다. 당 중앙위원회의 장이 '총서기'가 되는데, 총서기는 중앙정치국 회의와 상무위원회 회의를 소집하고 중앙서기처의 업무를 지도한다.

중앙위원회는 다시 중앙정치국, 중앙정치국 상무위원회, 중앙서기처로 세분된다. 중앙정치국과 중앙서기처 성원은 전인대全人代, 국무원國務院, 정협, 중앙군사위 등 국가 기관과 지방 당·정부 기관의 최고위직을 담당한다.

중앙정치국 상무위원회는 명실공히 중국을 움직이는 최고 지도자들이다. 이 상무위원들은 중앙위원회 전체회의에서 선거로 선출하며, 임기는 중국공산당 중앙위원회와 일치한다. 2012년 11월 15일에 열린 제18기 중앙위원회에서는 습근평習近平, 이극강(李克强: 리커창), 장덕강(張德江: 장더장), 유정성(俞正聲: 위정성), 유운산(劉雲山: 류윈산), 왕기산(王岐山, 왕치산), 장고려(張高麗: 장가오리)를 상무위원으로 선출했다. 이 가운데 습근평은 중앙위원회 총서기總書記와 중앙군사위원회 주석主席으로, 유운산은 중앙서기처 서기로, 왕기산은 중앙기율검사위원회 서기로 취임했다.

중앙군사위원회는 중국 인민해방군人民解放軍의 통수권을 가지고 있다. 이는 당이 군軍을 지배한다는 원칙에 따른 것이다.

중국공산당 중앙기율검사위원회는 당 중앙위원회의 지도 아래 당헌과 당규와 관련된 모든 사항을 감독하고, 당의 노선과 정책 집행 등을 감사한다.

중국공산당 전국대표대회全國代表大會 연혁

기수	일시	장소	기수	일시	장소
제1차(一大)	1921.07	상해上海 →남호南湖	제2차(二大)	1922.07	상해上海
제3차(三大)	1923.06	광주廣州	제4차(四大)	1925.01	상해上海
제5차(五大)	1927.04	무한武漢	제6차(六大)	1928.06	소련 모스크바

제7차(七大)	1945.04	연안延安	제8차(八大)	1956.09	북경北京
제9차(九大)	1969.04	북경北京	제10차(十大)	1973.08	북경北京
제11차(十一大)	1977.08	북경北京	제12차(十二大)	1982.09	북경北京
제13차(十三大)	1987.10	북경北京	제14차(十四大)	1992.10	북경北京
제15차(十五大)	1997.09	북경北京	제16차(十六大)	2002.11	북경北京
제17차(十七大)	2007.10	북경北京	제18차(十八大)	2012.11	북경北京

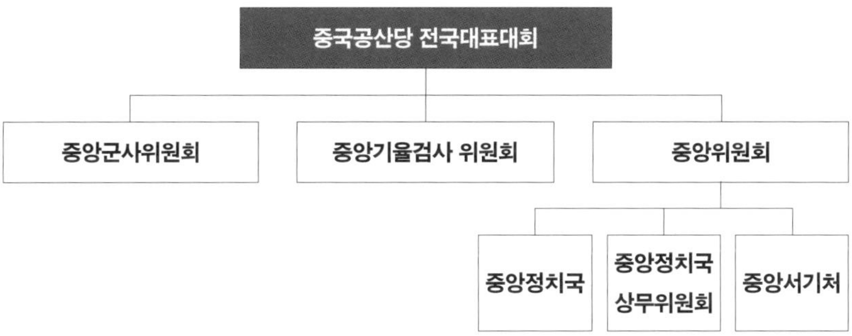

참고자료

· 조너선D. 스펜스 지음/김희교 옮김, 『현대중국을 찾아서 1,2』, 2002
· 전리군(첸리췬) 지음/ 연광석 옮김, 『모택동 시대와 포스트 모택동 시대 1949~2009 上,下』, 한울(아카데미), 2012
· 카롤린 퓌엘 지음, 이세진 옮김, 『중국을 읽다1980-2010』, 푸른숲, 2012
· 마크 블레처, 전병곤 · 정환우 옮김, 『반조류의 중국』, 2002, 돌베게
· 우밍 지음, 송삼현 옮김, 『시진핑 평전』, 넥서스, 2009

7

중국의 생활문화

1 중국의 음식문화

2 중국의 차 문화

3 중국의 술 문화

4 중국의 명절과 세시풍속

5 중국의 색깔 문화

인간이 삶을 영위하려고 먹고, 마시고, 입고, 자는 등의 기본적인 조건을 충족시키기 위한 일련의 행동은 '합리적 생산과 소비의 과정'을 거치며 서서히 문화로 정착된다. 이 과정에서 인간은 단순히 먹고, 마시고, 입고, 자는 것에서 한 단계 더 나가 무엇을 '어떻게' 먹고, 마시고, 입고, 잘 것인가를 고민하였고, 이러한 고민은 생활수준의 향상으로 직결되었다. 생활수준의 향상과정 속에서 인간은 삶을 기념하거나, 생활 속에서 얻은 다양한 경험을 공유하려고 하였고, 그 결과 다양한 세시 풍속, 기념일 등을 만들어 냈다. 이러한 세시풍속과 기념일 등은 문화적 공동체 형성을 가속화시켰고, 나아가 자신들만의 문화적 코드를 생산하기에 이른다. 이에 본장에서는 중국인들의 음식 문화, 차 문화, 술 문화의 특징, 세시풍속과 기념일, 그리고 중국인들이 만들어낸 문화적 코드라 할 수 있는 색깔에 대한 인식을 차례대로 살펴보고자 한다.

1. 중국의 음식문화

제2장 중국의 지리 부분에서 '지대물박地大物博의 나라' 중국에 대해 살펴보았다. 광대한 국토, 다양한 기후 등의 자연조건은 중국인들에게 다양하고 풍부한 먹거리를 제공하였다. 중국은 워낙 땅 덩어리가 큰지라 각 지역마다 다양하고 독특한 음식문화가 형성되었다. 이에 중국요리는 터키, 프랑스의 요리와 함께 '세계 3대 요리'로 꼽히게 되었다.

중국인들은 자신들의 지역적 특징을 배경으로 발전한 음식의 특징을 '남미북면南米北麵', '남첨북함南甜北鹹, 동산서랄東酸西辣' 등으로 설명한다.

'남미북면'은 중국 남방인들은 '쌀'을, 북방 사람들은 '면'을 주식으로 삼는다는 뜻이다. 다시 말해 진령산맥과 회하를 경계로 그 이북의 북방 지역은 주요 농산물이 밀이기에 이 지역 사람들은 밀을 이용하여 만두饅頭·전병煎餅·화권花卷·면조(麵條: 국수)·교자餃子 등의 음식을 개발하여 주식으로 삼았고, 그 이남의 남방 지역은 주요 농산물이 쌀이기에 쌀을 주식으로 삼고, 이 지역에서 나는 풍부한 채소, 해산물, 담수어 등을 요리하여 쌀로 지은 밥과 함께 먹는다는 것을 설명한 것이다.

'남첨북함, 동산서랄'은 중국의 남쪽 지역의 요리는 달고, 북쪽 지역의 요리는 짜며, 동쪽 지역의 요리는 시고, 서쪽 지역의 요리는 맵다는 의미로 중국 각 지역 음식 맛의 특징을 설명한 것이다.

이러한 지역적 특징을 바탕으로 중국 요리는 크게 '4대 요리 계보', '8대 요리 계보'로 나누어 볼 수 있다. '4대 요리(四大菜系)'는 일반적으로 산동요리(노채魯菜: 루차이), 사천요리(천채川菜: 촨차이), 강소요리(蘇菜: 쑤차이), 광동요리(粤菜: 웨차이)로 구분한다. 이 '4대 요리'에 복건요리(閩菜: 민차이), 절강요리(浙菜: 저차이), 호남요리(湘菜: 상차이), 안휘요리(徽菜: 후이차이)를 추가하면 '8대 요리'가 된다. 본 절에서는 '4대 요리'를 중심으로 지역별 음식의 특징, 요리 방법과 습관 등에 관해 알아보기로 한다.

(1) 중국 4대 요리(四大菜系)

산동요리(魯菜)

糖醋黃河鯉魚

紅燒海螺

北京烤鴨

황하를 중심으로 발달한 산동요리는 중국의 북방北方 지역의 풍미를 대표한다. 산동요리는 중국에서는 옛 지명을 따 '노채(魯菜,루차이)'라고 부른다. 산동요리는 산동성 북부 · 천진天津 · 하북河北 일대에서 성행하는 제남요리齊魯菜, 산동성 교동반도膠東半島 등지에서 발달한 교동요리(膠東菜), 산동성 서남부 곡부曲阜 지역 일대와 하남河南 지역에서 발달한 공부요리(孔府菜) 등을 포괄한다.

산동요리는 춘추전국시대부터 황하 유역의 농지와 인접한 바다에서 나오는 풍부한 식재료를 이용한 요리를 발전시켜 중국 음식문화에 심원한 영향을 주었다.[1] 명청 시대에는 산동 출신 요리사들이 북경 황성의 궁중 요리를 담당하였고, 청나라 말엽에 이르러서는 북경에서 유명한 식당 주방장 80~90퍼센트가 산동성 교동 지방의 복산福山 출신이었을 정도로 '북경 요리'는 중국의 대표적 요리로 자리잡고 있었다.

산동요리는 짜고 신선하고 연한 풍미風味를 추구하며, 강한 화력을 이용한 '순간 볶기'의 요리법인 '폭爆'을 발달시켰다. 또한 산동요리는 산동 일대의 대규모 밀과 채소 재배의 특성을 살려 북방의 면麵 음식을 주도해 왔으며 대파의 활용에도 능하다. 이 밖에도 청탕淸湯, 내탕奶湯 등의 탕湯 요리가 뛰어나며, 바다가 가까워 생선과 어패류 재료를 이용한 요리가 많은 것도 특징이다. 유명한 요리로는 홍소해루紅燒海螺, 탕추황하리어糖醋黃河鯉魚, 청탕연와淸湯燕窩 등이 있다.

1) 춘추시대 제齊 환공桓公의 총신인 역아易牙는 오미五味를 조화롭게 하기로 유명한 요리사 출신이었다.

사천요리(川菜)

사천요리는 중국 서남 지역과 호북湖北 지역에서 성행하는 요리다. 사천성 성도成都와 중경重慶 지역의 요리가 대표적이며, 사천성의 약칭인 '川'을 사용해 '천채(川菜: 촨차이)'라 부른다.

麻辣湯

사천요리는 매운 고추辣椒와 화초花椒[2], 후추胡椒, 두판장(豆瓣醬, 도우반장) 등을 주요 향신료로 사용하여 매콤하고 알싸한 맛을 낸다. 특히 이 지역의 매운 맛은 입안을 마비시킬 정도로 얼얼하다 하여 이 맛을 '마랄(痲辣,마라)'이라고 표현할 정도이다. 최근에는 사천요리가 살이 찌지 않는 건강한 음식이라는 이유로 중국 전역에 사천요리 열풍을 일으키기도 했다. 유명한 요리로는 어향육사丝魚香肉絲, 궁보계정宮保鷄丁, 마파두부麻婆豆腐, 회과육回鍋肉 등이 있다.

宮保鷄丁

火鍋

강소요리(蘇菜)

강소 요리는 회양淮揚, 금릉(金陵: 지금의 난징), 서해徐海 지역의 요리를 포괄한다. 이 가운데 장강長江 이남의 강서성, 절강성, 안휘성, 호남성 등지의 요리를 포괄하고 있는 회양 요리가 가장 대표적이다. 중국에서는 강소요리를 강소성의 약칭인 '소蘇'을 사용해 '소채(蘇菜: 수차이)'라 부르기도 하고 회양채(淮揚菜: 화이양차이)라고도 부른다. 강소요리는 수나라 시기에 대운하가 건설되면서 수양제隋煬帝가 강도江都로 내려오면서 북방의 요리 기법을 가져와 강남 본토의 신선한 식재료들과 조화를 이루게 한 것을 계기로 발전했다고 전한다. 강소 요리는 담백하고 바삭바삭하고 향기로운 풍미를 추구한다. 유명한 요리로는 청증시어清蒸鰣魚, 청돈해분사자두清炖蟹粉狮子头, 염수압鹽水鴨 등이 있다.

清蒸鰣魚

清炖蟹粉子頭獅

광동요리(粵菜)

광동요리는 광부廣府, 객가客家, 조산潮汕 등 세 종류의 요리로 구

2) 화초는 산초나무의 열매이다. 매콤하고 알싸한 맛을 내기 위해 첨가하는 향신료 일종이다.

烤乳猪

龍虎鬪

성되어 있다. 이 가운데 광부요리는 주로 광동廣東 중서부, 홍콩, 마카오, 광서廣西 동부에서 유행하며 광주廣州 요리가 대표한다. 그래서 중국에서는 광동요리를 광동성의 약칭인 '粵'을 사용하여 '월채(粵菜: 위에차이)'라고 부르고 있다.

광동요리는 가장 많은 종류의 식재료를 매우 다양한 방법으로 요리하는 것으로 유명하다. 광동은 16세기부터 중국의 국제무역항으로 자리하면서 외국과의 교류가 빈번해졌고, 이를 통해 다양한 국가의 향신료가 유입되었고, 이것이 중국의 요리기법과 결합하여 광동지역만의 독특한 음식이 개발되었다. 광동요리는 남방의 풍부한 식재료의 맛을 그대로 살려 신선하고 부드럽고 깔끔한 맛을 자랑한다. 특히 광둥요리는 담백한 탕 요리와 중국 요리의 꽃이라 불리는 딤섬(點心)을 발전시켰다. 유명한 요리로는 고유저烤乳猪, 용호투龍虎鬪 등이 있다.

(2) 중국음식의 요리 방법

같은 재료를 가지고 요리를 하더라도 어머니가 해주는 음식이 유달리 맛있는 이유는 무엇일까? 어머니는 양념도 손으로 대충 집어넣고, 재료도 손으로 뚝뚝 대충 잘라 넣는다. 옆에서 그냥 바라보면 별로 특별한 것이 없다. 그러나 그 맛은 늘 일품이어서 입맛이 없을 때는 늘 생각나곤 한다. 그 손맛의 비결은 무엇일까? 우리가 요리하는 어머니 옆에서 조금 더 관찰하면 요리의 방법이 남다르다는 것을 알 수 있다. 재료를 고르는 것부터 시작해서, 불의 세기, 조리 시간, 양념 양의 조절, 재료의 투입 시간 등등, 자신만의 조리 비법이 따로 있다는 것을 알 수 있다. 어머니의 손맛은 오랫동안 요리를 하면서 얻은 풍부한 경험이 이루어낸 오묘한 경지라 할 수 있을 것이다.

요리는 같은 재료를 사용하더라도 요리 방법에 따라 그 맛과 멋이 모두 달라진다. 중국인들은 이러한 이치를 오래전부터 잘 알고 있었는가 보다. 중국 음식의 맛은 요리 방법에 따라 결정된다고 해도 과언이 아닐 것이다.

중국어로 '요리하다'라는 말은 '팽임(烹飪: 펑런)'이라고 한다. '팽烹'은 '삶는다'는 뜻이고 '임飪'은 '익힌다'는 뜻이다. 삶고 익히는 데 뭐가 필요할까? 바로 '불'이다. 그래서 중국요리의 조리법에는 모두 '화火'자가 들어간다. 대표적인 요리 방법을 살펴보면 다음과 같다.

명칭	방법	예
고(烤:카오)	굽기	북경고야(北京烤鴨: 베이징카오야)
초(炒:차오)	보통 불에서 볶는 것	청초하인(淸炒蝦仁: 칭차오샤런)
폭(爆:바오)	강한 불에서 볶는 것	유폭해라(油爆海螺: 여우바오하이뤄)
작(炸:자)	기름에 넣고 튀기는 것	작계(炸鷄: 자지)
전(煎:젠)	지지거나 부치는 것	전병(煎餠: 젠빙)
소(燒:사오)	찌거나 볶은 후에 국물과 양념을 넣고 다시 볶는 것	홍소우육(紅燒牛肉: 홍샤오뉴러우)
자(煮:주)	짧은 시간에 삶는 것	수자우육(水煮牛肉: 수이주뉴러우)
증(蒸:정)	수증기로 찌는 것	청증잉어(淸蒸鯉魚: 칭정리위)
돈(炖:둔)	장시간 고는 것	청돈어(淸炖魚: 칭둔위)
민(燜:먼)	뚜껑을 닫고 삶아 뜸을 들이는 것	토두민(土頭燜: 투더우먼)
훈(燻:쉰)	연기로 훈제하는 것	봉황훈(鳳凰燻: 펑황쉰)
유(熘:류)	튀기거나 삶은 뒤 양념, 전분을 넣고 다시 요리 하는 것	유삼사(熘三絲: 류산슬)

이와 같이 불을 중시하는 중국 요리는 '화후(火候: 훠허우)'라는 개념을 낳았다. '화후火候'는 요리 과정에서 사용되는 불의 세기(火力)와 시간의 조절을 의미한다. '火候'는 대화大火, 중화中火, 소화小火, 미화微火 등 네 종류로 구분한다. 대화는 '무화武火'라 부르기도 하며, 가장 강한 화력으로 가장 짧은 시간에 요리하는 것으로, 熘, 炒, 炸, 爆, 蒸 등의 요리 방법에 적용된다. 중화는 '문화文火'라 부르기도 하며, 많은 열기가 있어야 하는 상태로 燒, 煮, 炸, 熘 등의 요리에 적용

된다. 소화는 약한 불로서 煎 등의 요리 기법에 사용된다. 미화는 일반적으로 야들야들한 맛을 내는 炖, 燜 등의 조리에 쓰인다.

'화후'는 예로부터 중국 문인文人의 많은 관심을 받아 왔다. 공자孔子는 "불 조절에 실패한 음식은 먹지 않는다."[3]라고 했는데, 이는 '火候'의 조절이 얼마나 중요한 것인지를 강조한 말일 것이다. 송대宋代 대문호 소식蘇軾은 요리에 있어서 '화후火候'의 도道를 "스스로 익을 때를 기다려야지 재촉하면 못쓴다. 불 세기가 충분하면 맛은 저절로 좋다."[4]라고 설명한 바 있다. 청나라 문인 원매袁枚는 자신의 요리 저서인 『수원식단隨園食單』에서 '화후火候'의 방법을 자세하게 기술한 바 있다.[5]

2. 중국의 차茶 문화

중국 속담에는 차茶와 관련된 속담이 많다. "아침에 일어나 대문을 열면서 준비해야 할 생필품 일곱 가지가 있으니, 땔나무·쌀·기름·소금·장·식초·차를 구하는 일이다."[6], "아침에 차를 마시면 하루 종일 위풍당당하고, 정오에 차를 마시면 하는 일이 즐겁고, 저녁에 차를 마시면 정신이 들고 아픈 곳이 없어진다."[7]는 속담은 모두 차茶가 중국인들의 일상생활에서 없어서는 안 될 필수품일 뿐만 아니라 그 효능 또한 좋다는 의미를 담고 있다. 중국 민중의 애환을

3) "失飪不食",『論語·鄕黨篇』

4) "待他自熟莫催他, 火候足時他自美."(蘇軾,「豬肉頌」)

5) 수원식단隨園食單』은 청나라 시기 유명한 요리책으로 꼽힌다. 문인 원매(袁枚 호가 '隨園老人'이다)는 이 책에서 당시의 요리 기술을 기재하고, 명나라에서 청나라 초기에 이르기까지 남북 지역에서 유행하던 326종의 요리와 식당을 기록했다.

6) "開門七件事, 柴米油鹽醬醋茶"

7) "早茶一盅, 一天威風; 吾茶一盅, 勞動輕鬆; 晩茶一盅, 提神去痛"

다른 영화 「인생人生」에서 전쟁터에 끌려간 남편을 대신해 가족을 먹여 살려야 했던 '가진家珍'[8]의 직업은 집집마다 끓인 뜨거운 물을 배달해주는 '물 배달부'였다. 지금이야 생활공간 곳곳에 뜨거운 물을 받을 수 있는 기계나 기구가 있지만 1950년대 당시는 하루 동안 마실 양의 뜨거운 물을 사람 손으로 배달했던 것이다. 요즘도 중국인들은 차를 가까이 하다. 식당에 들어서면 차부터 주고, 택시를 타도 운전기사 옆에는 차를 담은 보온병이 있으며, 길거리를 걷다 주위를 보면 차병을 손에 든 사람들을 흔히 볼 수 있다. 차는 예나 지금이나 중국인들의 중요한 생활필수품이다.

(1) 중국 차茶의 역사

운남성 란창 라후족 자치현에 있는 오래된 차나무. 수령이 천년이 넘는 것으로 추정된다.

중국은 세계에서 가장 먼저 차를 발견하고 이를 처음으로 음용飮用한 나라이다. 중국의 신화에 의하면 차는 중국 남방의 상제라 일컬어지는 '염제炎帝 신농씨神農氏'에 의해 발견되었다고 한다. 기록에 따르면, "신농씨는 약초를 구하려고 온갖 식물을 맛보았는데 날마다 72가지 독에 중독되었고, 그럴 때 마다 차茶를 얻어 해독했다."[9]고 전한다. 신농씨는 기원전 2,700년경의 인물이니, 중국차의 역사는 약 5,000년 정도가 되는 셈이다.

습윤濕潤한 기후에서 잘 재배되는 차는 중국 장강長江 이남 지역인 사천四川과 운남雲南에서 한대漢代부터 본격적으로 재배되기 시작되었다고 한다. 『삼국지三國志』에서 유비劉備가 어머니를 위해 차를 사려는 대목에서 보듯 후한말 삼국시대 무렵에는 이미 차의 음용이 시작되었음을 짐작할 수 있다. 그러나 유비가 집안의 가보인 칼과

8) 중국 영화 〈인생〉(1994년작)의 여주인공 이름임

9) "神農嘗百草, 日遇七十二毒, 得荼而解." 『신농본초경神農本草經』 여기서 '도荼'란 곧 '차茶'를 말한다. 이 같은 신농씨가 차를 이용해 해독했다는]이야기 외에도 한족들의 시조인 황제(黃帝)의 이름도 '도荼'였다. 또한 최초의 한자체 갑골문에도 차를 표현한 글자가 나온 것으로 봐서 차는 아주 먼 옛날부터 중국문화와 함께 했다고 볼 수 있다.

육우陸羽의 『다경茶經』 표지 『다경』은 세계 최초의 차 전문서로서, 차 백과사전으로 꼽힌다. 중국 차문화 발전에 심원한 영향을 준 책으로 평가받는다.

약간의 차를 교환한 내용에서 보듯, 당시 차 가격이 워낙 고가인지라 일반인들이 부담 없이 차를 마시기는 어려웠을 것이다.

위진남북조魏晉南北朝에 들어와 형성된 귀족문화 속에서 차는 귀족들의 애용품이 되었고, 당시 불교가 흥성하면서 사원에서도 차를 마시는 것이 대단히 유행하였다고 한다. 이후 불교의 확산은 차를 마시는 기풍을 진작시키는 데 크게 일조하였다.

중국에서 음차飮茶 문화가 본격적으로 확산된 시기는 중국의 남방과 북방을 잇는 경항대운하京杭大運河가 개통된 수대隋代 이후부터이다. 경항대운하의 개통은 북방 지역에서 필요한 차의 수요를 공급하는데 결정적인 역할을 담당했다. 이후 당대(唐代: 618~907)부터는 일반인들도 차를 즐길 수 있는 기회를 누리게 되어 차 문화는 이미 보편적인 것으로 확산되었다. 이러한 차 문화의 확산은 결국 780년 차의 백과사전이라 할 수 있는 육우陸羽의 『다경茶經』이 세상에 나오는 결정적인 계기가 되었다.

송대宋代에는 차를 덖어 가공하는 기술이 개발됨에 따라 다양한 방식으로 차를 마실 수 있게 되었다. 이전에 차를 가공하지 않고 생잎을 직접 끓여 마시는 것은 맛이 너무 써서 생강이나 소금 등을 넣고 마셔야 했으나, 이 기술이 개발되면서 맛의 조절은 물론, 뜨거운 물만 있으면 언제든 차를 마실 수 있게 되었던 것이다.

명청明淸 시대에 이르러 '차'는 비단, 도자기와 함께 3대 수출품이었다. 영어 'tea'는 중국어 '차'에서 유래한 것도 이런 무역 상황과 연관되어 있다. '차'는 시간적 선후를 갖고 두 가지 경로로 외국으로 전파된 것으로 알려져 있다. 처음 중국차는 중국 남방의 광동지방을 집산지로 해서 육로를 거쳐 중국 내륙으로 전해졌으며, 실크로드를 거쳐 오아시스 도시나 중앙아시아로 전파되었다. 16세기말 17세기 초에 이르면 복건성 하문廈門이 차를 선적하는 항구로 등장하게 되면서 이때부터 차는 바닷길을 통해 동남아시아와 유럽 각지로 수출되기 시작했다. 이 시기 영국 상인들이 복건성 하문지방의 차를 수입해서 세계시장에 내다 팔면서 '차'의 복건 사투리 'te'를 '티(tea)'로 부르면서 'tea'가 차의 영어 표기가 되었다. 청대 말기인 1890년 찻잎 수출은 13만 톤으로 청나라 총 수출액의 60% 정도를 차지했고, 현재 중화인민공화국은 인도와 함께 세계 차 산업의 선두 자리를 놓고 다투고 있다.

(2) 중국 차茶의 분류법과 특징

차의 나라 중국은 수백 종의 차를 생산한다. 기후, 토양 등에 따라 종류가 다른 차를 재배할 수밖에 없고, 다른 차와 차별성이 있는 차를 생산하려는 노력 때문에 차의 품종은 다양해질 수밖에 없었다. 따라서 중국에서 생산되는 모든 차를 설명하는 일은 대단히 복잡한 일이며, 여기서는 중국차의 기본적인 분류법에 대해서만 알아보겠다. 중국차 분류법 가운데 가장 일반적으로 거론되는 방식이 발효의 정도에 의한 분류법이다. 발효의 정도에 따라 중국차는 불발효차, 경발효차, 반발효차, 전발표자, 후발효차로 구분한다. 이외에 기존의 차를 재가공한 재가공차가 있다.

불발효차不醱酵茶

발효율이 0%이고, 녹색을 유지하기 위해 산화효소를 파괴한 것으로, 말린 뒤 간단히 볶거나, 찌는 방법으로 만든 차를 말한다.

녹차綠茶: 맛이 신선하고 담백하며, 정신을 맑게 하고 입맛을 잘 돌게 하는 차로 유명하다. 뒷맛이 올리브 열매 맛이 난다. 항주杭州 서호西湖의 용정차龍井茶, 소주蘇州 태호太湖 벽라춘차碧螺春茶, 안휘성 황산黃山의 모봉차毛峰茶는 덖어서 만든 차이고, 북방인들이 즐겨 마시는 말리화차(茉莉花 茶:모리화차, 일명 자스민차)는 증제의 방법으로 만든 차이다.

경발효차輕醱酵茶

발효율이 10~20% 정도이며, 인위적으로 볶지 않고 천연의 햇빛으로 말린 차를 말한다. 찻잎에 흰털이 많은 것이 특징이다.

백차白茶 : 주요 생산지는 복건성 복정福鼎·정화政和·송계松溪·건양建陽 등지이다. 백모은침白毛銀針, 백모란白牡丹, 공미貢眉, 수미壽眉 등이 유명하다.

반발효차半醱酵茶

발효율이 20~70% 정도이며, 상온에서 햇볕에 건조시키거나, 실내에서 건조시켜 수분을 없앤 뒤 차를 볶아 찻잎의 폴리페놀 성분을 20~65% 정도 발효되게 한 것으로 녹차보다 맛이 강하고, 색도 짙다.

청차青茶**/오룡차(烏龍茶: 우롱차)** : 적당히 발효시켜 찻잎이 붉게 변하면 가마에 넣고 볶아 발효를 멈추게 한 차가 우롱차이다. 이 때문에 우롱차는 '녹엽홍양변(綠葉紅鑲邊: 뤼예훙샹볜)'이라는 호칭을 얻었다. 찻잎 속은 녹색인데 겉은 붉게 테를 둘렀다고 해서 생긴 칭호다. 또한 그 말은 우롱차가 녹차의 산뜻함과 홍차의 깊은 맛을 동시에 지녔다는 것을 의미하기도 한다. 우롱차는 중국 남부와 대만이 주산지이다. 유명한 우롱차로는 복건성 천주시泉州市 안계현安溪縣의 철관음鐵觀音, 대만의 동정오룡차(凍頂烏龍茶: 동딩우롱차), 아리산차阿里山茶 등이 유명하다,

전발효차前醱酵茶

발효율이 80~90% 정도가 되게 만든 차로, 떫은 맛이 강하고, 우

려낸 차의 색은 붉은 색에 가까운 짙은 갈색이다.

홍차紅茶: 찻잎이 발효되면 원래의 녹색에서 점차 붉은 빛으로 변하게 되는데 그 발효 정도가 높아질 수록 더 붉어진다. 홍차라는 명칭은 찻잎과 찻물의 색이 모두 붉다는 데서 비롯되었다. 현재 전 세계적으로 유행하는 홍차의 원조는 중국이다. 세계 최초의 홍차는 중국 복건성 무이산武夷山 차 재배지의 농부가 발명한 정산소종正山小種이다. 안휘성 지역의 기문홍차祁門紅茶는 세계 3대 홍차로 명성을 떨치고 있다.

후발효차後醱酵茶

녹차의 제조방법처럼 산화효소를 파괴한 뒤, 찻잎을 쌓아두어 자연적으로 공기 중의 미생물이 재발효를 일으키게 하여 만든 차. 이전에는 특유의 곰팡이 냄새 때문에 이를 피하는 사람들이 많았으나, 최근에는 체중감소, 소화촉진 등 다양한 효능이 확인됨에 따라 이 차의 애호가들이 획기적으로 증가하였다. 최근 한국에서도 후발효차인 보이차를 즐기는 사람들이 상당수에 이른다.

황차黃茶: 원래는 녹차를 만들다가 잘못 만들어졌다고 알려져 있으며, 송대까지도 하품의 차로 인식되다가 연한 색과 맛으로 인해 점차 애호가들이 점진적으로 늘었다고 한다. 다른 차에 비해 상대적으로 생산력이 적어 구하기 힘들다. 군산은침君産銀針, 몽정감로蒙頂甘露 등이 유명하다.

흑차黑茶: 가공할 때 찻잎의 퇴적 발효 기간을 길게 해 찻잎을 흑갈색暗褐色이 되게 한 후발효차이다. 특이한 곰팡이 냄새가 나지만 익숙해지면 독특한 풍미를 느낄 수 있는 차이다. 발효 기간이 길수록 맛이 부드러워져 가격도 상대적으로 올라간다. 대체로 20년 이상 숙성한 것을 상품으로 치며, 보이산차普洱山茶, 보이긴압차普洱緊壓茶, 운남雲南의 칠자병차七字餠茶가 유명하다.

재가공차再加工茶

녹차 · 홍차 · 오룡차 · 백차 · 황차 · 흑차 등을 원료로 재가공해서 만든 차이다. 재가공차로는 화차류와 긴압차류가 있다. 화차 · 홍차 · 녹차와 우롱차를 원료로 각종 꽃향기를 배게 하여 만든 차이다. 긴압차紧压茶는 흑차 등을 원료로 해서 이를 퇴적시키거나 찌거나 압축 과정을 거쳐 벽돌 모양 등 각종 모양의 덩어리로 만든 차이다. 화차로는 말리화차(茉莉花茶: 재스민차)와 주란화차珠蘭花茶가 유명하고, 긴압차로는 타차沱茶와 육보차六堡茶가 유명하다.

(3) 차茶와 중국 문화

중국인에게 차는 어떤 의미일까? 단순히 음용의 대상일까? 아니면 다른 의미가 있을까? 신농씨의 전설에서 보듯, 중국인에게 차는 음료로서의 기능보다 약용으로서 효용이 먼저 인식되었다. 따라서 중국의 차는 중의학中醫學과 연관되면서 더욱 발달했다. 중국 의학의 성인 장중경張仲景은 "차는 고름을 치료하는데 매우 효과적이다"[10]라고 말했으며, 당나라에 이르러서는 차와 약을 동일시하는 '차약茶药'이라는 어휘가 유행했고, 송대宋代에 임홍林洪이 편찬한 『산가청공山家清供』에서는 "차는 곧 약이다(茶, 即藥也)"라는 표현을 썼다. 자고로 차는 건강에 유익한 음료로, 생활에 없어서는 안 될 마실거리로 발전해왔다.

중국인들은 이러한 차를 발견하고, 이를 가공하고, 음용하는 원천 기술을 개발한 선조에 대한 대단한 자부심을 지니고 있다. 지난 2008 베이징 올림픽 개막식에서 세계 지구인들에게 카드섹션으로 '茶'자를 만들어 보였다. 이는 자신들의 차 문화에 대한 자부이자 과시였다. 차 문화는 중국을 비롯한 아시아는 물론, 서구에서도 이미 상당히 고급스런 문화로 자리 잡고 있으며, 오늘날 그 수요는 날로 확대되고 있기 때문일 것이다.

오늘날 중국에서 차를 마신다는 것은 단순한 음용을 뛰어 넘어, 눈으로 색을 감상하고, 코로 차의 향기를 즐기며, 입으로 차 맛을 음미하는 품격 있는 활동, 즉 도道의 경지로 간주한다. 이것이 바로 '다도茶道'이다.

중국에서는 손님이 집에 오면 우선 차를 대접한다. 다구茶具를 준비하고, 탕관(湯罐: 물을 끓이는 그릇)에 물을 끓이고, 다호(茶壺: 차를 우리는 주전자)에 찻잎을 넣고 우리는 사이, 다해(茶海: 찻물을 받아 두는 그릇)에 뜨거운 물을 부어 찻잔을 데우고, 공도배(公道杯: 차를 분배하는 다구)에 찻물을 부은 후, 문향배(聞香杯: 차의 향기를 맡기 위한 길쭉한 잔)에 찻물을 넣은 다음 찻잔으로 문향배를 덮는다. 찻잔과 문향배를 뒤집어 찻물을 찻잔에 따라두고 문향배 속의 향기를 확인한 뒤 손님의 찻잔에 차를 따라 마실 수 있게 한다. 이러한 일련의 행동에는 거의 수도자의 경건함이 묻어난

다호茶壺

10) "茶治便脓血甚效."

다. 이러한 다도는 손님을 맞이하는 주인의 태도와 성의를 보여주는 것일 뿐만 아니라, 차를 함께 마시는 사람에 대한 존중, 차를 통한 교류의 중요성을 확인하는 과정이기도 하다.

이처럼 차를 마시는 일이 격식과 연관되자 당대唐代부터는 다기茶器와 식기食器를 구분하여 사용하기에 이르렀고, 이는 결국 다양한 다구茶具의 발전을 가져왔다. 다구는 당대 말기부터 제조되기 시작한 것으로 알려져 있다. 가장 대표적인 다구가 바로 자사호(紫沙壺: 자사로 만든 주전자)이다. 자사호는 진흙을 1,100℃ 내외의 고온에서 구워서 만들며, 유약을 사용하지 않는다. 이렇게 만든 자사호는 공기는 통과하나 물은 새지 않는 미세한 구멍을 지니게 되는데, 이로 인해 차의 색, 향, 맛을 잘 유지할 수 있다고 한다. 자사호의 종류는 대단히 많으나 가소성可塑性과 통기성通氣性이 좋은 풍부한 자사진흙(紫砂泥)이 있는 강소江蘇省 의흥宜興에서 제작한 것이 가장 유명하다. 송대부터 유명해진 의흥의 자사호는 이미 천년의 역사를 가지고 있으며, 일공逸公, 맹신孟臣, 대빈大彬과 같은 명장들이 자사호의 예술적 풍격을 한껏 높였다. 후대에 이들의 자사호를 본받아 만든 것을 '방고호倣古壺'라 한다. 현재 자사호는 붉은색, 자주색, 황색을 기본으로 하지만 제조 방법에 따라 파란색, 짙은 붉은색 등 수십 가지 색상으로 만들어지고 있다.

물론 '차'라는 이름에는 자긍심만 있는 것은 아니다. 거기에는 치욕의 역사도 있다. 중국을 세계의 중심에서 내려오게 한 아편전쟁阿片戰爭도 '차'와 연관이 있다. 18세기 후반부터 아시아 무역권에 끼어 든 영국은 중국으로부터 차, 도자기, 비단 등을 주로 수입하고 대신 모직물이나 면화를 수출하였다. 하지만 영국에서 차 소비가 급격히 증가하면서 중국과의 무역에서 큰 적자를 보게 되고 은 유출이 심화되자, 은화 획득을 위해 영국의 상인들은 인도에 동인도 회사를 차려놓고 '아편雅片'을 중국에 수출하게 되면서 아편전쟁이 발단되었다. 요컨대, 중국문화에서 차는 중국인의 생활에서 생성·발전한 문화적 자부심의 상징이자 동시에 중국과 영욕의 역사를 함께 했다고 해도 과장은 아닐 것이다.

3. 중국의 술 문화

동서고금의 역사 속에서 술과 관련된 이야기는 수도 없이 많다. 인간이 술을 발명하고, 이를 즐기는 과정에서 술이 지닌 매력魅力과 마력魔力 때문에 수많은 사건과 고사가 만들어 졌고, 이러한 사건과 고사는 후대에 오면서 점차 신화화되었기 때문이다. 중국인들은 언제부터 술을 만들어 음용하였으며, 술과 관련된 생활문화는 어떤 변화의 과정을 거쳤는지 살펴보기로 하자.

(1) 중국술의 역사 개황

중국에서 언제부터 술을 만들어 음용했는지에 대한 정확한 고증은 불가능하다. 그러나 1983년 10월, 섬서성陝西省 미현眉縣 양가촌楊家村에서 B.C 4,000년 전의 술병과 술잔이 이 발견되었으니, 중국술의 역사는 6,000년 이상의 유구한 역사를 자랑한다. 현재 중국에 약 4,500 종에 달하는 술이 시판되고 있으니, 중국은 가히 술의 나라라 해도 과언이 아닐 것이다. 중국 속담에 "술 없는 자리가 없고, 술이 없으면 예가 아니다"[11]라는 말이 있을 정도니 중국인들의 술에 대한 경외는 실로 대단하다 하겠다. 현재 일반적으로 북방인은 백주白酒를, 남방인은 황주黃酒를, 내륙지역인은 약주藥酒를 주로 마신다. 이처럼 유구한 역사를 가진 중국술의 발전과정을 정리하면 다음과 같다.

개발기

기원전 4,000년 중국 앙소문화仰韶文化 시기에서 기원전 2,000년

11) "無酒不成席, 無酒不成禮."

무렵의 하대夏代까지. 이 시기에는 주로 곡물을 숙성시켜 술을 빚었다. 중국 최초의 기록인 갑골문甲骨文과 금문金文에 술을 가지고 조상의 제사에 사용했다는 기록이 있는 것으로 미루어 이 무렵에 술은 일반인이 음용하는 것이 아니라 제사나 국가적 행사에 국한되어 사용되었다고 추측할 수 있다. 전설에 의하면 하夏 우왕虞王의 딸 의협儀狹이 술을 처음 만들어 우왕에게 바쳤으나, 술의 유해성 때문에 의협은 처벌을 받았고, 술의 제조는 금지되었다고 한다. 이는 술의 마력에 대한 경계의 의미를 전달하기 위함이었을 것이다.

보급기

기원전 2,000년 하대부터 기원전 200년 진시황이 진왕조를 건립한 시기까지. 이 무렵 중국은 세계 최초로 누룩을 이용한 양조기술을 개발하였으며, 이 시기의 인물인 두강杜康이 술을 만들었다는 전설을 감안하다면, 이 무렵부터 본격적으로 술이 개발되고 발전되었을 가능성이 높다. 진대에는 술 제조를 국가가 관리했으며, 제왕, 제후 등 특정계급은 이미 술을 향락품으로 삼았다고 한다. 국가의 중요한 행사 및 혼례婚禮, 제례祭禮 등에 관한 기록인『예기禮記』에서는 양주釀酒에 있어서의 수수와 쌀의 양을 적절히 할 것, 쌀에는 이물질이 없을 것, 물이 좋을 것, 도가니는 틈이 없을 것, 밥은 찰지게 할 것, 누룩은 기한을 넘기지 말 것의 6가지 원칙을 제시하고 있다. 이러한 사실들을 감안한다면 이 무렵에도 술은 주로 제사나 의식에 주로 사용되었을 것으로 추측할 수 있다.

발전기

기원전 200년 무렵의 진대秦代부터 서기 1,000년 북송시기北宋時期까지. 이 시기에는 이미 민간까지 술이 널리 보급되었으며, 특히 실크로드를 통한 동서의 문화교류로 인해 자연스럽게 술 문화도 교류가 이루어져, 황주黃酒, 약주藥酒, 과실주果實酒, 포도주葡萄酒 등과 같은 다양한 주종이 출현하였다.

성숙기

서기 1,000년 북송시기부터 1840년 청대清代까지. 이 시기에는 서역西域에서 증류기가 들어와 중국에서 백주白酒가 본격적으로 제조되기 시작했다. 명대明代 이시진李時珍의 『본초강목本草綱目』에서는 '백주인 소주燒酒를 만드는 기술은 원대元代부터 시작되었다.'고 기록하고 있다. 이 시기에는 이전의 황주, 약주, 과실주, 포도주의 질이 제고되었을 뿐만 아니라 도수가 높은 백주가 신속히 보급되었다.

청대 이후로 중국술은 중국의 전통적 제조방법과 서양의 제조방법이 융합되어 다양한 새로운 술이 등장하였다. 특히 맥주가 하얼빈에서 처음 제조된 이래, 산동성 청도(青島: 칭다오)에서 생산되는 청도맥주는 세계적 수준의 맥주로 인정받고 있으며, 국내에서도 맥주 애호가들의 사랑을 받고 있다. 현재 중국에서는 연간 800만 톤 이상의 백주를 생산, 세계 최대 증류주 생산국이자 소비국이다.

(2) 술의 종류

중국 전통주는 크게 황주黃酒와 백주白酒, 약주(藥酒: 일명 보건주保健酒)로 크게 나눌 수 있다. 이외에 맥주, 과실주, 포도주 등도 중국에서 생산되며, 현재 유통되는 주종만 약 4,500 종에 이른다.

황주黃酒: 일명 미주米酒라 하기도 한다. 황주는 중국에서 가장 오래된 전통 술이며, 수수, 좁쌀, 기장쌀, 쌀, 찹쌀 등의 곡물을 발효시켜 만든 발효주發酵酒로 알코올 농도는 15° 정도로 비교적 낮다. 증류기蒸溜器가 출현하기 이전에 가장 널리 퍼진 술로 이백이나 백거이가 말하는 술이 이 종류에 속하는 술이다. 우리나라의 탁주와 비슷하나 탁하지 않고, 황색이나 붉은 색을 띤다. 황주는 '노주老酒'라고도 부르는데 이는 황주를 빚은 후에 짧게는 3~5년, 길게는 10~20년 쯤 묵힌다고 해서 붙여진 이름이다. 유명한 황주로는 절강성 소흥紹興의 가반주加飯酒 · 화조주花彫酒 · 장원홍주狀元紅酒 등이

있다.[12)]

백주白酒: 말 그대로 백색의 투명한 술로 중국의 대표 주종이다. 한국에서는 이를 '빼갈'이라고도 부르는데 이는 중국인들이 이를 '바이갈'(白干儿)이라고 부르는 데서 유래한 것이다. 백주는 곡물이나 전분이 많은 농산물을 누룩으로 만들어 발효시킨 후 증류하기 때문에 알코올 도수가 30° 이상으로 높다. 수수로 만드는 고량주高粱酒나 다섯 가지 곡식을 섞어 넣어 만든 오량액五粱液이 이에 속한다. 백주의 명주로는 귀주貴州 모태주(茅台酒: 마오타이주), 산서山西의 분주汾酒 등이 있다.

백주白酒는 무색 투명한다는 데서 붙여진 이름이며, 이를 영어로는 '차이니즈 화이트 스피릿(Chinese white spirits)'이라 부른다. 중국 백주는 고량(高粱: 수수)이나 쌀 등의 곡물을 주요 원료로 삼고, 각종 누룩13)을 당화 발효제로 삼아 발효, 증류를 거쳐서 만들며. 보드카, 럼, 진, 데킬라 등과 같은 증류주에 속한다.

중국 백주가 여타 증류주와 구별되는 점은 특유의 향을 가지고 있다는 점이다. 향을 유달리 강조하는 중국음식 문화가 백주에도 함께 적용되고 있는 것이다. 이로 인해 중국 백주는 향에 따라 분류되기도 한다. 이런 분류에 따르면 중국 백주는 장향형醬香型, 청향형清香型, 농향형濃香型, 미향형米香型, 봉향형鳳香型, 겸향형兼香型, 기타其

12) 가반주加飯酒는 주조할 때 찹쌀을 많이 넣었다고 해서 붙여진 이름이다. 화조주花彫酒는 술단지에 꽃무늬가 새겨져 있다고 해서 붙여진 명칭이다. 하지만 화조주花彫酒는 '여아주女兒酒'라는 이름으로 널리 알려져 있다. '여아주'라는 이름은 예전에 소홍 지역에서 딸을 낳으면 딸이 '만월滿月'이 될 때 황주를 빚어 오색 꽃무늬나 그림이 새겨진 단지에다 저장하여 딸이 출가할 때 하객을 접대하거나 혼수품으로 보낸 데서 유래한다.

13) 이로 인해 중국술은 사용한 누룩에 따라 분류되기도 한다. 1. 대국주大麯酒는 大麯을 당화 발효제로 삼은 것이다. 大麯의 원료는 주로 밀, 보리와 일정량의 완두이다. 2. 소국주小麯酒는 쌀을 원료로 만든 것이다. 중국 남방 지역에서 생산되는 백주 대부분이 소국주小麯酒이다. 3. 부국주麸麯酒의 누룩은 1950년대 후 연태에서 발전되어 나온 것으로서 순수 배양된 효모와 술밑을 당화 발효제로 삼아 발효 시간이 비교적 짧다. 그래서 생산 원가가 낮아 대다수 양조장에서 채용하고 있다. 현재 이런 유형의 술 생산량이 가장 많다. 그 밖에도 대국와 소국을 혼용해서 빚은 술도 있다.

他 7가지로 구분되는데 여기서는 우리에게 많이 알려진 앞의 세 가지만 소개하기로 한다.

장향형

모향형茅香型이라고도 부른다. 이 향을 지닌 술은 주로 수수를 주원료로 삼는 귀주貴州에서 생산되는 모태주(茅台酒: 마오타이주)가 대표한다. 밀을 고온 제조해서 만든 고온대국高温大麯 등을 당화 발효제로 삼아 오랜 기간 숙성시키는 것이 특징이다. 사천성의 낭주郎酒도 이 유형의 향을 가진 백주에 속한다.

모태주

청향형

분향형汾香型이라 부르기도 하며 산서성山西省 행화촌杏花村의 분주汾酒가 대표적이다. 이런 종류의 백주는 수수 등의 곡물을 원료로 삼은 것이며, 보리와 완두로 빚은 중온대국中温大麯을 당화 발효제로 삼은 것이다.

농향형

노향형瀘香型 또는 교향형窖香型이라 부르기도 하며 사천성 노주노교특곡주瀘州老窖特曲酒가 대표적이다. 이런 유형의 백주는 수수(高粱)와 쌀 등의 곡물을 원료로 삼은 것으로서 보리와 완두, 밀로 빚은 중·고온 대국大麯을 당화 발효제로 삼은 것이다. 노주노교특곡주 외에도 오량액오五粮液, 검남춘劍南春, 양하대곡洋河大麯, 고정공주古井貢酒도 농향형 계열의 유명한 술이다.

과실주果實酒: 당분이 많은 과일을 원료로 하여 만든 술로, 도수는 15° 전후이다. 특히 중국은 한대漢代 이래 서역에서 포도가 전래된 후 포도주도 만들어 마셨다. 이는 당시唐詩에 "맛 좋은 포도주를 야광배에 담아(葡萄美酒夜光杯)"라는 시구가 있는데, 이는 이미 당대唐代에 포도주가 상당히 보급되었음을 의미한다. 중국 최대 포도주 산지는 산동성 연대烟台로 알려져 있다.

(3) 중국인의 술 예절

술은 매력魅力과 마력魔力을 동시에 가지고 있다. 술을 적당히 음용하는 것은 술의 매력을 향유하는 것이고, 술을 과용하는 것은 술의 마력에 빠져 허덕이는 것이 된다. 따라서 술의 음용에 있어 중용中庸의 미덕이 절실히 필요하다.

유가에서는 전통적으로 술의 음용에 있어 절제를 강조했다면, 도가에서는 이와 반대로 취중醉中에 이성의 제약이 없는 지고의 즐거움에 도달할 수 있다고 생각하였다. 이러한 도가의 술에 대한 생각은 위진魏晋 시기 청담사상淸談思想을 바탕으로 술, 문학과 철학을 이야기했던 죽림칠현竹林七賢의 완적阮籍, 혜강嵇康, 유령劉伶, 술을 득도의 경지로까지 끌어 올렸던 도연명陶淵明, 시선詩仙으로 알려진 당대唐代 최고의 술꾼 이백李白, 『적벽부赤壁賦』의 작가로 잘 알려진 송대宋代 소식蘇軾 등에게 많은 영향을 미쳤다. 이들은 술이야 말로 인간이 서로 소통疏通하고, 고통을 극복하며, 즐거움을 배가시키는 최고의 매체라 여겼다. 이백은 『장진주將進酒』에서 "역대 수많은 성현들은 침묵했으나, 오로지 술 잘 마시는 사람만이 이름을 남겼다."라고 술을 예찬하였다.

유가와 도가의 음주에 관한 서로 다른 입장이 있었으나 중국인은 현명하게 중용의 미덕을 잘 지키는 음주문화를 형성하였다. 중국인은 술에 취해 주정을 부리는 것을 대단히 혐오한다. 중국인은 즐거운 자리에서 즐겁게 술을 즐기지만 과음으로 인한 추태를 보이는 경우는 거의 없다.

일반적으로 중국의 북방인은 백주를, 남방인은 황주를 주로 마신다. 그러나 전체적으로 보면 백주의 소비량이 황주를 앞서는 데, 그 이유는 비록 백주가 도수는 높으나 술 마신 뒤 숙취로 인한 고통이 적어 많은 사람들이 백주를 선호하기 때문이다.

술자리에서 중국인은 항상 예절을 중시한다. 술자리에 내빈이 모두 도착하면 주인은 우선 일어나 손님들에게 "제가 먼저 마시는 것으로 경의를 표합니다.(先乾爲敬)"라고 말하고 건배를 한다. 그런 뒤 손님들에게 "한 잔 올리겠습니다(敬一杯)."라고 말하며 먼저 술을 권하는 것이 초청자의 예의이다.

중국 속담에 "찻잔은 적게, 술잔은 가득하게(淺茶滿酒)"라는 말이 있다. 중국인들은 술자리에서 상대방의 술잔에 술이 조금이라도 비면 잔을 계속 채운다. 이는 상대방에 대한 관심을 표현하는 방법이자 예절이다. 술을 따라주면 말로 감사 표시를 하거나, 식지食指와 중지中指를 구부려 식탁을 가볍게 세 번 두드리는 습관이 있다. 이는 청대淸代 건륭제乾隆帝가 민간을 순행을 하다가 차를 마시게 되었는데, 차 맛이 좋아 수행하던 신하들에게 차를 권하자, 신하들이 머리를 숙여 예를 갖출 수 없자 대신 손가락을 구부려 탁자를 세 번 두드려 감사를 표했다고 한다. 이때부터 이러한 관습이 전해졌다고 한다.

중국인들은 잔을 부딪치며 "건배乾杯"를 제의한다. 건배에 응하면 상대방과 눈을 마주친 상태에서 술을 단번에 다 마시고 술잔을 상대에게 보여주는 것이 예의이다. 그러나 건배를 할 수 없으면 솔직하게 말하고 '주량대로(隨意)'라고 말하면 된다. 이도 불가능하면 물로 술을 대신한다는 "以水代酒", 차로 술을 대신한다는 "以茶代酒"라고 말하고 물 잔이나 찻잔으로 건배를 하면 된다. 거리가 멀어 직접 잔을 부딪칠 수 없으면 잔으로 탁자를 쳐서 대신할 수도 있다.

술을 권하면 적어도 마시는 시늉 정도는 해야 예의이다. 몽고족, 카자흐족 등 소수민족은 손님이 오면 노래하면서 술잔을 권하는데, 노래는 상대가 술을 마실 때까지 계속한다. 귀한 음식인 술을 대접하는 것은 상대에 대한 존경의 의미를 지니기에 이를 거절하는 것은 성의를 무시하는 것에 다름 아니다. 따라서 권하는 술을 적당히 받아 마시는 것도 작지만 중요한 예절이다.

4. 중국의 명절과 세시풍속

문화는 인간 삶의 축적물이다. 인간은 자신이 처한 환경 속에서 가장 적절한 방법으로 삶을 영위할 방법을 찾아야 했다. 더러는 힘든 삶을 위로하거나, 즐거움을 자축하는가 하면, 삶의 정확한 좌표를 찾기 위해 위대한 인물을 기념하기도 하고, 풍년과 가족의 건강을 기원하기도 해야 했다. 이러한 과정에서 명절, 기념일 등이 자연스럽게 만들어진 것이다. 이후 이 날을 보다 특별한 날로 만들기 위한 다양한 행사와 놀이를 진행하였고, 이러한 활동이 서서히 하나의 전통으로 자리 잡으면서 중요한 문화행사로 발전, 세시풍속歲時風俗이 되었다. 따라서 이러한 세시풍속을 안다는 것은 그 민족의 문화 발전사를 이해하는 좋은 방법의 하나라 하겠다. 중국의 4대 명절인 춘절春節, 원소절元宵節, 단오절端午節, 중추절仲秋節 및 기타 세시풍속을 살펴보기로 한다.

(1) 춘절(春節: 설날)

태양의 주기를 기준으로 날짜를 정하는 것을 양력陽曆, 달의 주기를 기준으로 날짜를 정하는 것을 음력陰曆이라 한다. 중국은 농경에 보다 적합한 음력을 사용하였기에 음력을 농력農曆이라 부르기도 하고, 이미 하대夏代부터 사용되었다고 하여 하력夏曆이라 부르기도 한다.

전설에 의하면 12월이 끝나고 1월이 시작되는 시기에는 매번 돼지와 양을 잡아 조상과 하늘에 제사를 지내면서 이듬해에 적당한 비바람, 풍년, 가축의 번성, 재난이 없기를 기원하였다고 한다. 이를 납제臘祭라 하며, 이 납제가 춘절의 기원이 되었다고 한다. 음력 1월 1일은 봄의 시작을 의미하며, 옛날에는 '원단元旦'이라 불렀다. '원단'은 시작을 의미하는 '元'과 아침을 의미하는 '旦'이 모여져 것으로 새해의 첫 번째 아침을 의미한다. 신해혁명辛亥革命 이후 양력을 채용하면서부터 양력 1월 1일을 '신년新年' 혹은 '원단元旦'이라 부르게 되었고, 음력 정월 초하루를 춘절春節이라 칭하게 되었다.

중국 설날에 등장하는 다양한 기복물 폭죽과 홍등이 대표적이다.

설날 홍포를 받고 기뻐하는 아이

하대夏代부터 춘절의 풍습이 유전되어 내려왔다. 역대 원단의 일자는 서로 달라 하대夏代에는 정월 초하루를 원단이라 하였고, 상대商代에는 12월 초하루를 원단이라 하였고, 진대秦代에는 10월 초하루와 11월 초하루를 원단이라 하였고, 한대漢代에 이르러 정월 초하루를 元旦으로 정하게 되어 지금까지 이를 따른다. 신해혁명 이후에 원단을 춘절春節로, 단오端午를 하절夏節로, 중추절(仲秋節: 추석)을 추철秋節로, 동지冬至를 동절冬節로 징하였나. 한속의 풍습에 의하면 춘절은 정월 초하루만을 지칭하는 것이 아니라 실제적으로 납월臘月 초파일初八日부터 정월正月 15일(대보름) 원소절元宵節까지를 의미한다. 춘절은 한족 최대의 명절로 지난 한 해를 총결하고 새로운 한 해를 계획하는 시기인지라 "일 년의 계획은 춘절에 세운다(一年之計在於春)."라는 속어가 생겨났다.

중국 최대의 명절인 춘절에는 모든 가족이 한 자리에 모이는 것을 무엇보다 중요시한다. 이를 중국어로는 '團聚(tuánjù)' 혹은 '團圓(tuányuán)'이라 한다. 춘절에 제야의 종이 울리면 송구영신送舊迎新을 축하하는 의미로 폭죽爆竹을 터뜨리는데, 이는 '복을 알리다'라는 의미의 '보축報祝'과 중국어로 소리가 같기 때문이다. 중국 전설에 옛날 '연年'이라는 짐승이 있었는데, 이 짐승은 섣달 그믐날이 되면 가축을 잡아먹거나 사람을 해치곤 하였다고 한다. 어느 해 섣달 그믐날 한 노인이 '연'을 향해 폭죽을 터뜨리자 폭죽 소리에 놀란 '연'이 벌벌 떨면서 사람에게 다가서지 못했다. 알고 보니 '연'은 시끄러운 소리, 붉은 색, 불빛을 가장 무서워했던 것이다. 이후로 사람들은 섣달 그믐날이 되면 '연'이 먹을 고기 덩어리를 문에 매달아 놓고, 문을 잠그고, 등불을 밝히고, 폭죽을 터뜨리게 되었다고 한다. 중국 사람들은 지금도 새 해 첫날 "過年好 guòniánhao"라고 인사를 하는데, 이는 '연'의 피해 없이 잘 보냈는가를 물어보는 말이었다.

식구들이 모이면 그믐밤, 일명 제석除夕에 밤을 새우는데 이를 수세守歲라 한다. 이날 자정子正이 되면 중국인들은 교자(餃子: 물만두)를 먹는다. 교자餃子는 원래 교자交子였다. 즉 '자시子時에 해가 바뀐다(更歲交子)'는 의미였는데, 나중에 이를 교자餃子라 하였다. 아침이 되면 서로 새 해의 건강과 행복을 기원하는 인사를 서로 나누는데, 이를 '배년拜年(bàinián)'이라 한다. 인사를 나눌 때는 "신녀쾌락新年快樂", "공희발재恭喜發財" 등의 축복어를 사용한다. 아이들에게는 신년을 축하하는 의미로 붉은 봉투에 돈을 넣어 준다. 이를 압세전壓歲錢 혹은 홍포紅包라 한다. 돈은 천원지방(天圓地方: 하늘을 둥글고, 땅을 네모나다)을 상징하는데, 이는 음양의 조화를 의미한다. 붉은 봉투에 돈을 넣어 주는 것은 붉은 색이 상서로운 기운을 불러 오고, 사악한 기운을 쫓아주는 색이기 때문이다. 압세전壓歲錢의 '壓'은 '누른다'는 의미이고, '歲'는 재앙을 의미하는 '수祟'와 음이 같아, 결국 '재앙을 누르는 돈'이라는 의미가 된다. 낮이 되면 사람들은 사자춤(獅子舞)을 관람하기도 하고, 집에서는 마장麻將을 즐겨한다. 대문에는 한 해의 행운을 기원하거나, 액운을 몰아내는 춘련春聯을 붙이거나, 복福자를 거꾸로 붙이거나, 기복을 의미하는 연화年畵를 붙이기도 한다.

(2) 원소절元宵節

음력 정월 15일이 원소절元宵節이다. 옛날에는 상원절上元節 혹은 원석절元夕節이라 부르기도 하였으며, 이 날 등을 다는 습속이 있어 등절燈節이라 하기도 한다. 서한 초기 유방劉邦이 죽자 제여諸呂가 정권을 잡고 전횡을 일삼자, 주발周勃, 진평陳平 등이 제려를 죽이고 유항劉恒을 황제로 옹위하였는데 이날이 바로 정월 십오일이었다. 이

날을 기념하기 위하여 매년 정월 십오일이 되면 한문제漢文帝 유항劉恒이 궁을 나서 백성들과 함께 즐기곤 한데서 원소절이 비롯되었다고 한다. 원소절은 이미 2000年의 역사를 가지고 있다.

동한東漢 명제明帝는 불교를 대단히 숭상하였다. 그가 승려들이 부처의 사리를 보고 등을 켜서 부처님에 대한 존경을 표한다는 이야기를 듣고, 그날 저녁부터 부처를 공경하는 의미로 궁궐과 사원에 등을 달라는 명령을 내렸는데, 이 날이 바로 정월 보름 원소절이었다. 이로부터 원소절에는 등을 내거는 것이 풍습이 되었다. 전설에 의하면 천궁天宮을 지키던 신조神鳥가 길을 잃어 인간 세상에 내려왔다가 사냥꾼이 쏜 화살에 맞아 죽었다. 이 사실을 알고 화가 난 옥황상제玉皇上帝가 인간 세상에 불을 질러 징벌하려고 하였다. 이 때, 마음씨 고운 옥황상제의 딸이 이 일을 인간들에게 알려주었다. 인간들이 곤빈에 빠졌을 때 한 노인이 묘안을 내놓았다. 즉 정월 십오일 전후로 집집마다 등을 내걸고 폭죽을 터뜨려 인간 세상에 불이 난 것처럼 하자는 것이었다. 이 묘안이 적중되어 인간 세상을 옥황상제의 벌에서 벗어날 수 있었다고 한다.

당唐·송宋 이후로는 정월正月 13일부터 17일까지 등을 내걸었다. 그러나 원대元代에는 그다지 원소절이 중시되지 못하였다가, 명대에 와서 다시 이전처럼 흥성하게 되었고, 정월 초팔일初八日부터 십칠일日까지 등을 연속 십일 동안 내걸어 가장 역사상 가장 긴 등절燈節이 되었다. 현재에는 각 도시마다 공원에서 '등회燈會'를 개최하기도 한다.

원소절에는 '원소元宵'를 먹는다. 원소는 찹쌀로 빚은 원형의 음식으로 그 안에 규화桂花, 콩, 설탕, 깨 등을 넣는다. 원소는 '부원자浮圓子', '미원자米圓子' 혹은 '탕원湯圓', '탕단湯團', '탕원湯元'이라고 부르기도 한다.

원소절에는 사자무獅子舞, 용등무龍燈舞, 채고교(踩高蹺: 다리에 긴 장대를 매달고 추는 춤) 등을 추거나, 모내기 노래인 앙가秧歌를 부르며 하루를 즐긴다.

(3) 단오절端午節

굴원 초상

음력陰曆 5월 5일은 단오절이다. 단오절의 '端'은 '처음'이라는 뜻이고, '午'는 '五'와 발음이 같아 결국은 음력 5월 5일이라는 의미이다. 그래서 端午節을 오월절五月節, 단양절端陽節이라 부르기도 하고, 전국시대戰國時代 초국楚國의 애국시인인 굴원屈原을 기념한다고 하여 '시인절詩人節'이라 부르기도 한다.

단오절의 연원에 대해서는 여러 가지 설이 있다. 첫째, 중국의 애국시인 굴원이 멱라강汨羅江에 빠져 자살한 날이라는 설. 둘째, 남방 사람들이 용에게 제사를 지내는 날이라는 설. 셋째, 주나라의 하지夏至라는 설. 넷째, 오자서伍子胥가 죽은 날, 혹은 동한시기의 조아曹娥가 부친의 원수를 갚고 죽은 날이라는 설 등이 있다. 이 가운데 굴원의 사망일이라는 설이 가장 일반적이다. 굴원이 강물에 몸을 던지자 사람들이 급히 배를 몰고 갔기 때문에 이 날 용선龍船경기를 펼치게 되었고, 굴원의 시신을 다치지 않게 하기 위해 사람들이 대나무 통에 쌀을 집어넣어 강물에 던졌다고 하는데, 이것이 종자粽子의 기원인 통종筒粽이다. 그후 장사長沙에 사는 어떤 사람이 하루는 스스로 굴원이라는 사람을 만났다. 이 사람이 대나무 통에 쌀을 넣어 던지면 이를 좋아하는 강물의 규룡虯龍이 다 먹으니, 규룡이 싫어하는 단향목 잎으로 구멍을 막고 붉은 실로 묶어 달라고 하였다. 이로부터 사람들이 대나무 잎에 찹쌀을 싸서 종자를 먹는 습관이 생겼다고 한다.

「백사전白蛇傳」 한 장면 「백사전」에서 백사에서 인간으로 변한 백소정白素貞은 남편 허선許仙이 따라 준 '웅황주'를 마시고 본래 모습인 뱀으로 변한다.

음력 오월이 되면 한여름으로 접어드는 때 이기에, 각종 질병이 발생하는 시기에 해당한다. 중국인들은 이러한 질병을 예방하기 위한 단오절에 다양한 행사를 벌인다. 쑥(艾葉)이나 창포菖蒲, 마늘을 대문에 걸어두거나, 웅황주雄黃酒와 창포주菖蒲酒를 마시거나, 이를 뿌려 각종 독충을 박멸하는 습관이 있고, 향주머니(香包)를 차고 다니거나, 종규(鐘馗: 역귀疫鬼를 쫓아낸다는 신)의 형상을 그려 벽에 붙이거나, 아들들의 손발에 장명

루(長命縷: 붉은 실)를 묶어주기도 한다. 이러한 모든 활동은 액을 막아주고, 귀신을 쫓아내고, 살균이나 해독작용과 관련이 이었다. 세월이 지나면서 이러한 활동은 행운과 축복을 기원하는 것으로 바뀌었다.

(4) 중추절仲秋節

중추절仲秋節은 음력陰曆 8월 15일이기에 팔월절八月節이라 부르기도 한다. 음력으로 칠월七月에서 구월九月까지는 가을이고, 팔월은 이들 사이에 자리하기 때문에 중추절이라 부르게 되었으며, 추석秋夕, 월석月夕, 단원절團圓節이라고 부르기도 한다. 중추절 저녁, 달은 밝고 동그랗게 빛나니, 자연 사람들은 이 달을 가족들이 모두 함께 모이는 것을 상징하기도 하였다. 사람들은 옥쟁반같이 둥근 달을 보면서 가족들이 함께 모이는 것을 생각하는 것은 너무나 당연한 일이라 하겠다. 타향에서 혼자 떠도는 사람은 거울 같은 달을 보며 자신의 고향과 그리운 사람들에 대한 정을 자연스레 기탁하기도 하였다. 송대宋代의 대시인大詩人 소식蘇軾은 "그저 사람들 만수무강하길, 천리 먼 곳에서도 달에게 기원하네(但願人長久, 千里共嬋娟)."라 읊기도 하였다. 이때 선연嬋娟은 달을 의미한다. 때문에 팔월 십오일을 단원절團圓節이라 부르기도 한다.

중추는 좋은 시절이고, 달에 관련된 '항아분월(姮娥奔月: 항아가 달로 도망치다), 옥토도약(玉兎擣藥: 옥토끼가 약을 찧다) 등과 같은 아름다운 신화와 전설이 전하고 있다. 가장 널리 알려진 것은 항아분월姮娥奔月 이야기이다. 후예后羿에게는 아름다운 항아姮娥라는 아내가 있었다. 옛날에 옥황상제의 10명의 아들은 해(태양)였는데, 장난으로 하늘에 해가 10개가 떠오르게 하였다. 강이 말라붙고, 초목이 타들어가 사람들이 살 수 없는 지경이 되었다. 옥황상제가 후예를 보내 아들들의 장난을 멈추게 하라고 시켰으나 아들들이 말을 듣지 않았다. 이에 화난 후예가 9개의 태양을 활로 쏘아 떨

항아분월

어뜨렸다. 태양이 하나가 남은 것은 그의 아내 항아와 사람들이 이를 만류하였기에 가능한 일이었다. 이로 인해 옥황상제의 아들들이 죽었고, 화가 난 옥황상제는 후예와 항아를 인간 세상에 남겨두었다. 이를 동정한 서왕모西王母가 후예에게 하늘나라로 올라갈 수 있는 선약(仙丹: 불사약)을 주었다. 그러나 항아가 이를 알고 몰래 이 약을 먹고는 달로 도망쳐 항아선자姮娥仙子가 되었다. 그녀는 광한궁廣寒宮을 짓고 중추절이 되면 광한궁을 나와 인간세상을 바라보기 때문에 중추절에는 달이 유독 더 밝다고 한다. 이 "항아분월"의 전설은 인간의 달에 대한 아름다운 동경심을 잘 나타낸다.

중추절에는 제월祭月, 배월拜月, 상월賞月 등의 풍속이 있다. 고대의 제왕들은 풍년을 기원하면서 음력 8月 15일 저녁에 음악을 연주하면서 월신月神에게 제사를 지내는데 이를 제월祭月이라 하고, 민간에서는 마당이나 누각에서 향로, 초, 월병月餠, 과일을 준비해 달에게 절을 하는데, 이를 배월이라 하며, 이러한 풍속이 점점 달을 감상하는 풍속으로 발전하게 되었는데 이를 상월이라 한다. 진대晉代에는 '강에 배를 띠우고 달을 감상하는(泛江賞月)'하는 풍속이 있었다고 한다. 겨울에는 너무 추워 밖에서 달을 감상하는 것이 어렵고, 여름에는 너무 덥고 자주 비가 내려 달이 구름에 가리게 되고, 봄에는 바람이 자주 불어 달을 보기가 힘들기에 날씨가 청명한 가을 8월 15일 밤이야말로 달을 감상하는 데 가장 적당한 시기라 하겠다.

중추절 저녁, 달이 하늘에 두둥실 떠오르면 맑은 술 따라가며 집집마다 모든 식구들이 둥그렇게 둘러앉아 달을 구경하면서 월병月餠을 먹으며 천륜天倫의 즐거움을 함께 나눈다. 월병은 중국의 대표적인 절일節日 음식으로 당송시대唐宋時期부터 있었다고 한다. 몽고족이 중국을 통치하던 원대元代 말엽에 한족 반란군의 영수였던 산동 출신의 장사성張士誠이 중추절에 친구들에게 월병을 선사하는 풍속을 기회로 삼아 "8월 15일에 원나라 군대를 죽

월병

이기 위해 모든 사람들이 함께 움직이자(八月十五日殺元兵, 家家戶戶齊動手)"라는 통지를 월병에 넣어 돌렸고, 이를 받은 중국인들이 중추절에 죽창을 들고 거병하여 원군을 물리쳤다고 한다. 이때부터 월병을 만들어 친구들에게 선물하는 풍습이 일반화되었다고 한다. 현재의 월병은 다양한 종류와 맛을 자랑하면서 북경식(京式), 광동식(廣式), 소주식(蘇式), 사천식(川式) 등으로 구분하기도 하며, 만드는 기술, 모양, 맛이 각기 다르다. 요즘도 월병을 선물로 주고받는 풍속이 유지되고 있으나 이전에 비해 많이 위축되었다. 뿐만 아니라 지나치게 비싼 월병이 등장하여 사행심을 자극하기도 하는 등 사회문제가 되기도 한다.

(5) 청명절淸明節과 한식寒食

24절기 가운데 하나인 청명절淸明節은 양력 4월 5일 전후이다. 만물이 소생하고 날씨가 명정明淨하여 '청명절'이란 명칭이 생겼다. 청명절의 하루 전날이 바로 한식寒食이다. 따라서 청명절과 한식은 거의 같은 의미로 사용되어 왔다.

한식은 춘추시대부터 시작되었다. 진문공晉文公 중이重耳가 국내 정치혼란으로 인해 해외에서 떠돌이 생활을 할 때 신하 개자추介子推와 동고동락同苦同樂하였다. 한번은 중이가 배고픔에 허덕일 때 개자추가 자신의 허벅지 살을 떼어 중이에게 먹였다고 한다. 천신만고 끝에 진문공이 고국으로 돌아와 왕위에 오르게 되었다. 진문공이 왕위에 오른 뒤 논공행상論功行賞을 베풀면서 정작 개자추에게는 제대로 포상을 하지 않았다. 이에 개자추는 어머님을 모시기 위해 사직하고 산서성山西省 면산綿山으로 들어가 자취를 감추었다. 백방으로 수소문하던 진문공이 개자추가 있는 산을 알아 내 사람들을 보냈으나 찾을 수 없었다. 진문공이 산에다 불을 놓으면 개자추가 나올 것이라 생각하였으나 개자추는 스스로 어머니와 함께 큰 나무에 매달려 타 죽고 말았다. 진문공이 서글픔에 개자추를 기념하기 위하여 개자추가 죽은 날에는 불을 피우지 못하며, 찬 음식만 먹도록 정하였다. 그리고 그 다음날 개자추에게 제사를 지냈는데, 이 날이 바로 청명절이다. 이에 청명절을 귀절鬼節이라 부르게 되었다. 청명절과 한식이 하루 차이인지라 후대의 사람들이 서로 이름을 혼동하기에 이르렀고, 지금은 청명과 한식을 같은 날로 지내는 경우가 대부분이다.

이날은 조상이나 친지의 무덤을 찾아가 정리하고 제사를 지낸다. 이외에 머리에 버드나무를 두르거나(대류: 戴柳), 자르거나 (절류: 折柳), 자른 가지를 집에 심는(삽류:插柳) 등의 풍습이 있다. 또한 이날은 날씨가 좋아 봄놀이를 하는데, 이를 답춘踏春, 탐춘探春, 심춘尋春이라 하기에 청명절을 답춘절踏春節이라 하기도 한다. 사람들은 이날 연을 날리거나, 그네를 타거나(蕩鞦韆), 축국(蹴球: 공을 발로 차는 놀이), 투계(鬪鷄: 닭싸움) 등을 하며 하루를 즐긴다.

(6) 중양절重陽節

영화 「붉은 수수밭」(1988) 이 영화에서 9월 9일 중양절에 빚은 고량주에 대한 찬가가 나온다.

중양절重陽節은 음력 9월 9일이다. 중국인들은 홀수는 양의 수, 짝수는 음의 수라 여겼다. 양의 수 가운데 가장 큰 수인 '9'가 두 번 겹치는 날인 9월 9일을 중양절이라 하였고, '중구절重九節이라 부르기도 한다.

중양절의 활동으로는 국화를 감상(賞菊)하거나, 높은 곳에 올라(登高) 중양떡(重陽糕)을 먹거나, 국화주菊花酒를 마시는 데, 국화주를 생명을 늘인다는 의미의 연명주延命酒 혹은 불로장생주不老長生酒라 하기도 한다.

중양절에 높은 곳에 오르는 내력은 동한東漢 무렵으로 거슬러 올라간다. 동한 때 불장방弗長房이라는 신선에게 하남河南 여남현汝南縣 출신의 환경桓景이라는 제자가 있었다. 하루는 불장방이 환경에게 너희 집에 9월 9일에 큰 재난이 들 것이니 어서 집으로 돌아가 집안사람들에게 채색 주머니를 만들고 그 안에 수유(茱萸: 산수유)를 넣어 어깨에 메고 함께 높은 산으로 올라가 국화주를 마시면 재난을 피할 수 있을 것이라고 알려주었다. 환경이 그대로 행하였다. 그날 저녁 집으로 돌아와 보자 정말로 기르던 가축들은 모두 죽었으나 사람들은 재난을 피할 수 있었다. 이후로 9월 9일이 되면 사람들이 다투어 수유를 꽂고 국화주를 가지고 높은 산에 오르게 되었고, 오랜 세월이 흘러 세시풍속이 되었다. 이러한 전설은 비록 믿을 만한 것이 못된다하더라도 고대인들의 재난에서 벗어나려는 의지와, 건강을 지키려 했던 염원이 잘 반영된 것이라 하겠다. 사실 중양절 무렵은 공기가 상쾌하고, 날씨 또한 시원하여 사람들이 높은 산에 올라 가을의 경관을 보는 것은 건강에도 좋고, 마음도 상쾌해진다.

5. 중국의 색깔 문화

중국은 세계에서 가장 먼저 염색染色 기술을 개발하고 사용한 나라이다. 다양한 색으로 실을 물들여 천을 만들어 사용함에 따라 자연스럽게 한자에는 색과 관련된 글자에 실사변이 많이 들어간다. 중국 최초의 자전이라 할 수 있는 허신許信의 『설문해자說文解字』에는 실과 관련된 한자가 24종이나 된다. 홍紅, 녹綠, 자紫, 강絳, 비緋, 감紺, 견絹, 표縹, 제緹, 치緇, 소素 등이 그 예이다.

다양한 색상을 일찍부터 사용한 중국인들은 색을 통한 개성의 표현에 남다른 의미를 부여하기도 하였다. 일례로 중국의 각 왕조는 자신들이 숭상하는 색을 정하기도 하였다. 하대夏代는 청색青色을, 상대商代에는 백색白色을, 주대周代는 적색赤色을, 진대秦代는 흑색黑色을, 한대漢代는 적색赤色을, 수隋·당唐 이후에는 모두 황색을 숭상하였다. 일례로 이연걸(李連杰: 리롄제)이 주연했던 중국영화 『영웅英雄』에서 진시황秦始皇은 항상 검정색 옷을 입고 등장한다.

중국인들은 약 2,000년 전부터 색을 오행(五行: 금金·목木·수水·화火·토土), 오방(五方: 동東·남南·서西·북北·중中), 오장(五臟: 간장肝臟·심장心臟·비장脾臟·폐장肺臟, 신장腎臟), 오미(五味: 단맛·신맛·쓴맛·매운맛·짠맛)와 연관 지어 사용하기도 했다. 이러한 사실은 중국에서 오래 전부터 색을 문화적 코드로 사용해왔음을 의미한다. 본 절에서는 중국인들의 색에 대한 인식과 생활 속에 나타난 색의 의미를 소개하고자 한다.

(1) 황색黃色의 문화적 의미

중국문명을 낳은 황토고원은 황색을 중국을 상징하는 색상이 되게 했다.

황색은 한족이 가장 숭상하는 색의 하나이다. 한어漢語에서 황색과 관련된 표현은 상당수에 이른다. 예를 들어 정황正黃, 금황金黃, 담황淡黃, 토황土黃, 단황蛋黃, 등황橙黃, 초황蕉黃, 귤황橘黃, 아황鵝黃, 구황韭黃, 창황蒼黃, 금황芩黃, 총황葱黃, 초황焦黃, 미황米黃, 석황石黃, 압황鴨黃 등은 모두 황색계열의 색을 나타내는 낱말이지만 미묘한 차이가 있다. 이는 중국인들의 황색에 대한 감별력에 있어 남다른 감각을 가지고 있음을 의미한다.

고대 중국에 있어서 黃色은 신성神聖, 황권皇權, 존엄尊貴, 숭고崇古, 엄숙嚴肅, 토지土地, 국토國土 등 긍정적인 의미를 지니고 있다. 일례로 한족의 시조始祖인 황제黃帝는 "땅의 상서로운 기운(土德之瑞)"를 지니고 있었고, 항상 황색의 옷을 입고 면류관冕旒冠을 썼다고 한다. 이러한 이유에서 수당隋唐 이후로 황색은 황제의 상징하는 색이 되었고, 제왕들은 항상 황룡포黃龍袍를 입었으며, 황제를 제외한 다른 계층의 사람들은 황색 옷을 입는 것이 금지되기도 하였다. 나중에는 궁정을 지붕을 황색 유리 기와로 덮었으며, 궁내의 모든 장식과 마차 역시 황색을 가장 많이 사용하였다. 북경의 고궁에 가보면 지붕이 왜 황색인지, 황제의 의자가 왜 황색인지는 충분히 이해할 수 있을 것이다.

중국인들은 황색을 영원히 변화하지 않는 자연의 색으로 생각하였다. 일례로 반고班固의 『백호통의白虎通義』에서 "황색은 중화의 색으로 자연의 본성을 지니고 있어 만고에 변하지 않는다(黃者, 中和之色, 自然之性, 萬古不易)"라고 하였다. 중국 국기인 오성홍기五星紅旗에 5개의 황색별이 새겨진 것도 이와 무관하지 않을 것이다.

오래 전부터 중국인들은 중국문화의 요람인 황하黃河 유역流域에서 생활하면서 황하黃河를 '황룡黃龍'이라 부르기도 하였으며, 수천 년 동안 황하 유역의 누런 땅에서 농사를 지어 황미黃米를 먹고, 황하의 누런 물을 마시며, 황색피부를 가지고 있음을 자랑스럽게 여겼다. 이러한 사실만 보더라도 황색은 단순한 색이 아니라 중국민족을 상징하는 문화적 코드라 하겠다.

황색은 황금黃金과 같은 색이기 때문에 부귀富貴와 휘황찬란輝煌燦爛함을 상징한다. 부귀한 관리의 집은 황금장식이 있었고, 황금으로 된 그릇을 사용하여 부귀를 뽐내기도 하였다. 또한 황금은 진귀한 것이기 때문에 사람들은 가장 귀한 시간을 황금일黃金日, 황금주黃金周, 황금월黃金月, 일각천금一刻千金, 황금계절黃金季節이라 하고, 청춘시기를 황금시대黃金時代라 부르기도 한다. 중국의 경극京劇에서 황색으로 분장한 인물들은 용맹勇猛하고 명쾌明快한 성격을 지닌 인물이다. 『삼국지三國志』에 등장하는 황개黃蓋, 전위典韋 등이 대표적 예라 하겠다.

중국인의 황색에 대한 인식은 서구의 색에 대한 인식이 유입되면서 변화가 일어났다. 이는 세계화의 한 단면이라고 말할 수도 있을 것이다. 황색이 폄의貶義적 의미로 사용된 것은 미국의 영향에서 비롯되었다. 18세기 이래로 미국인들은 황색의 종이로 색정적이고 음란한 잡지나 간행물을 만들었기 때문에 이러한 종류의 서적을 'yellow jounal'이라 하였고, 중국어로는 '황색간물黃色刊物'이라 옮겼다. 이러한 인식이 중국에 전해지자 황색은 색정色情, 음란淫亂의 뜻도 함께 가지게 되었다. 황색간물黃色刊物, 황색서간黃色書刊, 황색화보黃色畵報, 황색소설黃色小說, 황색전영黃色電影, 황색녹상黃色錄相, 황색음악黃色音樂, 등의 단어가 만들어 졌다. 최근 몇 년 동안 중국정부에서는 사회의 해악을 없애자는 구호로 "소황(掃黃: 황색을 쓸어버리자)"을 사용하고 있다. 이외에 황근黃根, 황원黃源, 황화黃貨, 황와黃窩, 황조黃潮, 황해黃害, 기황嗜黃, 판황販黃, 도황倒黃, 거황拒黃, 조황造黃, 황독黃毒 등의 신조어가 생겨났다.

황색은 오행의 '土', 오방의 '中', 오장의 '비장脾臟', 오미의 '단맛'을 의미한다.

(2) 홍색紅色의 문화적 의미

경극에서 관우의 얼굴분장

홍색 역시 중국인이 가장 선호하는 색 가운데 하나이다. 중국 국기인 오성홍기五星紅旗의 바탕색은 붉은 색이며, 중국의 휘장 등 역시 붉은색을 기저로 하고 있다. 중국 고대의 홍색은 적赤, 주朱, 단丹, 비강緋絳 등으로 부르기도 하였다. 홍색의 종류 역시 대단히 다양하여 대홍大紅, 화홍火紅, 혈홍血紅, 조홍棗紅, 분홍粉紅, 주홍朱紅, 석류홍石榴紅, 매괴홍玫瑰紅, 고량홍高粱紅, 산호홍珊瑚紅, 자홍紫紅, 도홍桃紅, 시홍柿紅, 해당홍海棠紅, 자단홍紫壇紅, 계혈홍鷄血紅, 앵도홍櫻桃紅, 등이 있다.

홍색은 태양과 불의 색이다. 태양과 불은 광명光明, 온화溫和, 행복幸福을 가지고 오기에 중국인은 홍색을 가지고 행복幸福, 경사慶事, 길상吉祥, 환락歡樂 등의 뜻으로 사용하였고, 이를 확대시켜 홍성興盛, 발달發達, 순리順理, 성공成功, 행운幸運, 복리福利, 성취成就 등의 긍정적 의미로 사용하였다.

중국인은 전통 명절인 춘절과 원단이 도래하면 온 집안을 홍색으로 치장한다. 대문 양쪽에 이른바 춘련(春聯: 일명 홍대련紅對聯)이나 붉은 색의 '福'자를 뒤집어 붙이거나, 창문에 붉은 홍창화(紅窗花: 일명 홍지전紅剪紙)를 붙이고, 대문 입구에는 홍등룡紅燈龍을 걸고, 저녁이 되면 붉은 초를 켜고, 홍포(紅炮: 붉은 폭죽)를 쏜다.

중국인들은 결혼을 홍희사紅喜事라 부르기 때문에 신부는 반드시 홍의군紅衣裙을 입고, 머리에는 홍개두紅蓋頭를 쓰다. 신랑은 홍주대(紅綢帶: 붉은 비단으로 만든 허리띠)를 걸치고, 가슴에는 대홍화(大紅花: 붉은 비단으로 만든 꽃)를 단다. 대문에는 홍희련紅喜聯을 붙이고, 실내에는 홍희자紅囍字를 붙이고, 저녁에는 붉은 초를 켜고, 선물은 붉은 종이나 천으로 포장하며, 청첩장 역시 붉은 종이로 만든다. 결론적으로 중국인들은 결혼할 때 온통 붉은 색이로 도배하는데, 이는 홍색으로 길상吉祥, 행복幸福, 환락歡樂을 상징하는 것과 깊은 연관이 있다.

처마에 홍등이 걸려있다.

중국의 민간에서는 아이 낳는 것을 경사스러운 일로 여긴다. 부녀자가 임신한 것을 "기쁨을 지녔다(有喜)"라고 표현하고, 산모産母는 붉은 계란을 먹고, 붉은색 허리띠를 매어 아기가 앞으로 행운이 가득하길 기원하는 풍속이 있다.

홍색은 사업의 흥성, 발달, 순리, 성공, 원만을 상징하는 뜻을 가지고 있기 때문에 개업식, 전람회의 개막식, 공사의 기공식 및 낙성식에는 붉은 비단으로 꾸민 연후에 테이프를 끊어 성공, 순리, 원만 등의 뜻을 나타낸다. 이와 관련된 단어에는 '紅'字가 많이 사용되는데, 홍리(紅利: 순이익), 홍운(紅運: 행운), 분홍(分紅: 이익의 분배), 홍방(紅榜: 합격자 발표의 방), 홍표(紅標: 초대권), 홍포(紅包: 축의금, 세뱃돈), 개문홍(開門紅: 출발부터 성공을 이루다), 만당홍(滿堂紅: 대성황, 경사스러운 날에 집 앞을 장식한 색 비단) 등이 있다.

홍색은 순리, 성공 등을 상징하기 때문에 이를 군중의 존경을 받거나 지도자의 중시 혹은 중용을 의미하기도 한다. 대홍인(大紅人: 인기 있는 사람), 주홍(走紅: 운이 트이다) 등이 좋은 예라 하겠다.

홍색은 중국 경극京劇의 얼굴분장에서 충의忠義, 용맹勇猛, 성실誠實을 상징한다.『삼국지三國志』의 관우關羽, 송대의 조광윤趙匡胤, 관승關勝 등은 모두 붉게 분장하며, 홍색으로 얼굴을 분장하는 인물이 대부분 주인공이기도 하다.

홍색은 전화戰火와 선혈鮮血의 색깔이기 때문에 근대 이후, 문혁

기간까지 홍색은 혁명투쟁을 상징하는 색이 되었다. 이 시기에 홍기(紅旗: 공산주의 깃발), 홍군(紅軍: 공산군), 홍구(紅區: 혁명구), 홍심(紅心: 충성심), 홍성(紅星: 붉은 별, 영화 스타), 홍령장(紅領章: 인민해방군 제복에 붙이는 붉은 금장), 홍령건(紅領巾: 소년 선봉대), 홍위병(紅衛兵: 문화대혁명 때의 학생조직), 홍보서(紅寶書: 문화대혁명 시기의 모택동 어록이나 선집), 홍오류(紅五類: 모택동을 지지한 홍위병의 주류인 노동자·농민, 빈농이나 중농, 혁명열사, 혁명 간부 및 해방군 자제) 등의 어휘가 사용되었다.

홍색은 오행의 '화火', 오장의 '심장心腸'에 해당하며, 오방의 '남南', 오미의 '쓴맛'을 의미한다.

(3) 녹색綠色의 문화적 의의

녹색 검보

녹색綠色 또한 중국인들이 좋아하는 색깔 가운데 하나이다. 녹색은 역시 미묘한 차이에 따라 벽록碧綠, 취록翠綠, 초록草綠, 총록葱綠, 두록豆綠, 심록深綠, 평과록苹果綠, 비취록翡翠綠, 앵앵무록鸚綠 등의 명칭이 사용되고 있다.

녹색은 청색이라 부르기도 하는데, 청초青草, 청송青松, 청산青山, 청채青菜, 청과青果, 등에 있어서 '青'은 '綠'과 같은 의미이다. 녹색은 식물의 생명을 의미하는 색으로 초목이 가장 무성한 때의 색깔이다. 녹색에서는 봄, 초지, 산림, 호수, 비취 등이 연상되기에, 중국인은 녹색을 청춘, 평화, 희망, 안전, 행운, 신선 등의 상징으로 사용하기도 하였다.

민간의 전설에 의하면 과거시험의 문운文運을 관장하는 문규성(文奎星, 일명 문곡성文曲星)은 항상 녹포綠袍를 입었다고 한다. 이에 녹색은 과거에 합격하고자 하는 사람들에게 희망과 행운의 의미하는 색이 되었다고 한다. 녹색은 청춘을 의미하는 색이기도 하였다. 송대의 유명한 문인 왕안석王安石은 "봄바람 불어오니 강남의 언덕이 다시 푸르러 지누나(春風又綠江南岸)."라는 유명한 시구를 남기기도 하였다. 현대인들은 방풍防風, 방사防沙, 식수植樹, 조림造林 등의 환경보호 사업을 '녹색공정綠色工程'이라 부른다.

하지만 중국 고대시기에 녹색은 저급低級, 불명예不名譽를 의미하기도 하였다. 이는 고대 관료들의 복장에 있어 칠품七品 이하는 녹색의 복장인 '청삼靑衫"을 입었던 것과 연관이 깊다. 송宋·원元 시대에 미천한 사람들은 녹색의 옷에 녹색의 띠를 둘렀으며, 하급 관리에 속하는 악공樂工, 영인(伶人: 음악을 관장하는 벼슬아치) 등은 모두 녹색의 복장을 착용하였다. 명대明代의 규정에 의하면 기녀와 음악에 종사하는 남자들은 반드시 녹건綠巾을 착용해야 했다. 이러한 이유에서 경극京劇에서 녹색으로 얼굴을 분장한 인물은 비열하고 흉악한 사람을 지칭한다.

중국인도 다른 민족과 마찬가지로 녹색으로 안전, 희망, 평화를 상징한다. 녹색등綠色燈은 통행의 안전 신호로 사용되기 때문에 중국어에서 "開綠燈(녹색등을 켜주다.)"이라는 말은 고위급 지도자가 사람들에게 민원의 허가, 제한의 해제와 같은 편의를 제공한다는 의미로 사용된다.

녹색은 오행의 '목木', 오장의 '간장肝臟', 오미의 '신맛', 오방의 '동東'을 의미한다.

(4) 흑색黑色의 문화적 의의

고대 중국에서 흑색은 존귀尊貴, 강직剛直, 엄정嚴正, 신비神秘 등의 좋은 의미로 사용되었기에 하대夏代와 진대秦代에는 흑색을 숭상하여 공경대부公卿大夫의 관복官服, 예복禮服, 제복祭服에는 모두 흑색을 사용하였으며, 경극京劇에서 흑색으로 얼굴을 분장한 인물들은 대부분 강직하고 엄정한 인물들이다. 당대唐代의 위지공尉遲恭, 송대宋代의 포증(包拯: 일명 포청천), 이규(李逵: 『수호전水滸傳』의 등장인물) 등이 대표적인 예이다.

포청천의 검보

중국 선진시대에는 죄인의 얼굴 위에 그림을 그리거나 글자를 새겨 넣은 뒤 흑묵黑默으로 색을 입히는 '경黥'이라는 형벌이 있었다. 죄인의 얼굴에 영원히 지워지지 않는 치욕적인 흔적이 남게 된다. 현대 중국어에 이 형벌과 연관된 단어인 '말흑(抹黑: 체면을 손상하다)'이 사용되고 있다.

전설 중의 지옥은 빛이 들지 않는 곳에 있어서 광명과 서로 반대의 의미로 사용되기에 흑색은 암흑, 사망, 사악, 공포 등의 뜻으로 사용되기도 한다. 문혁시기에 흑색은 반혁명, 반동 등의 뜻과 연관이 있다. 당시에 타도할 대상, 혹은 비판의 대상 앞에 흑자黑字를 사용하였다. 흑방(黑幇: 반동조직), 흑수(黑手: 검은 마수), 흑강령(黑綱領: 불합리한 강령), 흑후대(黑後臺: 더러운 배후), 흑참모(黑參謀: 배신자), 흑문(黑文: 반동적 문장) 등이 그 예이다.

흑색은 사악함을 의미하기도 하여 흑심(黑心: 더러운 생각), 흑사회(黑社會: 깡패집단), 흑차(黑車: 불법 영업 차량), 흑화(黑貨: 장물, 탈세품, 밀수품), 흑시(黑市: 짝퉁시장 혹은 외환 밀거래 시장) 같이 좋지 않은 단어에 '黑'자가 많이 사용된다.

흑색은 오행의 '수水', 오방의 '북北', 오장의 '신장腎臟', 오미의 '짠맛'을 의미한다.

(5) 백색白色의 문화적 의의

백색白色은 소색素色이라고도 한다. 백색 역시 미묘한 차이에 따라 설백雪白, 월백月白, 단백蛋白, 옥백玉白, 총백葱白, 은백銀白, 회백灰白, 어두백魚肚白 등으로 구분하기도 한다.

백색은 백운白雲, 백설白雪, 백옥白玉 등을 연상케 하기에 중국의 고대인들은 백색을 가지고 고결高潔, 순결純潔, 명량明亮, 고아高雅, 광명光名 등의 의미로 사용하였다. 이와 관련하여 중국의 신화와 전설에서는 백록白鹿, 백학白鶴, 백연白燕, 백안白雁 등과 같이 백색을 띤 동물을 상서롭게 여기기도 하였다.

백색은 또한 흉상凶喪, 반동反動, 우둔愚鈍, 무익無益, 간사奸邪, 음험陰險, 미천微賤 등을 상징하기도 한다. 이에 중국은 한대漢代부터 당唐·송宋 시기까지 서민들은 백색의 옷을 입었기 때문에 백의白衣는 일반적으로 백성 혹은 서민을 이른다. 또한 고대에 학력이 없거나 사회적 지위가 전혀 없는 인물을 백정白丁이라 하였고, 가난한 사람들의 초가집을 백옥白屋이라 하였다.

백색이 흉상凶喪을 의미하는 것은 오방, 오행, 오색의 관념과 관련이 깊다. 백색은 오행의 '금金', 오방의 '서西'에 해당한다. 고대 중국인은 농작물의 생장과 기후의 변화에 의거하여 봄은 동쪽, 여름은 남쪽, 가을은 서쪽, 겨울은 북쪽이라고 생각하였다. 즉 서쪽은 가을에 해당하며, 가을은 누렇게 시들고 변색되는 죽음의 계절로 인식하게 되었다. 이러한 이유로 중국인은 죄인을 주로 가을에 처형할 정도였기에 가을을 대표하는 서쪽의 백색은 불길한 것으로 여겼다. 중국인은 사망을 '일명귀서(一命歸西: 한 목숨이 서쪽으로 갔다)'라 표현한다.

『예기·교특생禮記·郊特牲』에 "소복을 입고 망자를 보낸다(素服以送終也)."라는 구절이 있다. 가까운 사람이 죽으면 집안사람들은 백색의 상복喪服을 입는데, 여인들이 입는 상복을 효복孝服이라 하고, 백색의 영당靈堂을 세우고, 상여가 나갈 때는 흰 종이로 만든 번(幡: 깃발)을 세우며, 흰 종이로 만든 돈을 뿌린다. 민간에서는 결혼과 장례를 합쳐 '홍백사紅白事'라 하는데 백사白事는 상사를 지칭한다.

백색과 홍색은 서로 상반되는 색으로 혁명적인 것을 '紅', 반동적인 것 '白'으로 표시하였다. 과거 국민당 정권을 '백색정권白色政權', 국민당 통치구역을 '백구白區', 국민당 군대를 '백군白軍'이라 하였다. 중국의 영화나 연속극에 등장하는 국민당 군인들의 복장은 당연히 백색이 주를 이룬다.

백색은 실패, 헛됨, 우둔함을 상징한다. 전쟁에서 패배한 쪽은 백기白旗를 들어 투항을 표시하고, 우둔하거나 지력이 낮은 사람을 '백치白痴'라 하고, 헛걸음 한 것을 '백주白走'했다고 표현한다.

경극에서 얼굴을 백색으로 분장한 사람은 사악하고 음험한 성격의 인물이다. 진대秦代의 조고趙高, 삼국시대三國時代의 조조曹操, 명대明代의 엄숭嚴崇 등이 대표적인 인물이다.

백색 오행의 '금金', 오방의 '북北', 오장의 '폐장肺臟', 오미의 '매운맛'을 의미한다.

참고자료

· 韓鑒堂 編著, 『中國文化』, 北京語言大學出版社, 2004
· 유중하 글 · 사진, 『화교문화를 읽는 눈 짜장면』, 한겨레출판, 2012

부록

중국 성급 행정 구역 약칭 · 면적 · 인구 일람표

중국의 행정 지도

중국어의 한어병음과 한글 대조표

중국 성급 행정 구역 약칭 · 면적 · 인구 일람표

직할시直轄市

명칭	약칭	면적(만km²)	인구(명)	정부소재지
북경北京	경京	1.6	19,612,368	동성구東城區 정의로正義路
천진天津	진津	1.13	12,938,224	하서구河西區 우의로友誼路
상해上海	호滬 신申	0.63	23,019,148	황포구黃浦區 인민대로人民大路
중경重慶	투渝	8.24	28,846,170	투중구渝中區 인민로人民路

자치구自治區

명칭	약칭	면적(만km²)	인구(명)	성도(省都)
내몽고內蒙古	몽蒙	118.3	24.706.321	후허하오터(呼和浩特)
영하회족寧夏回族	녕寧	6.64	6.301.350	은천銀川
광서장족廣西壯族	계桂	23.63	46.026.629	남녕南寧
신강위구르新疆維吳爾	신新	166	21.813.334	우루무치(烏魯木齊)
티베트(西藏: 시짱)	장藏	122.84	3.002.166	라싸(拉薩)

성省

명칭	약칭	면적(만km²)	인구(명)	성도(省都)
하북河北	기冀	19	71,854.202	석가장石家莊
산서山西	진晋	15.6	35,712,111	태원太原
요녕遼寧	요遼	14.57	43,746,323	심양瀋陽
길림吉林	길吉	18.74	27,462,297	장춘長春
흑룡강黑龍江	흑黑	45.4	38,312,224	하얼빈(哈爾濱)
강소江蘇	소蘇	10.26	78,659,903	남경南京
절강浙江	절浙	10.18	54,426,891	항주杭州

안휘安徽	환皖	13.96	59,500,510	합비合肥
복건福建	민閩	12.14	36,894,216	복주福州
강서江西	감贛	16.69	44,567,475	남창南昌
산동山東	노魯	15.71	95,793.065	제남濟南
하남河南	예豫	16.7	94.023.567	정주鄭州
호북湖北	악鄂	18.59	57,237,740	무한武漢
호남湖南	상湘	21.19	65,683,722	장사長沙
광동廣東	월粵	17.98	104,303,132	광주廣州
해남海南	경瓊	3.5	8,671,518	해구海口
사천四川	천川 촉蜀	48.5	80,418,200	성도成都
귀주貴州	귀貴 검黔	17.61	34,746,468	귀양貴陽
운남雲南	운雲 전滇	39.4	45,966,239	곤명昆明
섬서陝西	섬陝 진秦	20.56	37,327,378	서안西安
감숙甘肅	감甘 농隴	45.5	25,575,254	난주蘭州
청해青海	청青	69.66	5,626,722	서녕西寧

* 대만臺灣은 본문 제1장 참고

특별행정구

명칭	약칭	면적(만km^2)	인구(명)
홍콩(香港)	항港	0.11	7.097.600
마카오(澳門)	오澳	29.2	552.300

* 인구는 「제6차 인구센서스(2010)」에 근거함

중국의 행정 지도

▶ 중국의 행정구획도

중국어의 한어병음漢語拼音과 한글 대조표

성모		운모		운모	
한어병음 자모	한글	한어병음 자모	한글	한어병음 자모	한글
b	ㅂ	a	아	yan(ian)	옌
p	ㅍ	o	오	yin(in)	인
m	ㅁ	e	어	yang(iang)	양
f	ㅍ	e	에	ying(ing)	잉
d	ㄷ	yi(i)	이	wa(ua)	와
t	ㅌ	wu(u)	우	wo(uo)	워
n	ㄴ	yu(yu)	위	wai(uai)	와이
l	ㄹ	ai	아이	wei(iu)	웨이(우이)
g	ㄱ	ei	에이	wan(uan)	완
k	ㅋ	ao	아오	wen(wen)	원(운)
h	ㅎ	ou	어우	weng(ueng)	웡(웅)
j	ㅈ	an	안	yue(ue)	웨
q	ㅊ	en	언	yuan(uan)	위안
x	ㅅ	ang	앙	yun(un)	윈
zh〔zhi〕	ㅈ〔즈〕	eng	엉	yong(iong)	융
ch〔chi〕	ㅊ〔츠〕	er(r)	얼		
sh〔shi〕	ㅅ〔스〕	ya(ia)	야		
r〔ri〕	ㄹ〔르〕	yo	요		
z〔zi〕	ㅉ〔쯔〕	ye(ie)	예		
c〔ci〕	ㅊ〔츠〕	yai	야이		
s〔si〕	ㅆ〔쓰〕	yao(iao)	야오		
		you(ou, iu)	유		

* 〔 〕는 단독 발음될 경우의 표기임
( )는 자음이 선행할 경우의 표기임

찾아보기

ㄱ

ㄴ

ㄷ

ㅁ

ㅂ

ㅅ

ㅇ

ㅈ

ㅊ

ㅋ

ㅌ

ㅎ

중국문화 이해하기 증보판

저 자 : 배득렬, 조현국
발행처 : 충북대학교 출판부
발행인 : 고창섭
주 소 : 28644 충북 청주시 서원구 충대로 1
전 화 : (043) 261-2952, 3014
팩 스 : (043) 274-1256
이메일 : presscbu@chungbuk.ac.kr
등 록 : 제1983-2001-7호
초판1쇄 : 2013. 9. 9.
수정증보4쇄 : 2023. 9.30
인쇄처 : 케이프린텍

ⓒ충북대학교 출판부 2023, printed in KOREA
ISBN 978-89-7295-225-1 93910

값 23,000원